孫光浩著

聊齋志異是非

孫光浩自署

文史哲出版社印行

國家圖書館出版品預行編目資料

聯齋志異是與非 / 孫光浩著. -- 初版. -- 臺北
市 : 文史哲, 民 87
面 ; 公分.
ISBN 957-549-159-9 (平裝)

1. 聯齋志異 - 研究, 考據等

857.27　　87009731

聊齋志異是與非

著　者：孫　光　浩
出版者：文史哲出版社
登記證字號：行政院新聞局版臺業字五三三七號
發行人：彭　正　雄
發行所：文史哲出版社
印刷者：文史哲出版社
臺北市羅斯福路一段七十二巷四號
郵政劃撥帳號：一六一八〇一七五
電話 886-2-23511028・傳眞 886-2-23965656

實價新臺幣三六〇元

中華民國八十七年八月初版

ISBN 957-549-159-9

聊齋志異是與非　目錄

讀「聊齋志異是與非」後的快感（代序）

王中原

中國的真正讀書人，除了博覽群籍之外，對文學才藝的耕耘，向亦同步齊進。其筆觸或出之於大塊文章，或經之以筆記小說；或評鑑、或戲墨……！無論是藝文、論述、註解、辯証、詩歌、戲曲、傍及書畫金石……等只要「文」能成一家之言，「藝」能有獨到創意，進而流傳後世不衰，並經得起時間考驗，自然就會成爲所謂的「名山事業」。

在台灣警界有才子之譽的金陵孫光浩先生，廁身警界要職四十餘年，淡泊名利，雅愛文學，頃以公餘之暇，撰成「聊齋志異是與非」一書，洋洋灑灑，都二十萬言。

光浩先生此一璀燦無比的皇皇鉅著，雖自謙曰「漫談」，但在文字的結構上，無一字脫離「考據」的範疇。我想，這是孫先生近十年來沉緬於研讀「聊齋志異」一書後的最完整、最有心得的論文展示。儕輩稱之爲蒲松齡的筆墨知己和聊齋專家，應是當之無愧。

就「聊齋志異是與非」一書文字的邏輯性和內容的廣泛性而言，不難發現光浩先生執筆時嚴謹的心態。他似乎毫不馬虎的在爲「聊齋志異」作全身健康檢查，捕捉瑕疵、糾正謬誤；不放鬆一句一字。扒梳之間，亦不忘對蒲氏洋溢的才華頻頻推許。

尤其難得的是，光浩先生不但對蒲氏的青年得意，中年潦倒、老年鬱鬱而終，付出了極其珍貴的同情，而對蒲氏寫作「聊齋志異」時苦澀的心情，以及故事影射的時代背景顧忌，更有著極爲深刻的了解與導引。

眾所週知，蒲氏筆下的鬼狐世界裡，其彰顯異類的善良和道德觀，遠較古今任何一代「人」的社會要可愛可喜得多。這正反映了亙古以來—尤其是蒲氏所處身的那個社會—人心是多麼地奸詐；人性是多麼地可怕；而人格又是多麼地卑鄙！

光浩先生在「聊齋志異是與非」一書中，幾乎時刻不忘地爲蒲氏的不遇，以及蒲氏「喜」、「惡」做官的矛盾心態，提出評鑑式的感喟，由此可見，光浩先生也不是一味盲目地爲蒲氏捧場。

光浩先生出身金陵世家，由於是獨生子，其家人爲增加其福澤，曾於其髫齡時，把他送到附近的「古林寺」，隨著學愚老和尚學佛修行。由是養成光浩先生正直不阿、刻苦堅忍的性格。從光浩先生特立獨行的性格，及其嗣後數十年的行爲操守、和心性孤傲、恬淡的表現，可見其受佛家的影響之大之深。

光浩先生孤傲、恬淡的心性，宛如污泥裡的蓮花，當其處身於權勢薰人的警界之中，猶能潔身自愛，遠離是非。真個做到出污泥而不染，誠屬難得。試問當今芸芸眾「官」之中，誰能經得此項「富貴不能淫」的考驗？

光浩先生幾乎數十年如一日，除了公餘沉潛於古代文化、文學；耽讀於古典詩詞之外，其對詩、書、畫、金石…等古典才藝，尤擅勝場。至於文筆之聰暢，宛如長江流水，一瀉千里而不倦！讀後令人頓生快感，猶其餘事也。

王中原一九九二年八月十九日寫於雙燕樓

自敘

余憶於讀小學時，國語老師嘗於學期考試結束後，尚未放寒暑假前，上課時通常用講故事方法來啓發學生，一次就講到聊齋志異中《陸判》一則。此爲第一次認識《志異》。又一次，講《畫皮》一則，更加深了印象，開始與志異結了不解之緣。當時家中有部志異，還是線裝本，無法入門，雖然一方面請教長輩，一方而查字典，結果還是懵然無知。來臺後不久，偶一次逛牯嶺街舊書攤時，買到一本，於是再次閱讀，雖然仍是一知半解，再求教於字典，卻受到兩項益處，一是增進國文基礎，一是熟練查字典之技巧，包括部首及四角號碼兩項。真是意外的收穫。

志異在最初閱讀，均以看故事書之心情欣賞之，用以消遣時間，尤對志異及言情部分，較有興趣，因其香豔無比或神奇異常。而對佚事及叢談部分，則一掠而過。若多閱讀幾遍，感受則不相同矣！先是體會其文學價值，後則發現其警世作用。亦就不再等閒視之。若再閱讀更感到其浩瀚無涯，既窮畢生之精力，未能研究作者蒲松齡之學術思想及著作之原意及作用。反有知其然不知其所以然之感也。

兩年前服務於台北縣樹林鎮時，結識漢京文化事業有限公司負責人王進祥先生，曾贈志異《三會本》一部，再閱讀後，對志異一書有更深一層之認識，漸能體會出以前所存有各項疑問(三會本將青柯亭本所刪去部分，重行刊入)。一日與王進祥先生酒後談及志異各項問題，王進祥先生再三鼓勵撰寫一些有關志異之心得，本想發表幾篇零星短篇文字而已。後又經鄉兄王中原先生之鼓勵，作有系統之撰寫，再與王進祥先生商量，不獨贊成，並提供諸多參考書籍資料，如蒲松齡全集，池北偶談，顏氏家訓，玉堂叢語等書，而以兩年之時日而撰之。

自讀三會本後，爲撰寫讀後心得，再找尋有關參考資料，如：魏晉志怪小說，唐人傳奇小說，明清兩代之筆記等等。復偶於書坊中購得張景樵先生所編蒲氏年譜（路大荒先生於蒲松齡全集亦附編年譜），聊齋志異與原本之考證（此與三會本勘正截然不同。）經焚膏繼晷比對之，始得瞭解志異一書之眞貌。蒲氏具有雙重性格，即仇視清廷韃子卻又熱中功名，甘心爲韃子作奴才。既想功名利祿卻又嫉惡如仇，忌恨貪瀆。故文字過於鋒露，或會傷及當道者，以致秀才終身。另志異書中部分各則，自前人志怪小說中託化而出，惟其妙筆生花，反較前人更爲生色多矣。至於青柯亭本刻本時將仇清文字及淫穢文字，予以刪除。仇清勢必刪除之，否則又有文字獄矣！淫穢文字經刪除後，反有益之，足可掩飾蒲氏筆下之污點，更增加志異一書之文學價值與地位矣。

志異是一部綜合性小說，含有言情、傳奇、志怪、志異、佚事、叢談、雜錄等項多種體裁。如臙脂一則：『……後委濟南府復案。時吳公南岱守濟南，一見鄂生，疑不類殺人者。……』蓋吳南岱，江蘇武進人，進士。順治年間任濟南知府。（按：本則故事與『雙槐歲鈔』，陳御史斷獄一則頗相似）。另老龍舡戶一則，其朱宏祚，字徽蔭，山東高唐人，歷任廣東巡撫，閩浙總督。本則爲當時所發生之事實，仔細閱讀之，其匪徒手法之殘酷，不亞於今日。另如：地震、水災等則，均爲事實，閱讀志異，亦可作史實之參考。

中華民國八十一年五月一日於籬下軒

狂翁孫光浩志

虞美人

蛇神牛鬼齊歡笑，都謂狸奴好。說盡姝艷與郎才，乍合乍離悽惻解情懷。
科舉皆北是徒勞，只怨文聲早。那堪八斗寄蒿萊，潦倒一生無奈在聊齋。

前言

蒲氏生平：蒲松齡，字留仙，號柳泉居士，筆名爲西周生，山東淄川人，生於明崇禎十三年陰曆四月十六日（清崇德五年，庚辰，西曆一六四〇年。）聊齋志異舉世公認爲蒲氏之代表作。聊齋其他文字作品，尚有文集、詩集、詞集、俚曲、雜著（日用俗字，農桑經。）等，醒世姻緣以筆名西周生所撰之。合稱爲聊齋全集（醒世姻緣未列入）。聊齋全集於民國二十五年在南京曾予出版，現大陸上海古籍出版社又重新刊印出版，由路大荒先生整理並編纂蒲松齡年譜附於後，台灣張景樵先生亦編纂蒲氏年譜一本，內容大同小異，均依蒲氏全集作藍本。蒲氏少年得志，十九歲時（順治十五年，公元一六五八年），應童子試，以縣府道三者第一人入泮，頗受當時濟南府學使施閏章（愚山）先生之賞識，隨後一蹶不振，屢戰皆北，遂與文場絕緣，潦倒終生。四十歲時於濟南畢司農家中設帳舌耕，至七十歲收館返回故里，七十四歲（康熙五十二年，公元一七一三年）沿例補歲貢生，七十六歲陰曆正月二十三日謝世，坎坷一生。志異一書於蒲氏四十歲左右成書，迄今已有三百餘年，此一不朽名著，膾炙人口，爲世人茶餘酒後閒談之話題，誠非蒲氏所能料及之。

聊齋志異；「聊齋」爲蒲氏書齋之稱謂也，如今日錢穆先生之「素書樓」稱謂。世人稱聊齋志異一書，爲「聊齋」，閱讀聊齋志異稱之爲看「聊齋」，此說似欠妥當。聊齋可含蓋聊齋志異，而聊齋志異尙不可代表聊齋，因爲聊齋尙有其他文字專集。蒲氏於七十一歲收館歸來後（康熙四十九年），曾爲其斗室「聊齋」作七言古詩一首：

聊齋有屋僅容膝，積土編蓬面舊壁，叢柏覆陰晝冥冥，六月森寒類窟室，亭午東阡課農歸，摘笠汗解塵煩息，短榻信抽引睡書，日上南窗竹影碧，憐我趁食三十年，辜負此君殊可惜，垂老倦飛戀舊廬，心境閒暇夢已適，癰儒相習能相安，與以廬居我不易。

以詩爲證，聊齋志異僅爲蒲氏聊齋中作品之一，志異一書故不足以代表聊齋，讀錯者，非止一人，即使清代文學大師俞樾於春在堂隨筆中亦稱之爲「聊齋」，現今諸多學者或專家在各類書刊報章中亦或稱之爲「聊齋」，豈論泛泛之輩耳。志者記也，志與誌義相同，不論蒲氏稿本，抄本亦或刻本均用「志」字，後人改爲誌異，似爲多餘。

小說：宋人羅燁將小說分爲八類，靈性、煙粉、傳奇、公案、朴刀、棍棒、妖術、神仙等。分類之根據源自於話本小說，宋代流行講史之故也。明人胡應麟則將小說分爲六類，志怪、傳奇、雜錄、叢談、辨訂、箴規等。志異之所以稱爲「志異」，而不能稱爲「志怪」，雖爲鬼怪小說，但包羅之廣，不一而足，志異者，記載一切之事情也。如志怪部分：柳秀才（卷十四），禽俠（卷十六）。傳奇部分：宦娘（卷九），連城（卷六）。雜錄部分：局詐（卷十三），狼（卷十五）。另外尙有軼事如蔣太史（卷十六），邵士梅（卷十五）。並有其他眞人眞事如老龍舡戶（卷十六），三朝元老（卷十）等，固此而稱之志異者。爲異於一切常事也。

鄒弢之三借廬筆談記載：『……相傳先生居鄉里，落拓無偶，性尤怪僻，爲村中童子師，食貧自給，不求於人。作此書時，每臨晨，攜一大磁罌，中貯苦茗，具淡巴菰一包，置於行人大道傍，下陳蘆襯，坐於上，煙茗置身傍。見行道者過，必強執一語，搜奇說異，隨人所知。渴則飲以茗，或奉以煙，必令暢談而後已。偶聞一事，歸而粉飾之。如是二十餘寒暑，此書乃告成，故筆法超絕。』（卷十）。此言流傳有年，蒲氏居家北邊不遠有柳泉一處，而搭棚施茶，以待往來行旅，蒐集撰寫資料，此言未必可信，偶或有之，或可也。魯迅於中國小說史略第二十二篇提及：『然書中事跡，亦頗有從唐人傳奇轉化而出者，（如鳳陽士人，續黃粱等），此不自白，殆撫古而又諱之也。至所謂作者搜采異聞乃設煙茗於門前，邀田夫村老，強之談說以爲粉本，則不過委巷之談而已。』蓋蒲氏撰成志異之筆，約在四十歲左右。十九歲中秀才後，次年先於李堯臣家攻讀，於三十歲時，其同邑孫蕙（樹百）任江蘇寶應縣丞，時康熙八年，蒲氏隨往任幕府之職，康熙十年孫氏轉任高郵縣令，蒲氏亦隨往。次年返鄉設帳舌耕，康熙十八年（己未），四十歲書成，高珩爲之作序（高珩字念東曾任刑部右侍郡及左侍郎之職），康熙二十一年（壬戌），唐夢賚爲之作序（唐夢賚字濟武，別號豹嵒居士，淄川人，順治六年進士。）此數年之中蒲氏奔波不停，何能終日閒坐路邊茶棚中與人閒聊之。康熙十八年並撰寫聊齋自誌一篇，內中有云：『才非干寶，雅愛搜神，情類黃州，喜人談鬼。』此爲撰寫志異之情，復又云：『聞則命筆，遂以成編，久之四方同人，又於郵筒相寄，因而物以好聚，所積益夥。』復又云：『集腋爲裘，妄續幽冥之錄，浮白載筆，僅成孤憤之書。』足可證之其資料蒐集之廣矣。另如《三朝元老》一則，像影射順治二年，清兵破揚州，屠城十日，史可法殉難假明故宰相李建泰先投流寇李闖王大順，李敗後再投於清，而罵二臣洪承疇奉旨招撫江南，後其享堂中被人掛楹聯一對，上聯「一二三四五六七」，下聯「忠孝仁愛禮義廉」。橫楣爲「三朝元老」。隱射爲「忘八」、「無恥」。此乃孤憤之言，也即指著洪承疇鼻子，罵他「忘八」「無恥」之二臣也。此則恐非於柳泉茶棚下所能道聽途說之。蓮香(卷二)一則結尾有言：『同社王子章所撰桑生傳，約萬餘言，得卒讀，此其崖略耳。』清代文字獄，極爲嚴苛，蒲氏孤憤之談以假鬼神而代言之。如順治十八年，蘇州哭廟案，金聖歎等十八名，坐以大辟。蒲氏焉能無所忌憚耳？其假鬼神代言，乃道盡世間不平之事，吐出心中之忿恨耳！

聊齋自誌有云：『才非干寶，雅愛搜神。』志異一書，沿用博物志，搜神記之風格，如山魈(卷十三)、大人(卷十四)等外，實爲數並不多，反之受唐人傳奇體裁之遺風卻不少，且篇幅較長，均二千字以上，如公孫九娘(卷五)、連瑣(卷五)等，除情節迂迴曲折，並插七律，故引人入勝，亦在此矣，然讀者對志怪及傳奇等界線無法畫分清楚，一律以鬼神荒誕論之，談狐論鬼總認爲不登大雅之堂，僅可作茶餘酒後閒談資料而已，而誤導世人之觀感，未能正視其文學價值。自志異問世以來三百餘年，對志異作學術性探討或研究者，實寥寥無幾，未若對《紅樓夢》一書研究者衆。考其原因：一爲短篇小說，情節不一，難以貫串。二爲類別錯雜，志怪傳奇雜錄無一不有，無法作有系統之研究。三爲鬼狐所誤，鬼狐者終爲左道傍門，未能引人正視之。然志異一書，非爲談狐論鬼，實爲假鬼狐而道盡人間不平耳。如考弊司(卷十六)一則：鬼王之貪瀆，例應割取應考者之髀肉，可駢三指許，誠所謂：『慘慘如此，何誠世界。』明末政治業已腐敗，清代更爲甚之，貪瀆蔚然成風也。又司文郎（卷十二）一則：科舉極爲黑暗，剛直正義文章，不被錄用，反之，諂諛歌頌文章，倒受愛顧，文字嗅之欲嘔，則高登金榜，如此政治何能修明矣！再聶政（卷八）一則：藩鎮可任意強奪民間女子，弱者無處可伸。再如夜叉國（卷五）、羅刹海市（卷六）等：以醜爲俊，以俊爲醜，似鬼非人，實爲諷刺清初尚未漢化之魚皮韃子之滿人也。志異一書，雖可作鬼狐故事欣賞之，應以明末清初社會政治黑暗形態而研究之，足以瞭解當時庶民之處境耳！

志異一書實爲我國短篇小說之鉅著，包羅之廣，亙古未有，文字簡潔有力，擲地有聲。過日齋雜記云：『聊齋志異之作，歷年二十，易稿三數，始出於問世。』俞樾之春在堂隨筆轉錄：丁亥橫山王金范序：『柳泉蒲子，以玩世之意，作覺世之言。』易宗夔之新世說卷二內載：『蒲留仙研精訓典，究心古學，目擊清初離亂時事，思欲假借狐鬼，纂成一書，以抒孤憤而諗識者。』故聊齋志異在蒲氏撰寫時，即有「事出有因」，故言之有物，絕非三言兩語之小說可媲美之，志異一書因其風格迥異，文章深奧，可作多方面之研究：

在文字研究方面：蒲氏喜用冷僻之字，常屭用不常用之字，在一般國語辭典尚未刊印，須借重於康熙字典。如聶小倩（卷二）一則：《足「㑌儴」而懶步》。其中㑌儴二字，一般字典均未刊印，康熙字典在人部中，㑌字解釋與匡字同，荀子：王霸篇，賤之如㑌。儴字，爾雅釋詁：儴仍因也，註之皆爲姻緣。三會本何守奇註：㑌音匡，儴（忍將切），行而復止也。又同則中《或請㑌「覿」新婦》，覿音笛（ㄉㄧˊ）兩相見也。初次見面之見面禮金，稱之爲「覿儀」。又常用「踣」字，音勃（ㄅㄛˊ），走路時跌倒也。今人常將

「踣」字誤用「撲」字，謬也。

在章法研究方面：各則散文，簡潔有力，直追左史，三言兩語，交待清楚，如聶小倩一則：主角寧生之描述：寧采臣，浙人，性慷爽，廉隅自重，每對人言生平無二色。又對其寄宿荒寺之描述：又顧殿東隅，修竹拱把，下有巨池，野藕已花，意樂其幽香。其「香」字，點輟出涼月，荒寺，寂靜之幽雅。對人對景，寥寥數十字，描述透徹。苟若能吸取志異文筆之精髓，最易見功之處，撰寫自傳，則輕而易舉矣，撰寫各須紀錄則簡潔有序矣。再世人閱讀志異均忽視蒲氏駢文造詣。如臙脂(卷十四)一則，判詞：…為因一線纏縈，致使群魔交至。爭婦女之顏色，恐失臙脂，若鷙鳥之紛飛，並名秋隼。其中將男女主角一齊嵌入之。另花神(卷十六)一則：其檄辭中，指責風姨之飛揚跋扈。……從此顧盼自雄，因而披猖無忌。怒號萬竅，響碎玉於深宮；澎湃中宵，弄寒聲於秋樹。倏向山林叢裡，假虎之威；時於灩澦堆中，助江之浪。其對仗之工整，文筆之暢，直逼楊曹，其他尚有馬介甫(卷十)一則之悍婦賦，八大王(卷七)之酒人賦等等，將悍婦酒鬼辱罵得體無完膚。志異一書，閱之非難，讀之非易，吸取文筆精髓，誠非易事。願讀者深入研習之。

在故典研究方面：志異一書，故典之多，如蒼穹星斗，不勝其數。如奴僕一項；辛十四娘(卷五)一則；奚奴，出自新唐書李賀傳：「從小奚奴，背錦囊，所得佳句投入囊中」。席方平(卷十)一則：鹵薄，辭源解釋，鹵簿為古代天子出巡之儀仗。鹵簿應解釋為儀仗，並非為天子所專有，封建時代文武百官出巡之前列隊伍均謂之，如扛「迴避」「靜肅」等均是，席方平一則中為二郎神出巡之鹵簿。荷花三娘子(卷八)一則；紀綱，左傳魯僖公二十四年，秦伯送護衛於晉三千人，實為紀綱之僕。紀綱後為官宦富豪之總管家也。鞏仙(卷七)一則：中貴，白居易詩「窪銀中貴帶」，中貴者即中官也，古官名，世稱宦者爲中官(後漢書，宦者傳：「遂享分土之分，自唐以來，司天官屬有中官正爲五官之一」。迄於清末皆因之，若於今日論之，應爲機要人員。鍾生(卷九)一則；扈從，雲麓漫鈔；左傳，少皞氏以鳥爲官，有行扈，扈從之語，蓋本於此也。扈從者即今日所謂馬弁之流也。王子安(卷十六)一則：長班；舊時供役於各會館者謂之，明時已有此稱，即今日之傳達也。另如黃九郎(卷五)一則：斷袖之癖。今人皆知其意，未審其出處，前漢書：佞臣傳，董賢爲太子舍人，哀帝立，隨太子爲宦，哀帝悅其儀貌，拜爲黃門侍郎，由是始幸，寵愛日甚，常與上臥，偏籍上袖，上欲起，賢未覺，乃斷袖而起矣，謂之斷袖之癖。志異尤以三會本經呂湛恩及何守正詳註，讀之受益無窮耳。

在史實方面研究：水災(卷三)一則：康熙二十一年苦旱，自春至夏，赤地無青草。六月十三日小雨，始有種粟者，十八日大雨沾足，乃種豆，石門莊有老叟，暮見二牛鬥山上，謂村人曰：大水將至矣。遂攜家播遷，村人共笑之。無何雨暴注，徹雨不止，平地水深數尺，居廬盡沒。淄川縣志有此記載：……六月，連晝夜大雨，漂沒田廬，淹此人畜。濟南府志亦有此記載，……康熙二十一年，章邱，淄川，新城大旱。六月始雨、淄川、長山大水，漂沒田廬，溺人畜，淄川尤甚，免田租。地震(卷十四)一則，康熙七年六月十七日戌刻，地大震。……夏雪(卷十五)二則，丁亥(康熙四十六年)七月六日，蘇州大雪，百姓皇駭，共禱諸大王廟。又：丁亥六月初三日，河南歸德府，大雪尺餘，禾皆凍死。等等均可作史實之考證也。

水滸傳爲施耐庵所著，其生於元，而歷於明，滿腹經綸，不得志一世，特借三十六天罡，七十二地煞而撰成水滸傳一書，名留千古。然足以供茶餘酒後閒話資料，蒲氏亦復如是，生於明末，而歷清代盛世，才高八斗，終生未能博得一第，而假鬼狐撰成志異一書，以舒憤懣。誠如司文郎一則所言，目盲鼻亦盲歟？志異一書盼勿以牛鬼蛇神，荒誕不經之小說視之，更勿以茶餘酒後之閒談話題，而應以文學觀點欣賞之。甚文學價值之高，民族尊嚴之強。非常人所能瞭解，應作文學書籍讀之，才對。

青柯亭刻本與勘正

志異一書，書成之後，尙未問世，各方相借謄抄，據現有書籍記載，以朱氏抄本爲最早抄本，亦爲依據原稿本所謄抄錄之，已散佚。(據張景樵先生考證，其二十四篇中有兩種筆跡，一種爲蒲氏手澤，另一種則爲交他人代爲清稿謄錄之)。其次爲歷城張希傑之鑄雪齋抄本，鑄雪齋抄本是依據朱氏抄本而抄錄之。然鑄雪齋抄本與原存稿本校對，不符之處，已甚多矣。嗣後刻本問世，刻版時爲避免遭受殺身之禍，而蹈清廷文字獄，故將「犯帝諱，觸時忌」等文字一一刪除之。故對志異一書原有情節，雖不致有所遜色，然也稍改其原有風格。

聊齋志異刻本最早一版，爲乾隆三十年間(公元一七六三年)，由浙江嚴州太守趙起杲與鮑廷博刻於青柯亭書坊，次年刻峻，或言爲乾隆三十一年版，稱爲之青柯亭刻本(以下簡稱青本)。又爲趙起杲主持刻版，又稱之爲趙本。亦即今日市面上通行之版本(稱爲通行本，亦稱爲刊本)。青本據趙氏自敘，是依據鄭荔薌藏本爲底本而刻版，其藏本即爲原稿本，此說未審其依據所在，其與原稿本差異頗大，現通行本分爲十六卷，四百三十一則，而今大陸學者張友鶴先生勘正後，共有四百九十一則，增加了六十則，內中尙有諸多增加之處及附則等。

俞樾於春在堂隨筆中記載，於乾隆初年，尙有余歷亭，王約軒等抄本，乾隆三十二年(公元一七六五)年。有王金約刻本問世，共十八卷僅有二百七十則，其中更改部分頗多，已失志異原貌，今市面未見其書耳。

青本爲趙起杲太守所主持刻版，趙太守自爲飽學之士，刻版時修改文字，雖未必趙太守自行修改，但修改之人亦必爲飽學之士，故將稿本或抄本中不妥文字或筆誤一併修之。現已非滿清時代，其「犯帝諱，觸時忌」之文字已失「時效」。亦不再「犯帝諱，觸時忌」。張友鶴先生重行輯校一部《聊齋志異三會本》問世。分爲會校、會註、會評，將青本所修改部分，應更正，修訂，解釋，均將其恢復原有面貌。一一註明之，除此，並將王漁洋評論之疑案，亦有所釋疑(容後再述)。

會校：其依據資料略記之：(一)，蒲氏稿本，(現大陸古籍刊印社影印本問世，依據蒲氏畫像自題詞句筆跡比對，部分確爲蒲氏之手筆(部分爲他人謄錄)，惟僅半部而已，惜不完整。(二)鑄雪齋抄本，現在北京大學圖書館，此本共十二卷，是現存最完整一個抄本。(三)乾隆黃炎熙選抄本，現藏於四川大學圖書館，原爲十二卷，現僅存十卷，缺二，十二兩卷。有「豬嘴道人、張牧、波斯人」三篇爲其他版本所沒有。(四)、乾隆三十一年青柯亭刻本(即趙本)。最早原刻本。(五)、乾隆三十二年王金範刻本，此本文字曾經王金範妄加竄改，缺乏校勘價值。(六)、呂湛恩註本，原爲單行本，不載志異原文，有道光五年刻本，道光二十三年廣東五雲樓刻本，始將呂註本與志異原文合刻之，後同文書局有依此本發行繪圖本。(七)、何垠註本，道光十九年花木長榮之館刻本，光緒七年邵州經畬書屋評註合刻本。(八)、何守奇評本，道光三年經綸堂刻本。(九)、但明倫評本，道光二十二年但氏自刻本。(十)、馮鎮巒評本，光緒十七年四川合陽喻焜刻本(即王、馮，何、但四家合評本。)(十一)、同文書局繪圖本，光緒十二年石印本，此本特點是在青本附錄之外，又增加若干有關附錄。(十二)、聊齋誌異遺稿道光四年黎陽段瑮刻本，光緒四年北京聚珍堂翻印本，民國二十五年漢口有排印本，題作《聊齋志異未刊稿》。共收佚文五十篇。又名《聊齋拾遺》。(十三)、聊齋志異遺稿,道光初年月籍叢書本,滿人長白榮譽校定,將有關觸犯滿清忌諱之處,一律刪改之。(十四)、聊齋志異逸編,民國三年肇東劉滋桂刊行。

會註:蒲氏學識淵博,書中所用典故,猶如寒夜繁星,不可計數,經以呂湛恩、何垠兩家註釋爲主。呂註較爲謹嚴,錯誤也少,何註較爲廣博,錯誤較多。

會評:志異未成之前,各則撰成均送王士禎評論,以王評爲最早,其次馮鎮巒作於嘉慶二十三年,何守正作於道光三年、但明倫最晚於光緒十七年方問世。

(以上摘錄於張友鶴先生三會本後記)

張景樵先生於民國五十七年在台灣出版一本「聊齋志異原稿考證」(以下稱考本),除有精擘見解外,並提供若干珍貴資料,與張友鶴先生之勘正,實有輔車相依之效,試錄於後:

一、民國四十二年十二月間,報紙刊登《蒲留仙遺稿在日本出現》之消息,聊齋志異原稿,經一位曾經旅居山東多年日籍醫生平井雅尾所收藏,被美國華盛頓國會圖書館知悉欲購之,卻另被他人收購,捐贈日本慶應義塾大學收藏之。但此批資料確蒲氏手稿與墨跡,並未有聊齋志異之原稿。如跋畢公權遺著等。

二、其友好檢送《選印聊齋志異原稿》一冊,此冊爲袁金鎧於民國二十二年在東北影印之,當時爲僞滿時代,國內甚少流傳,並敘明:這項原稿是於西豐縣發現的,由蒲氏十世孫蒲文珊保存。爲求真蹟保存,特選印修改較多而通行本訛漏部分十四則,未刊印部分十則,付之影印,而全部共有若干則,未有說明,然未刊於通行本部分十則,均已分見於輯佚:聊齋志異遺稿,聊齋志異拾遺,聊齋志異逸編等三書之中。

三、原稿所有二十四則中，經蒲氏自行大幅修改共有九則。計有：狐諧，姊妹易嫁，續黃粱，小獵犬、濟南道人、辛十四娘、青梅、酒狂、趙城虎等。其修改部分，大都修改詞句，將冗長文字編縮減爲簡潔扼要，但也失去了生動，對情節內容頗有影響。例如《狐諧》一則中之一段：原稿：「女囑曰：『勿以他人共，我必來。』萬乃獨居，狐日至，與共臥處。」修改後：「女囑勿與客共，遂日至，與共臥處。」等。又《辛十四娘》一則，經考本勘正：《鬼媒狐嫁》（三會本校正爲鬼媒狐□，嫁字因原稿模糊而空之。），趙城虎一則，原題名《虎子》（三會本亦同）。

四、聊齋志異成書之後，尚未刊行，流傳方法，只賴傳抄。然原稿仍珍藏於蒲氏家中。據張元於清雍正三年所撰《柳泉蒲先生墓表》。說明聊齋志異共八卷，此爲原稿原始分卷情況，至乾隆五年，其長孫蒲立德所撰跋語，則稱志異十六卷。又言「近乃人競傳寫，遠邇求借矣」。可見爲傳抄方便起，有將原「八卷」改分爲「十六卷」之可能。分卷亦必經過一番整理之。或與青本現有十六卷相距不遠。俞樾春在堂隨筆記載：乾隆三十二年王約軒抄本，有王金範序，其分類，首孝次弟，終以仙鬼妖狐，共分二十六類，十八卷，此分類本，現已罕見矣。

五、劉滋桂氏於聊齋志異逸編序言中一節：「同治己巳，先君需次教職，攜桂至瀋讀書，有淄川蒲留仙七世孫，蒲价人碩菴氏，精日者術，出其家藏《聊齋志異》原稿二十餘冊，卷皮摩損。」……等語。查同治己巳爲同治八年（一八六九年），此段記述，旨在闡明「志異」佚篇之來源，然亦即瞭解原稿於同治年間，確由蒲氏裔孫蒲价人帶出關外，與袁金鎧於民國二十二年印製一事，頗有關連。蒲价人之子英灝將半部稿本借給清盛京將軍依克唐阿。以後輾轉遺失，所存只有半部而已。因此又證明在西豐縣發現半部原稿事實，更爲吻合，此一珍貴文學鉅著稿本滄桑史，使後人更深一層瞭解矣。

青本與稿本或抄本內容不符事項：

綜合張友鶴先生之三會本及張景樵先生之考本，再以各家隨筆之探討，其原因極爲單純，一爲蓄意删改，一爲抄本已有錯誤（因稿本原存於蒲氏家中，依抄本刻版。）另爲刻版時錯誤。蓄意删改，大體是犯帝諱，觸時忌或色情文字等。刻版時錯誤，或因字跡潦草，或因抄本字跡模糊不清，刻版時匠人認識不清所致。特述之：

避諱部份：

一、避諱清世宗雍正一則：

羅剎海市（卷六）：女曰：三年後，四月八日，君當泛舟南島，還君體「嗣」。稿本原爲還君體「胤」清世宗雍正本名爲「胤禛」，刻版，特將「胤」改爲「嗣」字。（三會本卷四）。

乾隆三十一年，青本改版時將新城王士禛貽上評，改刻爲王士「正」。嗣後道光三年，二十二年，光緒十七年等刻版，均沿用王士「正」皆因避諱雍正之故耳。

二、避諱清高宗乾隆三則：

辛十四娘（卷五）：薛郡主爲馮生與辛十四娘作伐，命歸家「涓吉」，以良辰爲定。……然亦不知十四娘何人，咨嗟而歸，漫「涓吉」以待之。其「涓吉」二字於稿本爲「檢曆」二字。清高宗乾隆本名爲「弘曆」青本改爲「涓吉」以避諱乾隆而改之（三會本卷四）。然青梅（卷六）一則：母笑慰之，因謀「涓吉」合巹。已改用「涓吉」。而青本將稿本之「涓吉」卻改爲「擇」吉合巹，誠不知其故矣！（三會本卷四）。又呂無病（卷十二）一則：孫曰：納婢亦吉日，乃指架上，使取通書第四卷，此則改爲「通書」並非避諱之故也。據張景樵先生考本第二十頁，辛十四娘一則，蒲氏稿本自改對照表上，加註檢曆字旁，有「涓吉」二字，係後人寫入。故青本作爲「涓吉」，三會本在原句下亦註：稿本原作檢曆，旁又改涓吉，但檢曆兩字未塗去。因此可知青本改此二字，於刻版時經專人校訂而改之。並有沿用青梅一則之「涓吉」矣。

畫壁（卷一）：殿宇禪舍，不甚「宏」敞。原抄本爲「弘」敞。特將「弘」字改爲「宏」字。（三會本卷一）。

五通（卷四）：有「邵弧」者，吳之典商也。原抄本爲「趙弘」。（三會本卷十）

青本刻版於乾隆年間，蒲氏歿於康熙五十四年，對「胤禎」「弘曆」等字，均無須避諱之，後刻版時特改之。

青本有幾則將當時高官顯貴之姓名有所變更，此不應爲避諱而改變之，或係刻版之誤也。據三會本後載三則：

焦螟（卷十五）：「祚庭」孫司馬，（名光祀，山東平陰人，順治十三年進士。）稿本爲「作庭」，青本改爲「祚庭」。孫司馬其字實爲「作庭」。（三會本卷一）。

念秧（卷十五）：臨淄令「高繁」，稿本爲「高桑」，青本改爲「高繁」。（三會本卷四）

老龍舡戶（卷十六）：朱公徽蔭，字宏祚，山東高唐人，曾任安徽盱眙縣令，閩浙總督，「總制」粵東時。……青本將稿本之「巡撫」改爲「總制」。（三會本卷十二）

除以上三則，其他各則亦有此情況，特舉一例：

邵士梅（卷十五）：高「冀」良（高之駒，字冀良，淄川人，順治十八年進士，高珩之子。）青本爲「翼良」，邑志爲「冀良」。應是刻版之誤耳（三會本卷八）。

亦有幾則未改當時達官顯貴之名，如：

李司鑑（卷三）：時總督朱雲門（名昌祚，山東高唐人）。青本則未有改變之（三會本卷三）。

以上等則，更改當時人名等，應非爲避諱，恐係青本刻版之錯誤。然老龍舡戶一則，將「巡撫」改爲「總制」一節，頗耐人尋味。

觸犯部份：

王成（卷二）：稿本與抄本中有「大親王」及「貝勒府」等稱呼。青本改爲「某王」及「某巨室」等。按「大親王」及「貝勒」均爲滿清官制爵位。大親王以六百金購一門鶉，其奢侈荒糜程度，不難想見。榨取漢人膏血，恣意享樂，令人痛恨。青本刻版時、爲避文字獄之禍，故不得不更改之。（三會本卷一）

夜叉國（卷五）：在母夜叉偕女回到徐處時，其母女皆男兒裝，「類滿制」。青本刻版時，將「類滿制」三字刪除，此恥笑滿人婦女之文字頗爲不妥。（三會本卷三）

張誠（卷二）：明末齊大亂，妻爲「北」兵掠去。青本改爲「靖難兵起」齊大亂，妻爲兵掠去，將「明末」改爲「靖難」之變。又將北兵之「北」字刪除。（按靖難之變，爲明建文二年，燕王兵變之事，相距兩百餘年。）……其訥曰：明季清兵入境，將母掠去。青本改爲「前母被掠去」，明季清兵入境一句刪除之。又「汝兄補秩旗下」，改爲「汝兄以父蔭遷此官」等。另將「別駕」改爲「千戶」本則刪改部分較多，尤以「明末齊大亂」一句，改爲「靖難兵起」等年代官制，以致整篇文章，似有不能貫串，使讀者難予瞭解全篇意旨，頗有霧中看花之感耳。（三會本卷三）

仇大娘（卷五）：「蓋仇仲初爲寇家牧馬，後寇投誠，賣仲旗下，時從主屯關外。」

青本改爲「後寇逃竄，仲遂流徙關外，爲將軍僕。」青本將「投誠」改爲「逃竄」。賣仲旗下，「旗下」爲滿清八旗兵之簡稱，被刪除之。又「親王」改爲「將軍」。再「爲贖身計，乃知仲入旗下」，改爲「乃知仲投將軍有年」。以上均涉及滿人之壓榨行爲，青本一一刪除之。（三會本卷十）

嫦娥（卷十一）：別後南遷，老母即世，爲惡人掠賣「旗下」。青本改爲，爲惡人掠賣「富室」。將「旗下」改爲「富室」。與仇大娘一則作用相同。（三會本卷八）

竹青（卷三）：一日，有「滿」兵過，彈之，中胸。青本將「滿」兵之滿字刪除，爲「有兵過，彈之。」一字之差，相距千里。此文句中，有無「滿」字，均無關緊要，此爲蒲氏之仇清意識也。（三會本卷十一）

促織（卷七）：異史氏曰：天子偶用一物，未必不過此已忘，而奉行者，即爲定例，加以官貪吏虐，民日貼婦賣兒，更無休止。故天子一跬步，皆關民命，不可忽也。獨是……，青本將此一段文字刪除，僅剩下半段而已。至於「獨是」二字，是連接下句「成氏子以蠹貪」，刪此二字僅爲文句通順而已，別無其他意義。（三會本卷四）

林氏（卷十五）：妻林氏，美而賢，會「北」兵入境，被俘去。此「北」字未被刪除，青本未刪除者，僅此一字耳。（三會本卷六）

色情部份：青本中，有關男女情愛，總是一語帶過，如：「燕好」，「輕薄」等字樣而已。其實不然，各則內有關荒淫文字部分，青本刻版時，一一刪除，經三會本勘正後，將此類荒淫文字，均補刊之。

五通（卷四）：五通二則在青本中較爲黃色，但黃而不濃，尚無傷大雅，經三會本重勘後，則迥然不同矣。（前則）：因抱腰舉之，如舉嬰兒，置床上，裙帶自脫，遂狎之。

而偉岸甚不可堪，迷惘中呻楚欲絕，四郎亦憐惜不盡其器。……四郎挽婦入幃，婦哀免，四郎強合之，血液流離，昏不知人，四郎始去。(三會本卷十)

伍秋月(卷八)：纔交睫，夢女復來，方狎，忽自驚寤，急開目，則少女如仙，儼然猶在抱也。見生醒，頗自愧怯，生雖知非人，意亦甚得，無暇問訊，其與馳驟，女若不堪，曰：狂暴若此，無怪人不敢明告也。(三會本卷五)

天宮(卷九)：郭生僞醉之後；「女使諸婢扶裸之，一婢排私處曰：箇男子容貌溫雅，此物何不文也。舉置床上，大笑而去。女亦寢，郭乃轉側。……郭凝視之，風致娟好，戲曰：謂我不文者，卿耶？婢笑，以足蹴枕曰：子宜僵矣！勿復多言。視履端嵌珠，如巨菽，提而曳之。婢仆於懷，遂相狎，而呻楚不勝。郭問：年幾何矣？笑答云：十七。問處子亦知情乎？曰：妾非處子，然荒疏已三年矣。(三會本卷九)

蕭七(卷十)：徐燭而覓之，則酣寢暗幃中，近接其吻，亦不覺，以手探袴，私處墳起，心旌方搖。席中紛喚徐郎，乃急理其衣。(三會本卷六)

陳雲棲(卷三)：乃使生與行夫婦禮，將寢，告生曰：妾乃二十三歲老處女也。生猶未信，既而落紅殷褥，始奇之。(三會本卷十一)

連瑣(卷五)：蹙然曰：夜臺朽骨，不比生人，如有幽懽，促人壽數，妾不忍禍君子也。楊乃止。戲以手探胸，則雞頭之肉，依然處子，又欲視裙下雙鉤。女俯首笑曰：狂生太囉(ㄌㄨㄛ)唣(ㄗㄠ)。(三會本卷三)

夜叉國(卷五)：夜叉益悅，攜一雌來妻徐，徐初畏懼，莫敢伸，雌自開其股就徐，徐乃與交，雌大歡悅。(三會本卷三)

另外尚有鳳陽士人，荷花三娘子、胡四姐、巧娘、俠女、葛巾、蓮香、孫生等則，均有露骨文字，三會本勘正後，均重行刊入之。另黃九郎一則爲斷袖之舉，蒲氏文後加《笑判》一篇，頗爲荒淫，通行本刪去，三會本復將全文刊入，其駢文詞藻之美，不可因其荒淫而蔑視之。

黃九郎（卷五）：男女居室，爲夫婦之大倫，燥溼互通，乃陰陽之正竅。迎風待月，尚有蕩檢之譏；斷袖分桃，難免掩鼻之醜。人必力士，鳥道乃敢生開；洞非桃源，漁篙寧許誤入？今某從下流而忘返，舍正路而不由。雲雨未興，輒爾上下其手；陰陽反背，居然表裡爲奸。華池置無用之鄉，謬說老僧入定；蠻洞乃不毛之地，遂使眇帥稱戈。繫赤兔於轅門，如將射戟；探大弓於國庫，直欲斬關。或是監內黃鱣，訪知交於昨夜；分明王家朱李，索鑽報於來生。彼黑松林戎馬頓來，固相安矣；設黃龍府潮水忽至，何以禦之？宜斷其鑽刺之根，兼塞其送迎之路。（此段青本並未刪除，而通行本刪除之）（三會本卷三）

稿本部分亦有涉及荒淫文字，而蒲氏自行刪除之。據考本「續黃粱」一則中：曾生奉旨籍家，充軍雲南途中，原稿中「祗乞得佞賊頭，他無索取。即有數人，擁妻狎昵，嘲戲無不至。」經修改後，僅剩「祗乞得佞賊頭，他無索取。」下三句蒲氏自行刪除之。（考本十九頁）

勘正部分：志異一書，四十餘萬字，蒲氏撰寫之時，或有筆誤，自所不免，再經後人輾轉謄抄，產生錯誤，亦或擅自竄改。青本以及其他版本刻版之差失。以致通行本與稿本或鑄雪齋抄本不符之處頗多，三會本經勘正後重行刊印發行。以解困惑。考本僅作勘正，刊發單行本，流傳不廣，鮮爲世人注視，茲選錄於下：

三會本勘正：

一、青本刻版錯誤：

辛十四娘：燈火明滅，疑「必」村落，竟馳投之。青本將「必」字刊成「心」字。疑心村落，則令人費解。

連瑣：「交」接後，君必有念餘日大病，然藥之可愈。青本將「交」字刊成「妾」字。妾接後，似通非通。

伍秋月：生素不「佞」佛，至此皈依甚虔。後亦無恙。青本將「佞」字刊爲「信」字。按佞字依說文解釋，巧調高材，以女以信也。亦作信字解釋。

鳳陽士人（卷二）：入一庭院，麗人。「促」睡婢起供客。青本將「促」字誤刊成「捉」字。

俠女（卷二）：父官司馬，陷於仇，「彼」籍吾家。青本將「彼」字誤刊爲「被」字。彼與被詞雖通順，而意義不同，爲後復仇之伏筆也。

二、稿本或抄本錯誤，青本爲之更正：

種梨（卷一）：稿本：俄成樹，枝葉扶「蘇」倏而花，倏而實。此「蘇字錯誤，青本將「蘇」改爲「疎」字，扶疎爲正確。

偷桃（卷一）：稿本：唯王母園中，四時常不凋「卸」，或有之。青本將稿本「卸」改爲「謝」字。凋謝爲是，凋卸爲非。

續黃粱：稿本：又繼而科，道，九卿，交章「效」奏。青本將稿本「效」改爲「劾」字。祗有「劾奏」。「效」恐係稿本之筆誤耳。

郭生（卷十五）：由是兩試俱列前名，入闈中「幅」車。青本將稿本「幅」字改爲「副」字，應爲「副車」。本則「副車」呂、何均未註釋。（按「副車」；據辭源解釋：

1.天子之從車也。2.別駕之異稱。3.科舉時代鄉試副榜貢生謂之。本則「副車」應解釋爲副榜貢生也。）三會本後記曾言，青本自有其價值，可補稿本或抄本之不足，這一點是應該肯定的。除以上四則外，尙有青本改正稿本或抄本之錯誤，三會本中雖有註釋，祇是未作特別標明而已。試舉一例：

狐諧（卷四）：客有孫得言者，善「誹舉」謔，固請見。青本將「誹」改爲「俳」字。抄本無此字。（按：「俳」「ㄆㄞ」字爲俳優雜劇也，諧謔之謂也。「誹」「ㄈㄟ」字，誹謗也。）應以」俳謔爲是。

三、稿本、抄本、青本均錯誤，三會本特予勘正：

杜翁（卷十五）：即見身在「笠」中。此「笠」爲竹笠之笠，三會本勘正爲此「苙」（ㄌㄧ）字。（三會本卷六）（按：「苙」者：豬欄也。孟子盡心篇：如追放豚，即入其苙。）

水莽草（卷二）：惟命兒纕麻「躃」踊。三會本勘正爲「擗」（ㄆㄧ）字。（三會本卷二）（按：此「躃」字爲兩足不良於行。此「擗」字爲以手搥胸也。孝經：擗踊而泣。竹青一則亦有此二字。）

錦瑟（卷十二）：「副」耳、劓鼻、敲刖、脛趾、三會本勘正爲「刵」（ㄦ），（三會本卷十二）（按：「刵」者：肉刑割耳也。康誥篇：非汝封劓刵人無或劓刵人。另康熙字典未能檢獲此「副」字。）

犬姦（三會本卷一）：「厖」吠奸而爲奸（異史氏）。三會本勘正爲「尨」（ㄆㄤ）字。（按：「厖」（ㄆㄤ）者，厖然大物也。「尨」字，雜色犬也。青本無此篇。）

四、會評之錯誤：

紅玉（卷三）：「君能爲杵臼否」。何註：炊爨之事，非也。呂註：戰國時，趙朔與屠岸賈史事，公孫杵臼與程嬰二人立趙氏孤兒趙武之故事。（三會本卷二）

羅祖（卷九）：「玉柱下垂」。呂註：江淹賦：掩金觴而誰御，橫玉柱而覆軾。註：玉柱之謂也。此係指琴箏樂器縛絃之柱也。何註：道書：仙人將尸解，則鼻間玉柱下垂。玉柱下垂，實爲佛家坐化而鼻垂雙涕謂之也。非樂器之玉柱也。（按：玉柱又名「玉筋」。明．陶宗儀之輟耕錄：大名王和卿滑稽佻達，傳播四方，時有關漢卿者，亦高才風流人物也。王常以譏謔加之，關雖極意還答，終不能勝。王忽坐逝，而鼻垂雙涕尺餘，人皆嘆駭。關來弔唁，詢其由，或對云：此釋家所謂坐化也。復問鼻懸何物，又對云：此玉筋也。關云：我道你不識，不是玉筋，是嗓。咸發一笑。或戲關云：你被王卿輕侮半世，死後方才還得一籌。凡畜牲勞傷，鼻中所流膿水，謂之嗓。又愛訐人之短者，亦謂之嗓。關、王二人皆元曲大家。）（三會本卷七）

八大王（卷七）：「無端而受罵於灌夫」。何註：灌者，飲也。禮記：投壺奉觴曰賜灌。非也。三會本將何註刪除。此係指「漢朝灌夫使酒罵座之事也。」（詳三會本後記）。（三會本卷六）

鞏仙（卷七）：「我世外人，不能爲君塞鴻。」何註：塞鴻，能傳書者也。帛書繫雁足，蘇武故事。三會本勘正，此非塞外鴻雁傳書之典故，而刪除之。係唐人傳奇「無雙傳」中之蒼頭塞鴻也。（詳三會本後記）。（三會本卷七）（按：塞鴻於長樂驛爲王仙客傳遞音信給無雙也。）

除上四則外尚有其他註釋，稍有瑕疵，三會本未指出：任秀（卷二）：「主人視所質二百餘金，盡箔灰耳。」何註：近代以金銀捶箔，糊紙爲錁，焚之以祭鬼神。非也。（

按：祭鬼神所焚燒之箔，謂之錫箔，以錫捶之。金銀所捶之箔，謂之金箔、銀箔，用於裝貼神像之用，俗稱裝金也。錫箔以浙江紹興所產，最負盛名。）（三會本卷十一）。

考本勘正：考本中部分勘正與三會本雷同。考本係依稿本之影本而勘正之，然各有其見解，各有其獨到之處，僅將考本特點，試述於后：

一、考本特將原稿中蒲氏自行修改部分，列表比較，修改後較原稿為簡潔而省略，然未若原稿描述生動而透徹。

狐諧：原稿：舉座又大笑，孫素能言，至此頓屈。乃曰：吾不敢與狐娘子對談壘矣。從此以後，有開譃端者，罰作東道主。修改後，舉座又大笑，眾知不敵，乃相約，後有開譃者，罰作東道主。

續黃粱：原稿：忽見有二中使，賚天子手詔，召曾太師決國計，曾得意而榮寵，亦烏知其非有也。疾趨入朝，天子前席而問曰：臣庶勞卿襄理，調度非易。曾惟諾無以對休命。天子又曰：進賢退不肖，大臣之責，有所黜陟，三品以下，任卿胸臆，不必奏聞。即命賜蟒服一襲，玉帶一圍，名馬兩匹，曾被服稽拜以出，乘馬揮鞭，殆如翔翥，修改後：忽見有二中使，賚天子手詔，召曾太師決國計，曾得意，疾趨入朝，天子前席。溫語良久，命三品以下，聽其黜陟，賜蟒玉名馬，曾被服稽拜以出。又一節：原稿：四圍熾炭，鼎足盡赤，油星崩射，爆然作響。修改後：四圍熾炭，鼎足盡赤。後兩句刪除之。

辛十四娘：原稿：公子出驗之，怒曰：我待爾不薄，何以逼奸殺婢子？生百口無以自明，乃嘆曰：悔不聽妻言，以至于此。修改後：公子出驗之，誣生逼奸殺婢。又一節。原稿：女曰：自貽伊戚，復怨阿誰？今日網羅張滿，陷阱深投，只含誣服，或有生時，徒受摧殘，亦復何益？生泣命。修改後：女知陷阱已投深，勸令誣服，以免刑憲，生泣聽命。

青梅：原稿：語未已，聞叩戶聲，女失色曰：此前世冤家，勾牒至矣！尼啓扉，果公子家奴，驟問所謀，尼紿之曰：消息大好，初語之，詞意生硬，賴我磨爛三寸舌，始說得石姑姑略一眨眼，告公子勿急，三兩日管有佳夢作也。奴曰：公子言，事若無成，教汝自復命。修改後：語未已，聞叩門聲，女失色，意必貴家奴，尼啓扉，果然，驟問所謀，尼甘語承迎，但請緩以三日，奴述主言，事若無成，俾尼自復命。

二、考本勘正之錯字：(一般筆誤過多，省略之。)

狐諧：主客又復「閧」堂。稿本及評本均為「閧」(ㄒㄧㄤ)字。集韻此「閧」字同巷也。青本改「閧」字應為是。(按：又可作門字解釋，孟子：鄒與魯閧。)

仇大娘：有丐子怔「營」戶外，稿本為「憆」字。青本用「營」字為是。怔營者，惶恐不安也。後漢書郎顗傳：怔營惶怖，靡知厝身。晉書王濬傳，惶怖怔營無地自厝。怔憆者，雜韻註為不得志貌。(三會本亦會訂正，但未明顯指出。)

續黃粱：持籌握「算」。稿本為「筭」字。說文：筭者，長六寸計曆數者，以竹以弄，言常筭乃不誤也。筭與算通用也。

恆娘(卷四)：又「輾」然瓠犀微露。青本將「輾」字刊為「囅」字。「輾」與「囅」字同為笑貌。康熙字典：「輾」止忍切，音軫。「囅」丑展切，音蒧。諸韻書，音義大同小異，應即一字分為二。莊子達生篇：囅然而笑。(按：竹青一則：囅然曰：別來無恙乎。小翠一則：女囅然曰：如此痴兒，不如無有。辭源、辭海均未能檢獲此「囅」「輾」字。)

辛十四娘：又「蹵」(ㄘㄨ　)之。不動而殭。青本稿本均為「蹵」。其他版本有用「蹙」字。此兩字通用。

綠衣女(卷八)：聲細如「絲」。據原稿本為「營」字。疑原稿本「營」為「蠅」字之筆誤。據三會本勘正：稿本為「營」，抄本為「蠅」，青本為「絲」。如此可認定，青本刻版時，認「營」字不妥，而改為「絲」字。抄本也認營字不妥，而改為「蠅」。應用「蠅」字為妥。

青梅：天必「佑」之。稿本為「祐」。(按：天助神助者為「祐」。人助者為「佑」。現已通用，應以「祐」字為佳也。)

趙城虎(卷二)：嫗愈號「跳」，不能制止。稿本為「咷」(ㄊㄠ)。號咷者，即嚎啕也。(按：易經同文：九五同人，先號咷而後笑。說文：楚謂兒哭泣不止曰嗷咷。)青本將此「咷」字改為「跳」字，非也。

三、考本勘正詞句錯誤：

蕭七：意「瑣瑣」(ㄙㄨㄛ)不自得。稿本為「意」頊頊」(ㄒㄨ)不自得。「頊頊」者，自失貌。莊子天下篇，頊頊然不自得。(按：「瑣瑣」者，細小也。韻會：繁碎猥屑貌。姚安一則：若有桑中約，瑣瑣所能止耶？此則應用「瑣瑣」也)。

神女(卷九)：罪無申證「訟」繫之。稿本為「頌」，「頌」同於容，頌繫謂寬容不加桎梏。(漢書及刑法志均有記之。)在此句之前，有「鮑」父不識諸執名訟生」。為刻版時之不察，誤刻為「訟」也。

葉生(卷一)：而況繭絲「繩」跡，嘔學士之心肝。稿本為「蠅」跡。呂註：繩跡，未詳。或云「繩」宜作「蠅」亦未詳其所出。經稿本勘正後，證明呂氏所言正確。王褒洞簫賦之螻蟻蝹蜓，蜿蜿翊翊。此爲蟲類蠕行之狀。

席方平（卷十）：二郞神判詞：斧敲斤斲，婦子之皮骨皆空，魚食鯨吞，螻蟻之微生可憫。稿本：斧敲斲，斲入木，婦子之皮骨皆空。鯨吞魚，魚吞蝦，螻蟻之微生可憫。青本雖僅改兩句，但已失蒲氏所述黑暗社會中，弱肉強食之原意也。

聶小倩（卷二）：媼笑曰：背地不言人。稿本爲「齊」地不言人。非「背」地不言人。此爲山東諺語：齊地不言人，魯地不言鬼。爲背後不言人之是非。蒲氏爲山東淄川人氏，自知齊魯一帶諺語。青本刻版時，自難瞭解其原意，故刻爲「背」字。（想張景樵先生亦爲山東人氏，否則無法勘正此一「背」字之謬耳。）

四、評語部分：志異一書，評語甚多。考本中有段評語較爲特殊，特錄於下：

稿本第二冊，最後半頁（三七四），有四條像跋評語：

（一）、羅刹海市最爲第一，逼似唐人小說矣。

（二）、續黃粱：或云大酷。鷗亭之：正是喚醒他，元微之云：千恩萬謝喚厭人，向使無君終不寤。（夢上天樂府）

（三）、狐諧：似注意孫姓，但不知何人爲翁所惡耳。

（四）、念秧：再一省淨，尤佳。

這幾條評語，書法挺秀，辭意也很簡淨，是很超脫的，很值得玩味。

漏刻部分：青本刻版時，常有字錯，已司空見慣，不以爲怪，然偶或將詞句擅自刪除、漏刻，則整篇文章因之失色，而所產生之差訛，使讀之會生錯感，席方平中二郞神判詞即是一例：茲再舉二則：

續黃粱：包龍圖參劾曾某之疏中，漏刻一句：以駢文讀之則不通順，原稿：甚且一臂不袒，輒鹿馬之奸；片語方干，遠竄豺狼之地。青本將「片語方干」一句漏刻，而今各版本，均漏之。考本評之甚苛，言爲「跛腳」的駢文，一向是個疑問，依稿本勘正後，方爲冰釋。今三會本，已將「片語方干」一句刊入之以符考本之要求。

老饕（卷五）：邢德，澤州人，綠林豪傑，挽強弓發連矢，一時之絕，所向無敵，卻敗于黃牙孺子之手。稿本此則最後一句，「此與劉東山事蓋彷彿焉」。青本將此句漏刻，以致讀之誤解蒲氏蹈襲劉東山故事，（按：明淩濛初：初刻拍案驚奇卷三，劉東山誇技順城門，十八兒蹤奇酒肆店。）而劉東山故事源自宋幼青九籥集，以清代李漁曾依此情節寫傳奇《秦淮健兒傳》。以上各則均雷同之。（三會本卷三）

順序部份勘正：

考本：第七：聊齋志異初期刊本與原稿流傳情形一節：據張元於清雍正三年所作《柳泉蒲先生墓表》，說有聊齋志異八卷，這是原稿原始分卷情形。至清乾隆五年，其孫蒲立德所作跋語，則稿：「志異十六卷」，並謂：近乃人競傳寫，遠邇求借矣。可見在乾隆初年，已分爲十六卷，我想這是經過一番整理的，同時也是分卷稍多，便於傳抄的緣故。須知像這樣一部約四十萬字的巨著，傳抄工作是相當繁難的，所以就在當年的抄本，並不多見。

依上段考本所言，可以確定志異各刻本之各則順序與稿本截然不同。前後次序定有重編排之情事，青本亦復如是，因現通行本與三會本差異甚大，通行本共十六卷，三會本僅十二卷，青本刻版應依抄本，那一家抄本難能確定（當時稿本尚存於蒲氏自宅）。青本分卷順序不符稿本，通行本依青本爲範本，自不符於稿本，則是預見之事實。三會本分卷爲十二卷，與清張元所言八卷，已多出四卷，亦不致與稿本抄本符合，因稿本現僅存半部而已。確實之分卷雖可假定，而各則順序，則難勘正，因次序之先後，可作蒲氏學術思維意態之研究參考價值矣。三會本新序亦言之。

各則於青本與三會本之中，最顯著之不同之點，青本將傳奇故事挪於前幾卷，志怪、軼事、筆記均置於後幾卷爲多。三會本各類較爲平均之(也不盡然)。如青本中：焦螟、真定女於十五卷，而三會本反於卷一。恆娘、葛巾於青本列於卷四，三會本則列爲卷十等等，此因當抄本膽抄時之方便而已，如王約軒、余歷亭於乾隆年間摘抄本(考本第二十九頁)。即是一例，三會本依稿本及鑄雪齋抄本勘正，鑄雪齋抄本已有省略之瑕疵，如三會本中，公孫夏(卷十二)一則下註抄本有則無文。卷八中：放蝶．男生子．醫術等則下註，抄本有則無文，據青本補入。卷八中：黃將軍一則下註，抄本有則無文，遺本有《黃靖南篇》，當即此則，據此補入。如此證明鑄雪齋抄本亦不完全符合稿本矣。

刪刊各則：

據三會本勘正稱．通行本現刊四百三十一則．三會本增刊六十則，共四百九十一則，其六十則，經蒐羅各抄本，刊本、遺稿、拾遺、逸編等而得之，三會本後記中最後一節，《黃炎熙抄本中：》豬嘴道人，張牧、波斯人等三則，其他版本均未刊載，是原著，還是後人僞記，尙有待於考證。因此，凡稿本已有記載，自無可疑，否則，任何版本均有存疑之必要，雖未必整則之僞記，亦有部分被竄改，刪除，增添之可能。

考本記載青本未刊各則，而稿本已記之有十則：蛤、吳門畫工、龍取水、土地夫人、罷龍、諭鬼、陵縣狐、白蓮教、螳螂捕蛇、犬姦等十則，其他如遺稿、拾遺，逸篇等三書均有記之。

其刪各則，疑有其理由，茲分述之。(以下爲三會本)

瀆神明：

雷公（三會本卷六）：亳州，王婦於室中時，天雨陰晦，見雷公持鎚振翼而入，大駭，急以便溺潑之。雷公沾污穢後，返身疾逃，極力展騰，竟不得去，嗥聲如牛，少時雨暴澍，身上污穢沖淨，乃作霹靂而去。

犯帝諱：

吳門畫工（卷六）：吳門畫工，喜繪呂祖，一日，偶見呂祖化身爲丐寄於廟，工跪而求之，丐杳。夜呂祖託夢畫工，引見一嬪妃，令牢記之。後清宮董鄂妃死後，清皇室召諸畫工齊集，爲董鄂妃繪像，清帝均認不能傳真，吳門畫工，忽念所夢嬪妃而繪之呈進，宮中傳覽，皆謂神肖，畫工而得厚賞。考本：六、校勘工作中的發現。加敘有關本則民間流傳說，辨正之。錄於下：

董鄂妃是清世祖福臨妃，姓董鄂氏，早卒，追封皇后。《清史稿》有傳。不過清初卻有一個傳說，她是冒襄（辟疆）的妾董小宛，明末被掠至北京，入宮賜姓董鄂氏，冊立爲貴妃。又傳董妃卒後，福臨厭世，乃遁入五台山爲僧云云。按董小宛，本金陵妓，後寓蘇州，歸冒襄，年二十七病逝，襄作《影梅庵憶語》哀之。被掠之說似亦無稽。……據漁洋《香祖筆記》卷五：余康熙乙巳（四年）春，將去廣陵，偶以公事至如皋。冒辟疆襄約余修禊水繪園別業。可知冒與漁洋，是同一時代人物，並有交誼，本則故事，染上神話色彩，此係「志異」一書作風，然清初順康年間確有此類傳聞。

觸時忌：

鬼隸（卷十一）：歷城縣二隸，途與二人，衣著皆似公役，互相交談，鬼隸言，實告之，我城隍鬼隸也。今將投公文於東獄，濟南大劫，所報告，殺人之人數也。二隸亦在劫內。鬼隸曰：遭劫事大，抗命事小，宜避之，姑勿歸。二隸從之，遂避去。未幾北兵大至，屠濟南，扛尸百萬，二隸亡匿，得免於難。另《張氏婦》一則，亦如是。（卷六。以上均三會本。）

涉貪瀆：

鴞鳥（卷十二）：長山令楊某，性奇貪，康熙乙亥（三十四年，一六九五年。）西塞用兵，民間騾馬運糧，楊假此搜括，地方牲畜一空。周村爲商賈所集，趁墟者，車馬輻輳，楊率壯丁悉篡奪之。計不下數百頭，四方估客，無所控告。（按長山縣爲蒲氏家鄉淄川之鄰縣。西塞用兵，係征噶爾丹之役。此役自康熙二十九年起至三十四年始平。戰禍影響民生，官貪吏酷假此以擾民矣。）遵化官狐（卷二）亦屬此類。

誨淫逸：

犬姦（卷一）：青州賈某，客於外，經歲不歸，其婦難守空幃之寂。而引家畜白犬爲姦，一日，賈某返回，與其婦共臥。犬突入，嚙賈某竟死，後里中不平，訟於官府，收婦與犬。好事者，賄役牽犬與婦交之。圍觀者，常數百人。青城婦（卷十二）亦爲淫逸之。

太簡略：

瓜異（四）：康熙二十六年六月，邑西村民圃中，黃瓜上復生蔓，結西瓜一枚，大如碗。土化兔（卷十二）等均如是。（按：此則實無價值可言故刪之，然經勘正後，返增加三會本之勘正價值也。）

筆跡部份：

三會本卷四《捉鬼射狐》一則，題目下加註「稿本，抄本只一題，均作李公，稿本筆跡不類似作者，以爲後人所加。」之存疑。考本之考證篇後記中記載：依原稿影印本考證筆跡，可分爲三種類型，以「乙型」爲蒲氏親筆（以蒲氏畫像自題款字跡比對之）。「甲型」或係他人代爲清稿謄寫：如《狐諧》等則，乙型如《仇大娘》等則。尚有另一種「丙型」筆錄，如《雙燈》等則。字跡與甲型相似，或係另一人謄抄之。最大突出部分，《念秧》二則中，開頭是丙型字跡，次頁即是乙型字跡（蒲氏親筆），以後又有一頁是丙型，而後又是乙型，由此則很明看出蒲氏當年經過親手修改和補綴的功夫。另外尚有《頭滾》一則是乙型丙型的筆跡。至於甲型與乙型筆跡有《武技》一則，故《捉狐射鬼》一則未必是後人僞記，或是他人代爲清稿謄寫，可能性較大矣。

後記：志異書成之日，蒲氏尚爲一介窮酸書生，鮮爲世人所重視，苟非王士禎、高珩、唐夢賚、畢際有等顯貴之宣揚及題跋，恐志異一書隨秋草湮沒，未必能留於後世，成爲一部不朽之文學鉅著。只因當時印刷術不發達，蒲氏又無力刻版出書，流傳情形，只賴於輾轉謄抄。其中訛誤自所不免，有失原稿之廬山面目，幸賴於近日學者，上窮碧落，下至黃泉，竭力搜尋資料勘正，以求恢復原來面貌，當然大陸現在資料較台灣爲豐。故三會本對志異勘正之價值，是無法估計的。在三會本新序中，提到次序未能勘正如原稿，頗表遺憾。並指抄本次序編排未依原稿：1.鑄雪齋抄本之祖本爲殿春亭抄本，此抄本已佚，其分卷共十二卷，已非蒲氏原稿之分八卷。2.抄本編次雜亂無章，顯然非依撰寫先後順序而排列（稿本僅四冊，係按故事先後而排列之）。3.從稿本與其他版本勘正，在撰寫時間上，顯有中斷情形，4.以各則中提及當時人物官職，顯有年代及職位先後紊亂，如焦螟一則中：董訥侍讀即是一例。現三會本勘正雖接近原稿之風貌，而在次序編列卻無法恢復原來編次，故爲遺憾，若能接近原有之編次，則易瞭解蒲氏在撰寫幾十年中之思想精神及創作發展過程，而有相當作用。考本跼限於台灣，所得有限資料，而有如精辟之勘正，實令人心折。大陸學者吳組緗先生(北京大學中文系教授)，於說稗集中《關於吳敬梓的民族思想問題》一篇：提及聊齋志異作者蒲松齡，研究者也曾有過其有無民族思想之爭論，僅就流傳版本的作品看，確也找不出什麼反清思想的有力證據。吳氏所言不差，因僅就流傳版本來看，確實找不出蒲氏有反清之民族思想。因吳氏尚未有暇瀏覽三會本(稿本，抄本尚且不談)，舉例而言之，如文中所提《竹青》一則有「滿」兵過彈之，青本改為有兵過彈之，一「滿」字之差，有異千里之遙，蒲氏有無民族思想，僅以此「滿」字即可證明之。況道光初年，滿人長白榮譽校定，文內有觸諱滿清忌諱之處，曾加修正之。因此，志異一書經學者刊定後，雖因編目次序部分，未臻無瑕之境，對文字，對學術有莫大之宏效。更對蒲氏人格精神、以及民族思想有絕對俾益，是不可輕言否定之。

志異與前人小說

志異經勘正後之三會本；另自稿本等增刊了六十則，共計四百九十一則（通行本共四百三十一則）。不論是志怪、傳奇或筆記，歷經二十年韶光而撰成文學巨著，殊非易事，神怪流傳，原本即大同小異，故志異中情節內容與其他小說或有相似之處，恐爲巧合，偶或聽聞之情事，難免雷同，或借他人文字而啓發靈感以撰之，亦或有之，至於認是抄襲或剽竊，此論則非當矣。

李藩在筆記小說論言中提及（前段已錄），蒲氏實爲技高一籌等言。此即表示將前人所寫情節，重行描述之，然蒲氏依據前人文字，而重行發揮，實或有之，而當時所流傳事實撰寫而成者，不止一人，僅可謂巧合而已。如《林四娘》一則（卷三）。王士禎之池北偶談亦有。林西仲先生亦撰林四娘記，三本內容相同，文字各異，可見當時流傳之廣也。另《大力將軍》一則（卷五）。王士禎之香祖筆記有之，爲吳六奇別傳。鈕琇之觚賸粵遺有之，爲吳六奇傳，按大力將軍吳六奇與查繼佐均有其人，中國人名大辭典中均刊之，實證爲真人真事各記載之，《張不量》一則：吳寶崖之曠園雜志亦有之。志異中與前人小說或有巧合之處，亦或有之，嗣記於后：

種梨（卷一）：搜神記（卷一）吳時有徐光者，嘗行術於市里，有販者售瓜，徐光乞而不與，便從索瓣，杖地而種，俄而瓜藤蔓延，頃刻生花結實，乃取而食之，並贈週邊圍觀之人，少待瓜盡，眾人散去，販者反視其籃中瓜皆亡耗矣。志異中種梨，鄉人貨梨於市，質佳價貴，有道士者，破巾敗絮，乞於車前，鄉人叱之不去。道士曰：『一車數百枚，老衲只乞其一，於居士亦無大損，何怒矣！』路人見其爭執不休，勸贈一劣質者，鄉人仍弗許，乃購一枚付之，道士食畢，對圍觀者言，出家人不吝嗇，有佳梨供客，乃出鏟挖地，埋核，索水灌之，好事者以沸湯付與灌之，少刻出苗，俄而成樹，樹葉扶疏，倏花結實，碩大芳馥，滿樹纍纍，道人採之以供圍觀之衆，頃刻梨盡，道士伐樹而去，鄉人回顧車中梨已空矣，方悟所贈之梨，皆爲己有，車靶已斷一隻，有新鑿之痕，尋之於附近牆角傍，大怒，尋道士已杳矣。兩則故事，僅以瓜易梨耳，惟增加斷柄一節耳。

布客（卷十五）：搜神記（卷五）周式漢下邳人，因以舟渡陰司拘魂之冥吏，遂與冥吏發生萍水之交，周式雖陽壽已滿，勾魂牒中有名，冥吏乃告誡之，三年內不得出門，其以無法拘獲爲由，而縱脫不拘，免其一死。周式居家兩年有餘，將屆三年之時，被其父所逼，外出弔喪，爲冥吏所見，冥吏責其外出，復寬限三日，使其返回料理後事，而後拘之。志異中布客，布客途中偶遇一隸胥，相見甚歡，遂成莫逆，屢以酒食招待，後方知隸胥爲陰司勾魂使者，牒中亦有其名，隸胥囑布客速返回料理後事，行至河邊，河水暴漲，木橋沖毀，隸胥勸其捐資修橋，雖破財未必不無收益，布客然之，後乃不死，隸胥來告之曰：『以修橋功德報於城隍，延壽一紀。』兩則所不同之處，周式外出而死之，布客修橋而不死也。

二班（卷十三）：搜神記（卷二十）蘇原者，穩婆也。即今之助產士，夜間爲虎取去，行六七里，至大壙野處，蹲而守之，見牝虎正於生育而難產，易悟之，乃爲探出乳虎共三隻，產畢，牡虎負之而還，再三送野獸肉於門外。志異中二班，殷某雲南人，善針灸術，一日入山，夜幕已垂，正畏狼虎，遙見前有二人走來，疾往迎之，寒暄互道姓名，二人自言，一爲班爪，一爲班牙。二班言：『石室幸可棲宿，敢屈玉趾，且有所求。』殷喜而從之，俄至一石窟，見二班身軀魁偉，似非善類，心頗忌憚。忽見榻上老嫗偃臥，呻吟不絕，束火照之，鼻下口角處，共生兩大贅瘤，其大如碗，痛不可觸，有礙飲食，殷某出針灸之，以艾薰之。次日瘤破，敷以藥屑，即可癒矣。二班甚德之，燒鹿餔以餉，但無酒飯，食後殷某即返。後殷某復夜行於山中，狼群湧至，正於危難之際，忽有二虎奔出，撲殺群狼，殷某狼狽而行，遇一老嫗，告之乃治瘤之老嫗也。引入石室，餉以酒食，嫗酒量甚豪，舉碗自酌，殷感其義不覺沈醉，次日酒醒，見一虎臥於石室內，口角處，尚有疤痕皆大如拳。兩則所不同之處，一爲牝虎助產，虎仍虎也，一爲虎治瘤，虎化人也，而於酒後現形。並增加撲殺狼群一節，以報治瘤之恩也，此爲蒲氏潤飾之功也。又虎以野肉饋贈穩婆，志異卷二趙城虎，以鹿兔等野肉報老嫗頗爲相似也。

金姑夫(卷十四)：搜神後記(卷五)曇遂皈依沙門爲僧，年二十餘歲，一日經清溪廟前，遂入廟觀之，似有暇思，夜夢一婦人來，語云：『君當作我廟中神，不復久。』曇遂追問婦人是誰。婦人答云：『我是清溪廟中姑也。』如此一月許，曇遂病終臨歿時，謂其同門曰：『我無福，亦無大罪，死當作清溪廟神，請君行，便可過看之。』志異中金姑夫；會稽梅姑祠，未嫁而夫先死，遂矢志不嫁，三十餘歲即卒，族人祠之，謂之梅姑。一日上虞金生，途經於此，入廟觀之，頗涉冥思，至夜，夢青衣來，傳話梅姑招之，從去，入祠梅姑已在簷下候之。笑曰：『蒙君寵顧，實切依戀，不嫌陋拙，願以身爲姬侍。』金生唯唯，梅姑送去，告曰：「君且去，設座成，當迎迓耳。』金生醒後惡之。是夜廟祝夢梅姑告之曰：『上虞金生，今爲吾婿，宜塑其像。』既成，金生告其妻曰：『梅姑迎我矣。』衣冠而死。妻痛恨欲絕，至祠中指女像穢罵，並陞堂批頰數回。兩則頗相似，所不同者，壘遂僧也，無家室之累，後顧無憂。金生為有婦之夫，抛下妻兒，與情何堪，梅姑奪人之夫，致被金婦批頰再四，罪有應得耳。

蘇仙（卷十四）：搜神後記（卷十）蛟子：長沙女，家住江邊，渚傍浣衣，覺身中有異，遂即懷孕，後生三物，皆為鮧魚，女因其所出，甚憐之，乃儲水養於澡盆中，經三月，此物較大，乃是蛟子，天暴驟雨，三蛟一時俱去，遂失所在，以後，天方欲雨，女亦知其當來，便出望之，蛟子亦舉頭望母，良久方去，經年後女歿時，三蛟子同至墓前哭之，聞其聲似如犬嗥。另袁山松郡國志載一事，彷彿於此，梁州女郎山，張魯女浣衣石上，女便懷孕，魯謂邪淫，乃放之。後生二龍，及女死將殯，柩車忽躍昇此山，遂葬焉。其水傍浣衣石猶在，謂之女郎山。志異中蘇仙之郴州民女蘇氏，浣衣於河，河有巨石，女距其上，有苔一縷，綠滑隨水浮動，遶石三匝，女見後心動，歸而有娠，數月後，竟生一子，女不忍棄，藏於櫝中養之，因不夫而孕，遂矢志不嫁，兒至七歲，未嘗示人，一日兒忽謂母言，兒漸長，幽禁何可也，去之，不為母累。又云：我非人種，行時騰霄昂壑耳。女泣問其歸期，答之：待母歸山時，兒始來。言迄拜母逕去，女出而望之，已杳矣。三十年後，鄰人忽見彩雲繞女舍，中有一人盛妝而立，是蘇仙也。漸高不見，一少年前來，出金葬母，去時，數步之外，足下生雲騰空而去，三則情節，如出一轍，均於水邊浣衣，均為不婚而孕，均於死後，其所產之物皆來殯葬。所不同者，蛟子與人耳。（按蛟子：即小蛟也。）

阿繡（卷九）：南朝宋劉義慶所撰幽明錄：《賣胡粉女子》一則；有人家甚富，止有一男，寵恣過常。遊市，見一女子美麗，賣胡粉，愛之，無由自達，乃託買粉，日往市，得粉便去，初無所言，積漸久，女深疑之。明日復來，問曰：『君買此粉，將欲何施

?』答曰：『意相愛樂，不敢自達，然恆欲相見，故假此以觀姿耳。』女悵然有感，遂相許以私，剋以明夕。志異中阿纖：海州劉子固，十五歲時，至蓋省其舅，見雜貨肆中一女子，姣麗無雙，心愛好之，潛至肆中，託言買扇，女將覓父，劉止之曰：『無須，但言其價，我不靳直耳。』女如言，故昂之，劉不忍爭，付款而去，明日復去，又如之，行數武，女追呼曰：『反來，適僞言也，價奢過當。』因此半價還之，劉益感其誠愨，有暇既往，由是日益熟稔。女問及以往，以實對之。返問之，自言姚姓。所購之物，女以紙代裹完好，而以舌舐黏之，劉攜歸不復敢動，唯恐亂其舌痕，舅遣其歸，意惓惓不自得，以所購香帕脂粉等物，密置一篋。蓋兩則故事，極爲相似。惟志異將劉生所購之物，除脂粉外，尚有香扇手帕等物，另於有阿纖前世姊妹——狐也，穿插其中，悲歡離合，真真假假，令人混肴，頗爲感人有趣。本則故事除幽明錄外；綠窗新話卷上：郭華買脂粉一則；內容亦復相似。郭華家富好學，求名不達，改爲商賈，遊於京城，見市肆中一女子美麗，賣臙脂粉，華私慕之，朝夕就買，脂粉堆積於室，財本空竭，女疑而問之，華答之曰：『意相愛慕，恨無緣會，故假此以覿姿容耳，然每一歸，必形諸夢寐。』女悵然有感曰：『郎君果有意相憐，妾豈非木偶人耶。……』約於明晚後園相見，次晚，華因與親友談話，遲至二更方去，女久候不至，留鞋一隻而去，華至於廊左拾鞋，哽愴歸去，吞鞋而歿。翌晨，主人見華尚有餘息，於喉中取出鞋來，又見脂粉，遂持鞋查訪粉肆，女不敢隱，華甦後，店主爲媒，而婚之。其次醉翁談錄在小神仙類有《粉合兒》一則。輟耕錄卷二五院本名目有《憨郭郎》一則。此則故事，元曲中採用之，屢見不鮮，如元曲選；無名氏之王月英元夜留鞋記。南詞敘錄著錄王月英月下留鞋。錄鬼簿續編著錄明邾經雜劇臙脂女子鬼推門，無名氏之誤佳期元夜留鞋記，以上均散佚，明童養中之傳奇臙脂記，今存，載於古今戲曲叢刊（存於大陸）。豔異編卷二十，情史卷十有賈粉兒一則，已刊入太平廣記。情節均彷彿，志異所不同者在於後段，劉子固返回蓋後之錯綜複雜情節也。（此節資料錄自李劍國先生輯釋之唐前志怪小說。）

姊妹易嫁（卷三）：另於明代毛紀故事中記載一則：文簡夫人官氏，姊嫌文簡有文無貌矢不嫁之，于歸之日，拒不整妝上轎，其妹承父母之意，遂代姊而嫁文簡，文簡後貴，姊自恨之，出家爲女道士，妹屢饋贈之，均堅拒之。另宋錢陽之南部新書所載，吉項故事，亦頗類似，吉項之父爲冀州長史，爲項娶南宮縣丞崔敬之女，崔先不許，後因有事脅之而許婚，花車至時，女堅臥不起，小女自願登車而去，項後入相等情節。志異中姊妹易嫁，均爲相似，掖縣毛家素微，其父牧豬爲生，毛郎寄讀張家，張父見毛郎頗有大志，遂將長女許之。女薄毛家，怨鄙之意，形之於色，矢言不嫁牧豬兒，彩輿臨門，女則掩面而泣，催之妝，不妝。勸之更不理，新郎告行，鼓樂大作，女猶眼零雨，頭飛蓬，父入門勸之，更放聲大哭。終無悔意，舉家無奈，其妹在側，頗非其姊，苦逼勸之。女怒曰：『小妮子亦學人喋咶，爾何不從他去。』妹答曰：『阿爺原不曾以妹子屬毛郎，若以妹子屬毛郎，更何須向姊姊勸駕也。』父母以其言慷爽，勸其代嫁，妹慨然曰：『父母教兒往也，即乞丐不敢辭，且何以見毛家郎便終餓莩死耳。』後姊適里中富兒，夫蕩惰無行，家道日漸陵落，未幾夫死，空舍無煙。聞妹已爲孝廉婦，更增慚悔，姊妹則避路而行，又聞毛郎已進士及第，刻骨自恨，忿然廢身爲尼。此則情節大致相同，所不同處，爲蒲氏另加情節以粉飾之。毛郎因妻髮赤而損，陰有取得功名富貴之後而易妻之念，是年落第，後聞之，惕然悔改，果以中試，雜有因果之說，此爲明清時代之信念也，不足爲怪。

顏氏（卷十）：明代青藤老人徐渭所著之四聲猿之四，女狀元辭凰得鳳；黃春桃雖爲女流，飽讀詩書，不甘雌伏，女扮男裝，而試科舉，歷經鄉試、會試、殿試，狀元及第而成女狀元，再生緣中之孟麗君與皇甫少華故事，大同小異。此兩則故事，均係高中金榜，得意宦場，而後婚媾，恢復粉黛。志異中顏氏：顏氏，幼年聰慧，其父教之，一讀輒記不忘，其父嘗言，吾家有女學士，惜不弁耳！後嫁某生，朝夕課生研讀，儼如師友，如是年餘，生制藝有進，然應試輒屢試屢敗，身名蹇落，饔飧不繼。女曰：『使我易髻而冠，青紫直芥視之。』遂矢志青雲，初應童子試，繼之會試、殿試，進士及第。授桐城，有政績，甲申之變，天下大亂，方閉門雌伏之。顏氏所不同者，先婚而後應試耳。定遠方濟頤之夢園叢話：明末張獻忠侵犯桐城，屢不能破，由於官民戮力，眾志成城之故也。時邑侯爲直隸進士，楊公爾銘，年甫弱冠，豐姿玉映，貌如處子，折獄明決，賞罰無私，善治軍事，戰守有法。兵民莫不畏之。每出巡城，著小靴長不及六吋，扶以僕肩，行人多疑爲女子。或即聊齋志異所記易釵而弁之顏氏也，大約顏楊音近而訛傳之。按桐城得鳳陽巡撫史可法，盧州守將黃得功之助，而擊退闖賊張獻忠，至今桐城尚有史公祠、黃公祠、楊公祠而祀之。志異以小說之筆，而抹煞力守危城，身當大敵之奇女子也。（轉記俞樾春在堂隨筆）

蛇人（卷十三）：周春遼詩話附載梁莊社記；契丹時，遼東風某，路拾一卵，歸置錦囊，繫於臍下，月餘卵出一蛇，飼之，命名曰雅，漸長盈尺，圍時尺許，乃縱之於野，雅知人意，戀戀但不言而去，數歲益大，初食野禽，繼而噬人，官府募人捕蛇，風某知爲雅，乃至放處呼雅，風數其罪，蛇俛首伏誅之。又宋阮白之柳亭詩話載西山潭拓寺，有巨蛇二，長曰大青，小曰二青，聞磬聲即出。蛇名之大青，小青實有之也。志異中蛇人：蛇人某，以弄蛇爲業，蓋馴二蛇，長曰大青，次曰二青，二青額有朱班，性更馴順，蛇人愛之，次年大青死。一夕，寄宿山寺，次晨啓笥二青已杳，蛇人不勝悵恨，搜尋亟呼，均無蹤影，坐待紅日已高，未見其返，怏怏而行，行止路中，見二青返回，另率一青蛇而至，命之爲小青，久之，二青既長，蛇人縱之於山野，二青於山中，樵人多見之。又數年，二青長丈許，粗如碗，輒出逐人，往來行人相戒之，一日，蛇人經此，蛇暴出如風。大怖而奔，蛇進之益急，回頭，蛇已近矣。見蛇額有朱班，遂呼二青，蛇頓止，昂首久之，縱身繞蛇人，並觸竹笥，蛇人悟其意，啓竹笥小青出，兩蛇相纏，極爲親暱。蛇人乃縱小青隨之去，並告之曰：深山不乏食，勿擾行人，以犯天譴。此則出自梁莊社記，應無疑義，惟其多一青蛇而已。

香玉（卷三）：勞山雩拾：上清宮之北，有洞曰煙霞洞，爲劉仙姑修真處（仙姑之史不可考），洞前有白牡丹一株，巨逾兩抱，數百年物也。相傳前明即墨藍侍郎者遊於地，見花而悅之，擬移植園中，尚未言也。是夜，道人夢一白衣女子來別曰：『余今當暫別於此，至某年某月某日再來。』及明，藍宦遣人持柬來取此花，道人異之，志夢中年月日于壁。至期，道人又夢女子來曰：余今歸矣。道人異之，曉起趨視，則舊植花處，果含苞怒發，亟奔告藍，趨園中視之，則所移植者，果槁死之。洞前花至今猶存。齊東野語中有一則亦近之，聊齋志異《香玉》一則，即本此而作也。志異中香玉：勞山下清宮，耐冬樹二丈，大十數圍，牡丹高丈餘，花時璀璨如錦，膠州黃生築舍於其中寄讀之。與香玉（牡丹），絳雪（耐冬）相識，一夕，香玉慘然而入別之，次日，即墨藍氏，入宮遊矚，見白牡丹，悅之，掘移逕去，生始悟香玉乃花妖也，悵惋不已。過數日聞藍氏移花至家，日就萎悴，恨極。一夕，黃生獨居悽惻，絳雪笑入曰：『喜信報君知，花神感君至情，俾香玉復降宮中。』明日往觀故處，則牡丹已萌生矣。蔣瑞藻之小說考證，已註明香玉一則出自勞山零拾。中華民國八十年，五月二十九日中央日報十七版(長河)，翁景芳先生所撰，著名避暑勝地「嶗山勝景美不勝收」一文提及下清宮之耐冬(山茶花)絳雪及香玉兩株仍健在矣。

陸判(卷二)：王丹麓之豐暐今世說：周立五弱冠時，顴未高而兩頤瘦，面有槁色，年三十二，猶困於童子試。隨其父至荊南，夜宿時，夢見一雉冠絳衣人，鬚髯如戟，右手操刀，左手提一人頭，至榻前易頭而去，周大驚，持父足疾呼，及舉手摩之，頭如故，凜凜者數日。未幾顴漸高而頤骨漸豐，鬚鬑鬑然日愈長。越年餘，又夢一白鬚老者，冠緇冠，手持長尾麈，隨一金甲神，語曰，吾來易爾腹，語訖，金甲神抽所佩刀，啓周腹，出滌其臟腑而復內之，既內，以方竹笠覆腹上，復取釘椎釘四角，周夢中聞響聲丁丁，而怪其無痛也，釘畢。白鬚老人揮麈而祝曰：『清慮似鏡，元本無塵，忽釘於笠，豁然有聲。』周寤，自是文學日進，歷試兩闈皆捷，官至侍講學士，此事果信。志異中陸判；陸判官，綠面赤鬚，貌尤獰惡，與陵陽朱爾旦善，常相交酌，陸量豪，十數觥而不醉，朱屢獻窗稿，陸均言不佳。一夜，朱醉先寢，陸猶自酌，朱忽於夢中，覺臟腑微痛，醒而視之，陸危坐床前，破腔出腸胃，條條整理之，見陸置肉塊於几上，告之曰：『此君之心也，作文不快，知君之毛竅塞耳。』爲其換心，朱自此文思大進，過目不忘矣。朱復要求陸爲其妻換其首，以變麗質，陸從之，爲其妻換取美人首級，兩則相同之處爲換心，換心後，文思大進，文場報捷。相異之處換頭，志異中陸判將頭換於朱某之妻，而非朱某本人耳。

金和尚(卷四)：分甘餘話記載，清初有一僧，金姓，自京師來之諸城，自云是旗人金中丞之族，公然與冠蓋交往，諸城九仙山古刹，腴田數千畝，據而有之，益置膏腴，起甲第，徒眾數百人，或居寺中，或居別墅，鮮衣怒馬，歌兒舞女，雖豪門仕族不及矣。橫行鄉里幾三十年方死。中分資產，半予僧徒，半予假子，有往弔者，舉人披衰稽顙，如俗家禮，文人學子而甘為妖髡之假子，忘其本生，大可怪也。志異中金和尚，金和尚諸城人，幼年其父以數百錢鬻於五蓮山為小沙彌，少頑鈍，不守清規，本師死後，乃潛逃離寺，作雜負販，數年暴富，買田畝，造甲第，弟子繁多，食以千計，又廣結納，即千里外信息相通，買異姓兒為子，延師教之，令入庠泮，旋援例作太學生，其歿後，孝廉縗麻執紼，冠蓋弔唁，其將田產瓜分為二，一予假子，一予眾徒。兩則皆諸城之事。情節完全相符，所不同之點，前者為旗人金中丞之族也。花朝生筆記：聊齋志異記事，多有所本，不過藻飾之，點輟之，使人猝難辨識耳。

放蝶（卷十五）：龔煒之巢林筆談：明季如皋令王𣂼生性好蝶，案下得笞罪者，許以輸蝶免，每飲客，輒之以為樂。志異中放蝶：長山王進士𣂼生，為令時，每聽訟，按律之輕重，罰令納蝶自贖，堂上千百齊放，如風飄碎錦，王乃拍案大笑。一夜夢女子，衣裳華好，從容而入，曰：『遭君虐政，姊妹多物故，當使君先受風流小譴耳。』言已，化為蝴蝶，迴翔而去。兩則情節相同，主角姓名相同，所不同之點，地點：一為江蘇省如皋縣，一為山東省長山縣而已，誠如前則花朝生筆記所言，蒲氏撰志異善於藻飾，善於點輟，故志異此則後段加有蝶化夢中告誡及後被直指使之飭責之舉，而罰蝶令遂止矣。

偷桃（卷十三）：閑居雜綴記載；耳談中載之；明嘉靖戊子，鄂城有人自河洛來，善幻術，婦謂其夫曰：『可上天取仙桃與眾看官吃』，其夫將繩拋之，繩直如立木，天忽開一門，繩與門接，其夫緣繩而上。從天宮擲桃下，葉猶帶露，人皆偏食之，甘美異于常桃，久之，忽聞天上有詬責聲，還擲其夫之手足肢體，片段而下，鮮血淋漓，婦伏地大哭曰：頻年作法，不逢天怒，今日爲天狗所傷，亦是衆官所使，事關人命，本不敢仇怨，但求捨錢治棺殮之，可去矣。衆皆大驚，醵金一兩餘給之，婦合肢體成人形，盛以篨籧，囑肢體曰：可去矣。肢體應之曰：錢足否。婦曰：足。其夫忽起，收拾其繩，負之而去，人皆絕倒。志異中偸桃：春節之際，冰雪未解，堂上欲取桃以供客，術人惆悵良久，乃云：我籌之爛熟，春雪仍積，人間何處可覓，惟王母園中，四時不謝或有之，乃命其子上天取之，自笥中出繩一捆，約數十丈，理其端望空擲之，繩即懸立空際，若有物以挂之。子乃持索盤旋而上，如蛛趁絲，漸入雲霄，不可復見。久之，墜一桃如碗大，術人喜，獻於堂上，堂上傳視良久，尚未辨真假。忽繩落地，術人驚曰，殆矣，上有人斷吾繩，兒將若何？少待，一物墜，視之，兒之首也。捧而泣之，必是偸桃爲守者所覺，殺吾兒也。又待，一肢墜地，未久，肢體紛紛墜下，術人拾起置於笥中，向堂上請曰：老夫止此一兒，因奉命偸桃，遭此奇禍，乞賜金以瘞之。諸客各賜金甚豐，術人纏於腰間後，扣笥而呼之，兒出笥以謝賞，兩則如出一轍。不足爲奇，江南對此則故事，名之爲《天空偸桃》。尚有一則爲《殺人種瓜》。其大意：術人將其子殺之，肢體藏於笥內，將頭埋入地中，少時，發芽蔓籐結瓜，剖瓜後，其子自瓜中跳出，在未剖瓜之前，而向圍觀者求賞之。志異於此則後有註之：《後聞白蓮教能爲此術，竟此其苗裔耶》？

禽俠（卷十六）杜甫古詩《義鶻行》一首：（杜甫詩註卷六——清仇兆鰲校註。）敘述兩蒼鷹孵卵爲白蛇所吞食，而求鶻（隼也）擊之。如「其父從西歸，翻身入長煙，斯須領健鶻，猶憒寄所宜。」志異中禽俠，鸛鳥築巢於殿角，鶵為蛇吞之，如是三年，第三年蛇再來食鶵時，鸛驚飛鳴哀急，直上青冥。俄聞聲蓬蓬，一瞬間，天地如晦，眾駭異，共視乃一大鳥，翼蔽天日，從空疾下，驟如風雨，以爪擊蛇，蛇首立墮。志異之禽俠所撰較為合理。鸛鳥不足以制蛇也。蒼鷹本以蛇為食，反求於鶻，謬也。

俠女（卷二）：闕名筆記；清世宗之崩，實為人所刺。蓋為嚴治呂留良，陸生枏，查嗣庭之獄，已大干吾民族之義憤，于是甘鳳池之流，始相率而起，從事於暗殺，清廷雖竭力搜捕，終不能去之。當晚呂晚村孫女某，劍術之精，尤冠儕輩，相傳雍正為呂女所殺。聊齋志異《俠女》一則，蓋影射此事也。考鄂爾泰傳，是日上尚視朝如恆，並無所苦。午後忽急召鄂入宮，外間已喧傳暴崩之耗也。鄂入朝，馬不及備鞍，亟跨驏馬而行，髀骨被磨損，流血不止。既入宮，留宿三日夜始出，尚未及一餐也。當時天下承平，長君繼統，何所危疑，而倉惶至此，知被刺之說不誣也。按世傳雍正為呂四娘所殺，不論誣與不誣，與俠女一則，應不受影射影響。查蒲氏卒於康熙五十四年（公元一七一五）年，志異書成應於聊齋自誌之推算，在蒲氏四十歲前後，即康熙十八年（一六七九）左右，清聖祖康熙在位六十一年（一六六二——一七二二）。清世宗雍正在位十三年（一七二三——一七三六）。雍正猝時距蒲氏謝世已有廿一年，《俠女》一則與世傳呂四娘刺殺雍正一節，不可能發生直接影射，是可斷言。俠女一則於通行本及三會本均於卷二內，三會本之編訂是依蒲氏撰寫順序而為之（通行本於青柯亭刻版時，重行調整，傳奇文章在前，筆記雜錄在後。）故俠女一則應為志異之早期作品，距雍正被殺時間更遠，俠女一則與此事實無關連，蒲氏撰此則或依唐人傳奇《聶隱娘》而撰之。

黨見之路安志：虎變美婦一則，崞縣崔韜之任官上任時，道過褫亭，夜宿孤館，見一虎入門，貂潛避樑上。虎脫皮變美婦，即枕皮睡。貂下，取皮投井中。婦醒失皮，向貂索之。貂陰不知也。因納爲妻，抵任，生二子一女，及任滿，復過褫亭，談及往事。婦問：皮安在？貂從井中取出。婦披之，復成虎，咆哮而去。錢唐瞿存有詩云，旅館相逢不偶然，人間自有惡姻緣，書生耽色何輕命，四載真成抱虎眠。竟斷言與志異中畫皮一則之所自出也。蓋此言謬矣！畫皮(卷一)，太原王生晨行，見一女子獨身，詐稱爲逃婢，王生帶回齋中，而爲道士告之，王生返回窺視之，自窗隙中見一獰鬼，鋪人皮於榻上，執彩筆而繪之，繪成後披於身，化爲美女。獰鬼被識破，而將王生置於死地後，又化作老嫗，至其弟家中爲傭等情節。故畫皮一則與虎變美婦情節，迥然不同。虎變美婦卻與東晉郭璞玄中記之《姑獲鳥》頗爲類似。昔豫東男子，見田中有六七美女，不知是鳥，匍匐潛往，竊得其置毛衣一件而收藏之，再往就美女，眾女驚走，各取毛衣著就化鳥飛去，一女無衣不得飛去，男子取以爲婦，生三女，後其母遣女問其父，藏衣所在，知悉毛衣藏於積稻下，取衣著之而去，後以衣迎三女，三女兒亦著衣飛去之。虎變美婦一則應出自姑獲鳥。唐段成式酉陽雜俎續集卷二(支諾皋中)亦有此則。

花神(卷十六)：唐博異記(谷神子撰，著作人原姓名不詳。原文附錄於通行本本則之後。)敘述風神與花精故事：唐處士崔元微，生性孤僻，獨處一院，遍植花木，一日有數名女子來訪，綠衣自稱爲楊氏，指白衣者爲李氏，朱衣者爲陶氏，緋衣者爲石氏名醋醋，欲借苑中款待封家十八姨。封姨前云，欲來相看，故此候之。少待，青氏報道，封姨至矣。眾皆驚喜，齊出迎之。十八姨曰：主人安在？玄微從後趨出視之，舉目看十八姨，體態飄逸，言詞冷冷，有林下風氣。眾女恭迎，爲恐不及，後於飲酒之際，封姨將酒翻於石家幼妹緋色羅裙之上，醋醋因而發嗔，觸怒封姨，十八姨忿忿而去，眾女齊向玄微道曰，吾姊妹皆住苑中，每歲均被惡風所殘，居止不定，常求十八姨所庇護，現被醋醋誤將觸怒，此後應難取力也。處士倘肯庇護，當有微報耳，歲旦興，作一朱旛，上圖日月五星之文，於苑東立之，則難免矣！玄微方悟諸女皆眾花之精，封十八姨乃風神也。志異中花神(三會本名爲絳妃——卷六)，蒲氏自述於癸亥歲，館於畢際有家之綽然堂，園中花木扶疏，得恣遊賞，一日，眺覽歸來，倦極而寢，夢二女郎，被服豔麗，前請曰：有請奉託，敦屈移至。余愕然而起，問誰相召見？曰：『絳妃耳』。遽從之去，俄見高閣接霄，朱門大敞，一女降階而迎，並饌以酒食。方言：妾花神也，合家細弱，依棲於此，屢被封家婢子，橫見摧殘，今欲背城借一，煩君屬檄草耳。兩則意旨，皆爲濟弱抑強矣！弱者花精也，強者風神也，常施虐於人。花神一則中，未提及楊氏、李氏、陶氏及石家幼妹，亦未提及朱氏或其他類似之物等等，僅爲絳妃請其草一檄耳。蒲氏撰寫此則，並未有蹈襲前人之轍跡耳，純以一篇檄文爲本則之主題，亦是蒲氏誇耀其駢文之造詣也。然本則受博異記而啓發靈感，則是不可諱言之事實矣，才子之筆，即在於此。

除谷神子之博異記外，唐代段成式之酉陽雜俎續集卷三(支諸臯下)亦有此則，其內容情節，大致雷同。酉陽雜俎僅將「石醋醋」，改爲「石阿措」，增加爲封姨歌唱一節，七言兩首：

皎潔玉顏勝白雪，況乃青年對芳月，沈吟不敢怨春風，自歎容華暗前歇。

絳衣披拂露盈盈，淡染臙脂一身輕，自恨紅顏留不住，莫怨春風道薄情。

(酉陽雜俎將陶氏，李氏所唱詩句刊印顛倒，據大陸學者方南生先生校勘時言，酉陽雜俎輾轉抄刻，頗有脫誤，使得有些文字不可理解，給校勘之工添了不少麻煩。）

蓋博異記與酉陽雜俎兩卷，孰先孰後，難作定論，段成式生籍：段氏字柯古，山東臨淄人，生年不詳，（約於唐德宗貞元十九年前後公元八〇三年，卒於懿宗咸通四年公元八六三年，享年六十歲，曾任秘書省校書郎等職。而谷神子本名不詳，年代無法考證，是故兩則故事，誰蹈襲誰亦因此成千古懸案。明代馮夢龍所撰醒世恆言之灌園叟晚逢仙女一篇之前段引子，將酉陽雜俎一則，照單全收，除加語助詞潤飾外，可言一字不改，其可喜之處，係將李氏及陶氏所唱詩歌二人顛倒者，加以更正之。餘無他也。蹈襲之舉，不必再議之。

蒲氏於癸亥年（康熙二十二年）。撰寫花神一則之後，興猶未盡，復以駢文再撰《群卉揭乳香劄子》一篇（詳聊齋文集卷十雜文）。及《石醋醋罵座》古詩一首（詳聊齋詩集續集）。本則依明徐渭之《石醋醋》所撰之。

小說本以供人排遣時間，以爲茶餘酒後閒話資料，後人採用前人體裁，重行描繪，本無可厚非，不必以蹈襲剽竊而論，尤以志怪故事，自古以來，代代相傳，果有其人其事否，則恐未必，亦無庸深究之。然文字方面，則不可雷同，如此即免抄襲之嫌。或議志異有蹈襲前人，勢在必然，果有蹈襲，則也未必，若假前人著作啓發靈感，恐或有之，花神即是一例。除上述各則外。尚有田七郎（卷六），採用戰國時代，吳國專諸刺王僚之故事．專諸言：母在，身不輕許，田七郎亦有此言。蓮花公主（卷八）與南柯記如出一轍，僅將蟻易蜂而已。瑞雲（卷四）與醒世恆言之賣油郎獨占花魁女相似。劉夫人（卷九）與醒世恆言之徐老僕義憤成家頗近等等，不勝枚舉。故閱讀志怪小說，以消遣爲主，不獨閱讀情節感人，更須欣賞文字生動，況志異一書，文字鏗鏘有力，情節曲迴感人，其藻飾點綴更勝一籌矣！

志異與唐人傳奇

唐人傳奇小說與六朝志怪小說有顯著之變化，不再僅是記載神怪荒誕不經之故事，而是將志怪、列異之情節，加以文字藻飾，並以詩律點綴，使故事內容更爲生動，更爲感人，在我國小說史上佔有顯著突出之地位。宋洪邁曾言：唐人小說，不可不熟，小小事情，淒婉欲絕，洵有神遇而不自知者，與詩律可稱一代之奇。唐代傳奇與詩律爲唐代文學兩大創舉，也是唐代文學史上，兩大奇葩。「傳奇」一詞，始於唐代後起作者《裴鉶》把小說總稱爲傳奇，傳奇小說並非爲裴鉶所創始，在初唐之際即有之，如《古鏡記》等，傳奇是大眾根據小說敘述奇行異事之特色，而統稱爲傳奇。傳奇小說因安史之亂，一度停頓，實昌於中唐，由代宗大歷年起至中宗大中年約百年之久爲傳奇鼎盛時代，其間作家倍出。也是韓柳等散文革新後，散文另一種崛起之表現，只是傳奇爲小說，非正宗文章，咸認爲不登大雅之故，未能引起歷代學術界之重視。傳奇小說在唐代當時，即使八大家之韓柳亦有作品問世。如韓愈之毛穎傳，柳宗元之河間婦傳，段太尉逸事等篇，膾炙人口，而不以爲忤。科舉制度爲唐代士人陞官發財之階梯，傳奇小說與詩律爲科舉敲門磚之一種。唐代士人稱傳奇爲「溫卷」或稱爲「行卷」。溫卷風氣盛於中唐，士子先將傳奇雜有詩律送陳當代公卿之門，盼求當朝權貴之賞識，當朝權貴因此亦可拉攏士子，而結黨營社，以致中唐之後，朋黨之爭，日益激烈。如「牛李之爭」，傳奇小說而捲入黨錮之禍，誠非世人所能料知矣。如「周秦行紀」爲李德裕之門人韋瓘所撰，僞託牛僧儒所撰，而假禍於牛僧儒，因此傳奇小說到此更多姿多彩，從男女情悅，社會垢弊，藩鎮專橫，君王昏闇，無所不包，無所不寫，文字描述，生動細膩，合情合理，使讀者自入其境，再雜以詩律點輟，更洋溢激情浪漫氣氛，故對志異成書有莫大影響。然唐代言論頗爲自由，如陳鴻之《長恨歌傳》及《東城老父傳》。對先朝皇帝玄宗大肆諷刺，暢所欲言，而清代文字獄極爲殘苛，蒲氏撰寫志異時，不得不有所顧忌，故志異一書較唐人傳奇爲拘束，其故亦在此耳。

志異受唐人傳奇之深，是不容疑義，前段所敘，花神一則受谷神子之博異記及段成式之酉陽雜俎兩篇影響而啓發靈感撰之。另外志異受唐沈既濟傳奇《枕中記》之影響，是不可諱言。枕中記與志異續黃粱一則（卷五），更爲明顯，續黃粱已敘明續撰黃粱一夢耳！富貴榮辱僅在一夢。枕中記：唐開元七年，盧生與道士呂翁相會於邯鄲道上，憩於逆旅。生長歎曰：大丈夫生於世不諧，困如是也。翁曰：觀子形體，無苦無恙，談諧方適，而歎其困者，何也？生曰：士之生世，當建功樹名，出將入相，列鼎而食，選聲而聽，使族益昌而家益肥，然後可言適乎，吾嘗志於學，富於學藝，自維當年青紫可拾，今已適壯，猶勤畎畝，非困而何？後生困倦，翁假以青瓷枕使其臥之，夢中，先娶望族崔氏女爲妻，翌年擢第，出將入相，富貴數十年，幾降幾陞，歷盡滄桑，恍然一夢，最後醒來，見店主於其臥時所炊黃粱尙未炊熟。故又名之爲黃粱記。又於邯鄲道上故事，明湯顯祖改編之元曲名之爲邯鄲記。志異：續黃粱（卷五）一則：閩人，曾孝廉，年少高捷南宮，與三五新貴，郊遊於毘盧禪寺，問卜，將爲太平宰相二十年，曾某聞卜後，趾高氣頤，值驟雨而憩於禪房，夢爲天子詔，拜相入閣，佐全國大計，鐘鳴鼎食，父紫兒朱，顯赫一時，以致結黨營社，貪瀆荒淫，無所不用其極。俄頃被參革職充軍，其情節與枕中記並無二樣。惟後加陰司處罰，上刀山，下油鍋，受盡苦毒。復又將其貪瀆之錢，三百二十萬銅元，鎔化成銅汁，灌入口中，腸胃均被灼焦，其苦不堪，平時卻嫌錢少，此時獨恨錢多。最後輪迴，投胎爲丐人之女，衣不敝體，食不療飢，忍寒受餓，年十四歲即被賣於士人爲妾，倍受嫡室悍虐，士人被殺，蒙冤不白，被處凌遲，行刑時呼冤而驚醒。寺中老僧曰：修德行仁，火坑中有青蓮也。貧富榮辱，僅是一夢而已。

另太平廣記第二百八十一則：《櫻桃青衣》。內容大同小異。唐天寶年間，范陽盧生憩於精舍（禪寺分院）。夢中蟒袍玉帶，婢美妾嬌，榮華不可一世。忽聞老僧喝之：檀越何久不起。夢覺，白衣如故，歎曰：人生榮華窮富，富貴貧賤，亦當然也，而今而後不求聞達耳。遂尋仙訪道，絕跡於人世。志異續黃粱，最後三句：臺閣之想，由此淡矣，入山不知所終。蓋枕中記以道教爲主，此兩則以佛教爲宗。僅以片刻，幻化寵辱貧達，因之淡泊人生矣。

枕中記亦非創作文章，原自劉義慶之幽明記：《焦湖廟祝》一則：（錄原文）。

焦湖廟祝有柏枕，三十餘年，枕後有小坼孔。縣民湯林行賈，經廟祈福。祝曰：君婚姻未，可就坼孔邊。令林入坼內，見朱門瓊宮瑤臺，勝於世。見趙太尉，爲林婚，育子六人，四男二女。選林秘書郎，林在枕中，永無思歸之懷。遂遭違忤之事，祝令林出外間，遂見向枕，謂枕內歷年數載，而實俄忽之間。

後人依此故事情節，撰寫元曲雜劇，傳奇頗多。

沈既濟撰《任氏》一則，對志異之影響頗鉅。

任氏：任氏者，爲狐女也，在中國小說中，以狐爲主角者，雖非第一篇，然在唐人傳奇中，任氏爲早期之一篇。其情節雖哀艷動人，但又激昂慷慨，爲我國短篇創作中，實不可多得一篇。並將狐女之「任氏」人性化，雜有固有倫常道德，「朋友妻，不可欺」。文字頗爲浪漫瑰麗，使讀後體念到，有骨有肉，有血有淚，不勝唏噓之感。其內容：鄭六與韋崟爲好友，鄭生家貧常依韋某之接濟，鄭生結識任氏，明知其爲狐，而不以異類見拒，互相愛慕，情深義重。韋某有財有勢，以鄭生有求於己，乃欲霸佔任氏，在強暴之時，任氏竭力抗拒，待力盡氣衰之後，長歎一聲，並斥責韋某，韋某及時懸崖勒馬，深深表現人性之善與惡。後鄭生發跡，任官而西調金城縣，任氏明知是歲不利於西行，爲受鄭生之要求，忠於愛情，勉爲其行，釀成悲劇，任氏爲蒼犬所噬，幾葬身犬腹，鄭生雖追思長慟，以不足以報任氏之情。任氏遇暴而不失節，鍾情以致喪生。

摘錄原文兩節：

見任氏戢身匿於扇間，崟別出就明而觀之，殆過其所傳矣。崟愛之發狂，乃擁而凌之，不服。崟以力制之，方急，則曰：服矣，請少迴旋。既從則捍禦如初，如是者數回，崟乃悉力急持之。任氏力竭，汗若濡雨，自度不免，乃縱體不復拒抗，而神色慘變。崟問曰：何色之不悅？任氏長歎色曰：鄭六之可哀也！崟曰：何謂？對曰：鄭生有六尺之軀，而不能庇一婦人，豈丈夫哉！且公少豪侈，多獲佳麗，遇某之比者眾矣。而鄭生，窮賤耳，所稱愜者，惟某而已。忍以有餘之心，而奪人之不足乎？哀其窮餒，不自能立，衣公之衣，食公之食，故為公所繫耳。若糠糗可給，不當至是。崟豪俊有義烈，聞其言，遽置之。

將之官，邀與任氏俱去。任氏不欲往，曰：旬月同行，不足以為歡，請計給糧餼，端居以遲歸。鄭子懇請，任氏愈不可。鄭子乃求崟資助，崟與更勸勉，且故不欲耳。……至馬嵬，任氏乘馬居於前，鄭子乘驢居於後，女奴別乘，又在其後。是時西園圉人教獵犬於洛川，已旬日矣，適値於道，蒼犬騰出於草間，鄭子見任氏欻然墜於地，復本形而南馳，蒼犬逐之。鄭子隨走叫呼，不能止，里餘，為犬所獲。鄭子銜涕出囊中錢，贖以瘞之，削木為記。迴覩其馬，嚙草於路隅，衣服悉委鞍上，履襪猶懸鐙間，若蟬蛻然，唯首飾墜地，餘無所見，女奴已逝矣。

志異中所撰以狐爲題各則，未若任氏一則感人之因，蒲氏筆下，均以才子佳人大團圓之喜劇收場，不論是青鳳、蓮香、紅玉、長亭均是，即嬌娜(卷一)一則，雖嬌娜全家遭雷劫而罹難，終爲局外人，孔生與松娘仍是團圓美滿。蒲氏受宋明數百年來話本章回小說之影響，志異各則以喜劇收場爲多，悲劇收場爲寡，此亦可認爲時代潮流之趨勢而已。故未若唐人傳奇而感人之。任氏一則，文字簡潔有力，開門見山短短六十餘字，即將任氏，鄭六，韋崟等三人交待一清二楚。(錄於下)

任氏，女妖也。有韋使君者，名崟，第九，信安王禕之外孫。少落拓，好飲酒，其從父妹婿曰鄭六，不記其名。早習武藝，亦好酒色，貧無家，託身於妻族，與崟相得，遊處不閒。

另任氏容貌僅以四字「容色姝麗」而描述之，其豔麗絕色，已躍於紙上。蒲氏文字，極爲相似，其受唐人影響，不容置疑。

據大陸學者，筆名「平子」先生於小說叢話發表一篇文字。蒲氏所寫「狐」者，係指滿人也，狐女爲滿族女人也。滿人初入關時，女人對貞操觀念較爲淡薄模糊，蒲氏特假「狐」以辱之。狐以「胡」諧音也。

南柯太守與蓮花公主（卷八），南柯太守係爲唐代李公佐所撰，東平淳子棼，曾任淮南裨將，因酒後冒犯主帥而被革職，因之更縱酒放誕不羈。宅南有大槐樹一株，綠蔭數十圍，常與好友馮翊田子華同飲於樹下。一日酒醉，午後即臥於樹蔭。夢被招至「大槐安國」（蟻窠），經國王招爲駙馬，派爲南柯郡太守，與金枝公主享樂二十年，後因檀蘿國來犯，戰爭失利，金枝公主病故，便辭職回京，其氣不改當年，頻遭物議，而失國王寵信，遂被軟禁，乃自請返回故里，醒來竟是恍然一夢，紅日尚未西斜，二十年富貴榮辱，僅是片刻一夢而已。志異中：蓮花公主（蜂）：膠州竇旭，一日晝寢，被邀往一宮中，見王南面而坐，竇生到時，王竟降階而迎，旋至款待，列筵豐盛，賓主盡歡，席中王出一對，上聯「才人登桂府」。竇生迅即對下聯「君子愛蓮花」。王不勝喜悅，曰：公主名蓮花，足堪匹配君子，乃招竇生爲駙馬，琴瑟友之，反惹天嫉，陡遭巨蟒之禍，公主要求竇生別築一舍，舉國遷之。竇生惶恐不知所措，驚醒後，枕邊尚有蜂三隻，嚶嚶不絕，乃築蜂巢一舍，群蜂自鄰舍飛至。生至鄰舍察看，舊蜂巢中有蛇一條盤踞在內，即所指之巨蟒也。兩則所不同者，蟻與蜂也。蓮花公主一則雖未若南柯太守傳生動感人，篇幅較爲簡潔，然文筆細膩綺華，兩則不相伯仲，蓮花公主中一篇奏章，實膾炙人口，其誇張程度。甚爲少見，對巨蟒描述，誠駭人聽聞。蓮花公主一則非不如南柯太守傳，奈因其情背景較爲單純，純以故事而撰之。南柯太守傳撰於唐貞元年間，唐初即有[illegible]

人才出眾者，加以羅致，或招為駙馬，以植朝廷勢力，自唐太宗李世民玄武門之變起以訖晚唐，從未改變。南柯太守乃影射唐代君臣之間以及朝臣彼此間之傾軋問題，皇帝對朝臣之任用，隨時因事而變，誠如韓愈詩云：『一封朝奏九重天，夕貶潮陽路八千。』韓退之一篇諫迎佛骨表而貶至潮州刺史，宦海無常，李公佐之撰，弦外有音，此非蓮花公主所可比矣。南柯太守傳恐非創作之舉，段成式之酉陽雜俎諾臯記下亦有類似一篇，東壁古階下有小穴內有守宮等情節，其性質為志怪一類，非為傳奇小說之類也。（按守宮即為壁虎。漢書東方朔傳師古註：守宮以器養之，飼以丹砂滿七斤，擣治萬杵，以點女人肢體，終身不滅，若房事後則滅矣，故名守宮。其擣治成靡，謂之守宮砂。再生緣中曾試孟麗君有此一則。）

古鏡記與宦娘（卷九）。宦娘一則：宦娘，女鬼也，慕溫生之琴藝，而暗中撮合，使溫生與葛部郎之女良工，結為秦晉，婚後，溫生書齋，每夜有琴聲，效己而未能成曲，溫生每晚焚香拂琴自彈一調，仍置琴於几上任其習之，遂夜夜潛聽，約六七夜居然成曲，良工聞異，亦潛聽之，覺琴聲淒涼冷澀，似有鬼聲，非為狐也，溫生未信，良工言：家有古鏡一枚，可鑑鬼魅，遣人取來，當夜琴音響起，乃點火持鏡而入照之，果有女子在室，愴惶避於屋角，不復再隱，視之「宦娘」也。至於古鏡記為隋煬帝大業年間，御史兼著作郎王度所撰，王度與隋汾陰侯生甚善，侯生臨終，贈度古鏡一枚，曾於長樂城照千歲老狐一隻，又於芮城衙前照斃巨蟒一條，大業十年，度之弟王績（唐初侍人，曾任六合縣丞。）棄官週遊天下，持鏡降斃，猿、龜、蛟、雞等精怪無數。古鏡記為唐初之傳奇文字，可言之，為志怪至傳奇間一篇過渡期進化文字，雖具有傳奇之雛形，仍有志怪之意味，以古鏡為經，多則志怪情節為緯，交織成此篇文字，將其情節作有系統貫串連接而成較長之短篇小說。古鏡記雖保有六朝志怪遺風，撰者王度以其生花妙筆，虛虛實實，真真假假，恢宏流暢，藻飾綺麗，卻開創唐人傳奇之先河，實功不可沒，古鏡記創造唐人傳奇風格，志異「宦娘」引用古鏡爲故事結尾，而增情節神秘氣氛，使讀後尙有餘音繞樑之感。若以志異受唐人傳奇影響，以宦娘一則最後符合傳奇之風貌，文字曲折，情節迂迴，溫生與良工締結連理，宦娘離別之時，頗有落寞之感，並雜有宋詞《惜餘春》一闋，雖屬俚詞，最後數句，「漫說長宵似年，儂視一年比更猶少，過三更已是三年，更有何人不老」。確令人有蕩氣迴腸耳。

香玉（卷三）：前段已述，爲勞山下清宮之白牡丹及耐冬樹而撰之，文字香艷瑰麗，情節婉轉動人，合而離，離而合，於志異中較爲突出之一則，其中雜有五絕律詩四首，且同協一韻，志異中亦僅有此一則，第一首用唐人傳奇之柳氏傳及薛調之無雙傳中之兩位女主角，韓翊之妾柳氏及無雙傳中之劉無雙，柳氏被番將沙吒利所佔有，經虞侯許俊以計詐取之，復歸韓翊等情。至於無雙爲尙書劉震之女，與其表兄王仙客自幼青梅竹馬之戀，劉尙書嫌仙客家貧，而婚媾未成。後劉尙書因投叛逆，夫婦皆處極刑，無雙沒入宮庭爲奴等情。通行本將柳氏傳及無雙傳兩則摘錄於后：摘錄文字頗有辭不達意之感，且內容情節與原文相距甚遠，若對照讀之，有如墜入五里霧中。香玉一則僅第一首五言詩中引用「沙吒利」「無雙」兩人姓名而已，內容情節並無吻合之處，更無蹈襲之議。在無雙傳中，無雙仰藥而死，三日復活，與封三娘（卷八）中范十一娘自經而死，三日復活之情節頗爲類似。

柳氏傳在孟棨本事詩情感亦有此則，大致相同，其中韓翊贈柳氏詩一首，詩云：章臺柳，章臺柳，往日依依今在否？縱使長條似舊垂，亦應攀折他人手。柳氏復書，答詩云

：楊柳枝，芳菲節，可恨年年贈離別，一葉隨風忽報秋，縱使君來豈堪折。現批評女子不貞，「水性楊花」即由此而來，因柳氏先爲李將家妓，李生贈予韓翊，後由隨沙吒利也。

東城老父傳與促織（卷七）：東城老父賈昌於玄宗開元年間，以鬥雞爲職司，至元和年時，陳鴻祖（即本文撰寫人陳鴻。）訪問，敘述玄宗在位，開元時代，奢侈荒淫，以致唐朝由盛而衰，其中一節原文錄於下：

玄宗在藩邸時，樂民間清明節鬥雞戲，及即位，治雞坊於兩宮間，索長安雄雞，金毫鐵距高冠昂尾千數，養於雞坊，選六軍小兒五百人，使馴擾教飼。上之好之，民風尤甚，諸王世家，外戚家，貴主家，侯家，傾帑破產市雞，以償雞值。都中男女，以弄雞為事，貧者假雞。誠所謂上有所好，下必尤甚焉！以民謠「神雞童」一則諷刺當時鬥雞之頹風：

生兒不用識文字，鬥雞走馬勝讀書。賈家小兒年三十，能令金距期勝負，白羅繡衫隨軟輿。父死長安千里外，差夫持道挽喪車。

奢佚風氣養成，社會日趨荒淫，市井之徒，以鬥雞爲事，王公大臣更以此媚惑皇帝。朝廷耽於享樂，玄宗更爲驕縱，政治焉能不昏聵腐敗，奢佚益盛，國家衰亡益速，以致釀成安史之亂，玄宗西幸巴蜀，唐代從此一蹶不振矣。作者假東城老父之口，將唐代從鼎盛到惡衰而暢言之。李白遠在開元時即寫古風一首而諷刺之，詩云：大車揚飛塵，停午暗阡陌。中貴多黃金，連雲開甲宅。路逢鬥雞者，冠蓋何輝赫。鼻息千虹蜺，行人皆怵惕。世無洗耳翁，誰知堯與跖。志異中促織一則，敘述明末政治腐敗，皇帝喜好促織（蟋蟀），民間不堪疾苦，幾乎家破人亡。（原文）：宣德間，宮中尙促織之戲，歲征民間。此物故非西產，有華陰令欲媚上官，以一頭進，試使鬥而才，因責常供，令以責之里正市中游俠兒，得佳者籠養之，昂甚直，居爲奇貨，里胥猾黠，假此科斂丁口，每責一頭，輒傾數家之產。以上文觀之，上有所好，苛民擾民，層層而下，招致天怒人怨，民間有苦而不敢言之，本則異史氏有言，奈因清代文字獄之嚴酷，青柯亭刻版時，即予刪除。唐代言論較爲自由，民間可暢所欲言，陳鴻除撰本則東城老父傳外，尙有一則《長恨歌傳》。（白居易之長恨歌係依此文改寫。）均以評訐玄宗天寶年間荒淫無恥，不理朝政，任用國戚小人，以致朝綱大亂，釀成亡國之禍。清代修全唐文時，錄陳鴻文三篇，然此兩篇未錄，蓋以其爲小說之故，近於猥瑣荒誕，特擯棄不錄，實非也。因有忤朝廷，違犯清廷高壓政策，修史之人，不欲其頭顱搬家，故不敢錄之。蒲氏亦不敢直言無忌，鑑於金聖歎遭大辟之禍，改由明代宣德年間之事而撰之。

張逢化虎與向杲（卷七）：唐人傳奇續玄怪錄；唐元和末年，南陽張逢，與福州鄭紀錄事有讎，每欲得之，一日行於林間，綠草如茵，脫衣掛樹，以杖倚之，不覺酣睡，而化爲虎，文彩爛然，爪牙皆利，奮勇跳躍，難有匹敵。乃潛於道傍伏之，視鄭紀來到，從者雖眾，接近時，急撲而銜之，奔向山林，時天色將晚，從者均莫敢追逐，遂恣意食之，僅剩殘髮骸骨而已。事畢，忽憶道：我本人耶！奈何爲虎，自囚於深山耳？復尋至原處，衣履尙在，著之又化爲人。志異向杲一則；向杲因其庶兄向晟，與同邑莊某因爭一妓而生隙，莊某唆使其扈從將向晟毆打致死，向杲投訴無門，每伏於山中，欲刺殺莊某，莊某外出從人甚眾，終不得逞。一日大雨，週身淋濕，不勝苦寒，乃至山神廟避之，道士借予布袍，杲更衣後，竟化爲虎，道士已失其所，遂再伏於原處，越日莊某經此時，虎遂竄出，直撲莊某，齕其咽喉而死，杲復化爲人，而歸之。此兩則極爲相似。另太平廣記第四百二十九則，亦引用張逢一則，文字略有差異。廣記第四百十七則李徵化虎與張逢一則相同。又第四百三十二則人虎傳，情節相異耳。

謝小娥與庚娘（卷六）：謝小娥傳亦爲李公佐所撰；小娥之父，業商，與小娥之夫段居貞同舟於長江之上。誤登賊船，爲盜所殺，金帛全掠，小娥亦傷胸折足，墜入水中，爲他船救起。小娥於遭劫之後，夢其父告之曰：殺我者，「車中猴，門東草」。數日後，又夢其夫告之曰：殺我者，「禾中走，一日夫」。小娥終不能解，後經李公解之，爲申蘭，申春二人。小娥經解說後，易爲男子裝，察訪於潯陽申家，而投入爲傭，知申蘭與申春爲宗兄弟，發現其父被劫之物，並半存申家，不禁暗泣。一夕，蘭、春二人與群賊返回。盛筵暢飲，酣醉後，群賊散去，小娥抽刀先殺蘭於室內，並外出呼賊而擒春於室外。其讎報矣。志異中庚娘一則：庚娘隨其夫金大用全家南遷，搭船南行於江上，同行者王十八攜妻共乘一船，庚娘對其夫言；王十八勿與同舟，彼屢顧我，神色有異，頗叵測也。當晚，船泊於水域，地形險惡，不辨方向，王十八將金大用及其父母皆推入水，王妻見之不平而咒罵，亦被推入水中，王欲霸佔庚娘，庚娘要舉行拜祭天地，始與王十八合巹。王乃攜庚回家中，合巹當晚，庚娘乘機將王灌醉而殺之。志異中另一則：商三官（卷十四）爲報父仇，女扮男裝，手刃仇人，亦頗類似。謝小娥傳，或有事實，新唐書第二百五則，採入列女傳中，然文字簡略，未足以表現小娥之貞烈也。太平廣記第一百二十八則，唐李復言續玄怪錄中尼妙寂一則敘述綦詳。尤以謎語：車中猴，門東草。禾中走，一日夫。作透徹之解釋，較李公佐所撰更爲詳盡。

馮燕與冤獄（卷九）：馮燕，年青好勝，因殺人案，由魏逋逃至滑，而投於賈相國營中。又邂逅裨將張嬰之妻，乃勾搭成姦，事爲張嬰耳聞，累毆其妻，其妻黨及鄰舍均表不平，一夕，燕至嬰家，恰嬰返回，燕匿於扉後，而頭巾墜於枕下，與佩刀近，燕指巾命嬰妻取之，其妻竟授於佩刀，燕乃殺嬰妻，拾巾而去。次日，其妻黨訴張嬰殺妻，嬰因受笞刑數百，而屈招之，強服其辜。行刑之日，一人排眾而入曰：且不得令無辜者死，吾竊其妻，而又殺之，當繫我也。吏執自言之人，乃爲馮燕也。志異中冤獄：陽穀朱生，少年佻達，性喜詼諧，喪偶鰥居，媒婆爲之說親。朱生曾覘媒婆之鄰婦甚美。而曰：如鄰婦之風雅妙麗者，則可也。媒婆亦戲曰：如能殺其男子，則爲君圖之。後鄰人果被殺於途，共疑爲朱所爲，捕後，朱拒不承認，雖五毒倍至，亦未承招。乃拘鄰婦到堂，婦不能承刑，而屈招之，朱生遂曰：細嫩不堪苦刑，所言皆妄，既使冤死，更又蒙不節之污，縱鬼神無知，予心何忍也。我實供之，欲取其婦，而殺其夫，皆余一人爲之，婦實不知也。竟判斬刑。行刑之日，忽一人衝上公堂，怒目視令，並大罵曰：殺人者，宮標也，與朱某何干？兩則自我承招，如出一轍。所不同者，殺婦殺夫耳。本則異史氏曾以加評。

霍小玉傳與竇氏（卷十六）：唐蔣防撰（太平廣記第四百八十七則傳記類。）唐大歷年間，隴西李益，遊學長安，進士擢第，明年拔萃，俟天官試於長安時，風流倜儻，思得佳耦，博求名妓，久久未偕。託媒婆鮑十一娘，結識長安名妓霍小玉。是日，李憩息於霍家西院，中夜，玉忽流涕曰：妾本倡家，自知非匹，今以色愛托其仁賢，但慮一旦色衰，恩移情替，使女蘿無托，秋扇見捐，極歡之際，不覺悲從中來。李生聞之，不覺感歎，乃謂玉曰：平生志願，今已所得，粉身碎骨，誓不相捨，夫人何發此言，請以素縑，著之盟約。後生辭玉返里時，玉謂生曰：以君才地名聲，人多景慕，願結婚媾，固已眾矣。況堂有嚴親，家無冢室，君之此去，必有佳姻，盟約之言，徒虛語耳。然妾有短願，欲輒指陳，……妾便捨棄人事，剪髮披緇，夙昔之願，於此足矣。生愧感交織，不覺涕流，謂玉曰：皎日之誓，生死以之，與卿偕老，猶恐未愜素志，豈敢輒有二三。待生返家後。其母已爲生聘盧氏表妹爲妻，盧氏又爲望族，太夫人治家謹嚴，生乃懾於慈命，不敢違拗，況爲望族之女，唐代士子之素願也。故絕小玉，小玉苦守空閨，秋水望穿，音訊毫無，遂罹沈疾。後知生聯盧氏之姻，疾日益甚。後與生訣別時，遂舉酒杯酬地曰：我爲女子，薄命如斯，君是丈夫，負心若此，韶顏稚齒，飲恨而終，慈命在堂，不能供養，綺羅絃管，從此永休，徵痛黃泉，皆君所致，李君李君，今當永訣，我死之後，必爲厲鬼，使君妻妾，終日不安。擲杯於地而絕矣。李生與盧氏成親之後，情感終不融洽，一日，李生見一少年於閨中幔後，連招盧氏，生遽起而察之，倏然不見，生自此懷疑，猜忌日深，後旬日，生自外歸，見一斑犀鈿盒，自外拋入盧氏懷中，生更疑，夫妻之間，無聊生矣，而經官庭仳離之。李生後經三娶，均因猜忌成性，終未得白頭偕老矣。志異中竇氏一則；南三復因途中避雨，而進入農家竇氏，見其女年僅十五六歲，嫺淑端好，南見心動，繫甚綦切。遂逐日以粟帛相酬，借此階進，頻頻前往，一日竇父未在，竇氏外出應客，南生捉臂而狎之。女峻拒曰：奴雖貧，要嫁，何貴倨凌人也！南時喪偶未娶，揖之曰：倘獲憐眷，定不他娶。並指日爲誓，以堅永好，女乃允之，自此始之，見其父外出，便往繾綣。南以農家女，非其匹配，復婚大姓，竇氏因姦而孕，臨蓐產一男。女父責之，女以實告，且言南要娶之矣。其父使人問南生，南拒不承認，竇父乃棄兒並毆女，女哀鄰舍以告南生，南終不允之，女夜奔見兒尚活，遂抱兒以見南，南堅拒見之，女倚門悲啼，天明母生皆僵矣！生所議婚大姓之女，夜夢竇女披髮抱子而告之曰：必勿許負心郎，若許我必殺之。婚後，一日，婦翁前來探女，南未及問安，翁即痛泣，南欲問故，請入室內，見女而駭曰：適於後園見吾女已縊死於桃樹上，房中之女又爲誰也？女聞色丕變，仆地而死，視之竇女也，新婦果縊於後園內矣。南後又聘曹進士之女，傳朝廷欲選民女以充後宮，午夜，曹進士將女送入南家，生見女頗似竇氏，心甚惡之。次日亦未見曹家來人，而新婦抱被障面而臥，以新人畏羞之故，亦未介意，日暮，再視女已僵矣，經詢曹家並未有送女之舉。同邑姚孝廉之女新歿，葬後棺破而失屍，屍在南家，且週身赤裸，並訟之於官，南屢無行，惡之，坐發冢見屍，論死。兩則除文字描述略有不同外，在情節上並無二致。先以甘言騙取女子愛情與貞操，成姦後而棄之。復婚於大姓，以期炫耀，則始亂終棄之。被害女子，化爲厲鬼，再三報復，再婚後終後患無窮矣。兩則文字，各有所長，竇氏一則，文簡意明，鏗鏘有力，使讀後有憤慨之感，蒲氏自言，志異爲孤憤之書，各則均有暗示不平之意耳。霍小玉傳，文字哀豔纏綿，扣人心絃，尤以小玉與李生對白兩段文字，小玉用情之深，躍於紙上，李生之虛與委蛇，更顯其懦弱無能，使讀後有不勝歎惜之感。唐人傳奇風格亦在於此矣。至於通行本將霍小玉傳摘錄於《武孝廉》一則（卷十五）之後。武孝廉一則與霍小玉傳兩則情節，迥然不同。武孝廉一則；石某於州，途中患病臥於舟中，糧斷資絕，只待一死，而遇於狐女救之，以丹丸令石吞下，並以調理，月餘病愈，石某膝行以前而謝之。狐女貌若四十餘，狐曰：妾煢獨無依，如不色衰見憎，願奉巾櫛。石喪偶經年，聞之甚喜，遂以同居。石某赴京夤緣，選得官爵，上任有日，反念狐年事已高，終非良配。耿耿於懷，待到任後，竟棄狐而另娶新婦，後狐女追至，雖有勃谿，尚未大害。一夕，石某外出未在，狐與新婦共飲，不覺沈醉，而化爲狐，新婦以棉被覆而護之，石某恰返回，欲殺之以絕後患，正尋佩刀之時，狐已醒來，而責之曰：虺蝮之行，豺狼之心，必不可以久居，囊所啖藥，乞賜還也。以唾石面，石某不覺森寒，將前食丹丸而吐出，狐撿拾而去，石某追出已杳。午夜舊疾復發，嘔血不止，半歲而卒。此則武孝廉石某受狐女救命之恩，因其年長而負心，後知爲狐，欲置於死地而未果，卻自身病故之。而與霍小玉傳、竇氏兩則情節迥然不同。異史氏評竇氏及武孝廉兩則，均以霍小玉傳中李生（李十郎）爲例而論之。

志異成書不獨與唐人傳奇有密切相連之關係，即唐人志怪部分，亦有不可分離之關係，前段已敘明《花神》一則，茲再舉一例；酉陽雜俎諾皐中有一則；建中年初，有人牽馬求醫，言馬蹄有疾，獸醫相馬，其馬毛色與骨相，未曾見之。笑曰：君馬太似韓幹所畫者，真馬固無也。乃請馬主牽馬繞市一週，醫獸隨之，忽遇韓幹，幹亦驚曰，真是吾設色者，遂摩挲，馬若蹶，因損前蹄。幹異之，至舍，所畫馬本，腳有一點黑缺，方知所畫之馬通靈矣。志異卷十五中亦有畫馬一則，臨清崔生，每晨起，輒見一馬，臥露草間，惟尾毛不整，似爲火燎斷之態，逐之復來，崔生有友，官於晉，每欲往就之，苦無代步，乃捉馬乘之而去，馬一日疾馳百里，夜不食芻豆，意其病矣。次日上路，健怒如昨，仍疾馳不懈，日中至晉，馳入城內，見者無不讚歎。晉王聞之，欲以重金購買，崔恐馬主找尋，不敢遽售，居半年餘，並無找尋者，乃以八百金售以晉王，自返故里。後晉王校尉因公務乘馬至臨清，馬逸，追至崔生東鄰，入門不見矣。追索主人，尋馬不見，惟壁上掛子昂畫馬一幀，毛色體態絕似，尾處被香炷燎焦，乃悟馬妖也。此兩則頗有相似之處，且韓幹與子昂均爲善擅畫馬者，蒲氏受唐人影響之深，不言而喻矣！

或言志異一書有蹈襲前人之舉，不足爲怪，志怪小說，本爲以訛傳訛，絕無考據準則，志怪有之，唐人傳奇亦然有之，如《補江總白猿傳》一則，唐人傳奇已佚撰者姓名，其內容，梁大同末，平南將軍，藺欽南征，別將歐陽訖，其妻甚美，爲白猿所攫去，後雖尋回，白猿伏誅，其妻已孕，生子爲歐陽詢等情，明代胡應麟之四部正譌曰：白猿傳爲唐人以謗歐陽詢所撰，詢狀頗瘦其形似猿，故當時無名子造言以謗之。此說，未必是實，本則故事最早爲漢焦延壽之易林（卷一）坤之剝曰：南山大玃（ㄐㄩㄝ），盜我媚妾，怯不敢逐，退而獨宿。其次晉張華博物志：蜀中西南高山之上，有物如獮猴，長七尺，能人行，健走，名曰猴玃，一名馬化，或曰猳玃，伺行道婦人有好者，輒盜之去，人不得知。搜神記（卷十二）猳國馬化一則與博物志完全相同，僅有極少數字句略異而已。（搜神記爲晉干寶所編，原書傳至宋代已散佚之，現書據考證爲明胡應麟依據法苑珠林及太平御覽輯錄而成。）唐段成式之酉陽雜俎毛篇（卷十六）中亦有記載，文字較簡略，猳玃，蜀西南高山上有物如猴狀，長七尺，名猳玃，一曰馬化。好竊人妻，多時形皆類之，盡姓楊，蜀中姓楊者往往玃爪。另曾慥引宋徐炫稽神錄：老猿竊婦人一則：晉州含山有妖鬼，好竊婦人。有士人行至含山，夜失其妻，且西尋求，入深山，一大石，有五六婦人共坐，問曰：君何至此？且言如故，婦人曰：賢夫人昨夜至此，在石室中，吾等皆經過爲其所竊也。另太平寰宇記（卷七七）：黎州漢源縣引博物志，其文字頗不相同，內容：路見婦人，輒盜之入穴，而蕃部皆畏之等等。在唐人傳奇以後，除稽神錄，尚有洪邁之夷堅志，清平山堂話本之陳巡檢梅嶺失妻記。明瞿佑之剪燈新話，申陽洞記等多多撰之，白猿傳爲膾炙人口之傳奇文字，亦尚難脫蹈襲之嫌，故不必挑剔志異一書耳。

傳奇與詩律爲唐代文學史上兩項奇葩，也是士人科舉時代之敲門磚，自唐初以來，數百年間，不知若干士人撰寫之傳奇文字。現存唐書藝文志及太平廣記均爲唐代士人文字之精粹。志異共四百九十一則，扣除志怪、筆記、佚事等外，在傳奇文字應有兩百則左右，然出自蒲氏一人之手筆，人之靈感有限，終有江郎才盡之時，雖如自誌所言：久之四方同人，又以郵筒相寄。因而物以好聚，所積益夥。畢竟還是有限，而假唐人傳奇或其他筆記小說產生靈感而撰之，勢所不免，故不必刻意苛求之。蒲氏文字簡潔精鍊，風格孤憤激昂，爲唐人傳奇文字所不及之。

唐人傳奇與志異最大差異，唐人傳奇多以悲劇結尾，如任氏、會真記、長恨歌傳、湘中怨解等。晚唐裴鉶傳奇《孫恪》一則。其哀豔感人，敘述一老猿化人經過，不亞於《任氏》一則。孫恪娶袁氏後，已鞠育二子，後孫恪受南康張萬頃之邀，舉家至端州，途經峽山寺，袁氏慫恿前往，袁氏至寺中，將碧玉環一枚，獻於方丈，言爲寺中舊物。齋罷，野猿數十，連臂下于高松，袁氏惻然，提筆於寺壁曰：剛被恩情役此心，無端變化幾煙沈，不如逐伴歸山去，長笑一聲煙霧深。擲筆于地，撫二子咽泣數聲，語恪曰：好住，好住，吾當永訣矣。遂裂衣化爲老猿，追逐躍樹而去，將抵深山，而復返視。志異受宋明話本及章回小說影響，喜劇結尾較多，如青鳳、蓮香、小謝、嫦娥等無不是喜劇團圓收場。即公孫九娘(卷六)一則：其結尾：萊陽生再尋公孫九娘墓時未獲」一行里許，遙見女郎，獨行丘墓間，神情意致，怪似九娘，揮鞭就視，果九娘，下騎欲語，女竟走，若不相識，再復近之，色作怒，舉袖自障，頓呼九娘，則煙然滅矣。雖此結尾，未有哀豔氣氛，反之，卻有孤憤之慨，九娘怨恨之情，表露無遺，志異文字含有激憤怨恨之意耳。

志異與池北偶談

欲討論「池北偶談」，應先瞭解此書作者「王士禎」。王氏生於明崇禎七年，歿於康熙五十年，(一六三四—一七一一)，得年七十六歲。字子真，又字貽上，號阮亭，山東新城人，因喜愛太湖漁洋山風光，而自號漁洋山人，順治八年中舉(年十八歲)，順治十二年(年二十二歲)進士及第。授臨晉縣知縣，歷任會試考官，禮部、戶部、郎中、侍講、國子監祭酒等職。最後任刑部尚書(康熙四十三年)，因唱和廢太子事，假王五一案而被黜，後七年隱居著述，身後於雍正年間，避諱「胤禎」，後人改其名爲「王士正」。至乾隆年間，又賜名「士禎」，補謚「文簡」。其著述除《池北偶談》外，尚有香祖筆記，漁洋詩集等三十六種之多。

《池北偶談》爲一部極有歷史價值參考之珍貴筆記。王氏於康熙辛未(三十年公元一六九一年)自序。《池北偶談》所居前人之敝廬，西有小圃，有池，老屋數椽於池北，有數千卷書於其間，而取自白樂天《池北書庫》之義，而將此筆記命名爲《池北偶談》。並長與賓客聚於池邊小亭，討論文章、經典、神怪、逸事等等，故此書又名《石帆亭紀錄》。共分四大類，二十六卷。所記載：蕃邦進貢，經史疑義，文章流別，清廷官制，歷史沿革，名臣碩儒言行，以及神怪鬼魅等等記載之。

王氏蒲氏二人之私誼：

王氏爲新城人，蒲氏爲淄川人，同爲山東濟南府所轄。相距頗近，王氏長蒲氏七歲，年少時即有交往。王氏任官後，久慕蒲氏之才，屢欲邀蒲氏爲幕賓，終爲蒲氏所婉拒，然二人文字往來不絕。

康熙十二年(癸丑)：新城王士祿(字西樵，王氏之兄)，於七月二十二日病歿，蒲氏曾以文祭之。文辭並茂，由衷而發，使人讀之，不勝唏嘘之感。其最後幾句：人天永隔，冥漠難通，羊求再至，但見蓬蒿，墓門一酹，悲緒無窮。(聊齋文集卷九，二五三頁)。王氏香祖筆記卷八亦有記之：「先兄西樵先生，撰古今閨閣詩文，爲《然脂集》多至二百卷……其全書今藏於篋笥，無力刻行也。」

康熙二十八年(己巳)，是年王氏《古懽錄》書成贈之，蒲氏則以古詩一首遙謝王氏贈書之情：懷中內雙足，霜風下松杪，緬想古沈冥，高風亦已杳，遙惠古懽錄，披讀歎美妙，名浮天下窄，才橫渤澥小，調羹濟蒼生，想望且四表，胡乃羨大人，結契海鷗鳥。(聊齋詩集卷四，壬午年，並註用黃太史題放鶴圖韻。此詩延至十五年作之)。

康熙三十八年(己卯)：是年志異書成二冊：致書《與王阮亭先生書》：『十年前一奉几杖，入耳者宛在胸襟，或云先生雖有臺閣位望，無改名士風流，非親炙謦欬者，不能爲此言也。近於玉斧兄頭，得詩集兩種，快讀之，自覺得論衡而思益進。先生調鼎有日，幾務殷繁，未敢遽以相質，而私淑者竊附門牆矣。前拙志蒙點誌，其目未遑繕寫。今老臥蓬窗，因得以暇自逸，遂與同人共錄之，輯爲二冊，因便呈進。猶之四本論遙擲急走，惟先生進而教之！古人文字多以游揚爲傳，深愧簡陋，不堪受宣城獎進也。』(拙志：乃指志異一書，送王氏評閱。)(聊齋文集卷五，目錄雖有而文已脫漏，依張景樵先生蒲氏年譜第七十五頁而記之。)

池北偶談內容共四大類，二十六卷：《談故》共四卷，記敘清廷典章，科甲制度，衣冠服制，蕃邦進貢等等：《談獻》六卷，記述明代中葉及清初之名臣碩儒，奇人烈女之佚事。《談藝》九卷，評論詩文，採錄佳句。《談異》七卷，談述奇聞怪事，類似志怪風格。全書以談故爲最具歷史參考價值。尤以清初與外國往來，國際事務，雖片鱗隻爪，確有其史實價值。茲錄數則於后：

俄羅斯（卷一）：俄羅斯國於順治十七年，遣使入貢，不知正朔，自稱一千一百六十三年。（按順治十七年，庚子，公元一六六〇年。）

外國封使（卷一）：國朝聲教之遠，梯航至者數十國，而受封遣使者惟安南、琉球二國。安南又凡三遣，始則康熙三年諭祭黎維禔，奉使者侍讀學士程芳朝。繼則康熙五年冊封黎維禧，奉使者編修吳光也。……琉球封王，順治中遣給事中張學禮，行人王垓為正副使，居閩數年。另尚有：琉球入學（卷二）。土魯番表（卷二）。蒙古表（卷二）。朝鮮疏（卷二）。安南始末（卷三）。荷蘭貢物（卷四）。以上為國際事務。

臺灣開科（卷四）：康熙丁卯夏四月，福建提督張雲翼疏請臺灣鄉試，宜照甘肅、寧夏例，於闈場另編字號，額中十二名，禮部覆准：臺灣新經歸附，文教初開，應將臺灣一府三縣生員，照甘肅、寧夏例，另編字號，額外取中舉人一名，得旨允行。是科五十一名蘇峨，鳳山縣附學生，習《易經》。

滿洲鄉試（卷四）：丁卯夏，恩詔：『八旗滿洲、蒙古、漢軍，原有定例，同漢人一體開科取士。前因用兵，暫行停止，今仍照舊舉行。』禮部題請於直隸舉人額外，滿洲、蒙古取中舉人十名，另編滿字號；漢軍中取舉人五名，另編合字號，（漢軍稱烏金超哈故也。）會試亦於漢進士額外，滿洲，蒙古取中四名，漢軍取中二名，皆與漢人一體作文考試。盛京生員，附入在京八旗。本鄉年試期迫，俟庚午，辛未科舉行云。

八旗開科（卷四），八旗鄉會試開科，始於順治辛卯。壬辰，至丁酉停止。康熙乙酉，庚戌復舉行，至丙辰停止，丁卯夏五月，以亢旱肆赦，再復開科之例。按開科之例，前後稍有不同。順治壬辰，乙未，滿洲，蒙古用滿文，另為一榜，（壬辰狀元麻勒吉，兩江總督。乙未狀元為圖爾宸，工部侍郎。）庚戌，癸丑，滿洲蒙古既用漢文，即附漢人通為一榜。辛未，甲戌復開科，例仍之。以上科舉制度。

漢軍漢人（卷三）：本朝制，以八旗遼東人號為漢軍，以直省人為漢人。元時則以契丹，高麗、女眞、竹因歹，竹亦歹。木里闊歹、竹溫、渤海八種為漢人，以中國人為南人。

殉葬（卷一）：八旗舊俗，多以僕妾殉葬。朱御史小晉（裴）始建議禁止，得旨允行。朱歷官至戶部侍郎。以上清入習俗。

親謁孝陵（卷四）：康熙甲子冬，大駕幸金陵，親謁明太祖孝陵。上由甬道旁行，諭扈從諸臣皆於門外下馬。上行三跪九叩頭禮，詣寶城前三獻禮；出，復由甬道旁行。賞賚守陵內監及陵戶人等有差。諭禁樵采，令督撫地方官嚴加巡察。父老從者數萬人，皆感泣。總督兩江兵部侍郎王新命刻石紀事，己巳春，南巡，再謁孝陵。古今未有之盛舉也。

毀淫祠（卷四），康熙丙寅，擢江寧巡撫都御史湯斌禮部尚書掌詹事府事。湯瀕行，疏毀吳下五通、五顯、劉猛將，五方聖賢等廟，恭請上諭，勒石上方山。得俞旨通行直省。初，湯以閣學遷巡撫，過予邸舍，予為言吳中婦女，好入寺燒香，首當禁止，湯以為然，在吳遂力行之，風俗一變。若淫詞一節，尤於世道人心裨益不小。湯自言昔為方面時，只遵寧陵呂叔簡先生《從政錄》行之，其撫吳亦此志云。

《池北偶談》有其史實參考價值，王氏官居顯位，參以朝廷政務，所得資料甚多，其中諸多資料，非爲正史記載，閱讀之，可補正史之不足。

志異與池北偶談：

志異書成之後，當時有所訛傳，言王氏欲以千金購之，並指池北偶談係摭拾志異之牙慧，甚至王氏曾處心積慮剽竊志異之手稿等謬傳，前節所提及：康熙三十八年，志異書成之日，蒲氏則備函請王氏評閱，如是，王氏定未有收購或剽竊手稿之意念。池北偶談除《談異》三百零九則之中，有少數幾則與志異有相似之處外，餘談故、談獻、談藝等三類，則與志異迥然不同矣。然經前人言之鑿鑿，特錄於下：

林以仁之《閩事鉤沉》：漁洋山人王士禎，康熙間剞劂於閩中之池北偶談二十六卷，書固可觀，惟多摭拾蒲留仙聊齋志異之牙慧。

趙俊璧之《朝夕襟錄》：小說家言，盡出於道聽途說，潤之以詞藻，貫之以巧思，使神仙鬼怪，歷歷如見，豈皆實有其事？且多輾轉相襲，若此呼彼應者，如聊齋志異與池北偶談，乃競以廣人談助，博人一粲為快，胡足引以為教哉？

謝啓元之《蕉窗談薈》：剽襲之風，自古已然，於今為烈。池北偶談之剽襲聊齋志異，尤彰彰而昭昭者。若勞山道士、若小獵太、若妾槃賊、若邵士梅、若林四娘、若地震，盈編累帙，令人不克枚舉。

李藩之《筆記小說論》：池北偶談效聊齋志異談輪迴說果報，言狐媚講鬼祟，蓋風氣所使然者。謂王士禎多所剽竊，蒲松齡豈無剽竊古人者乎？然蒲實技高一籌，而筆致亦美於王而已，故後人獨抑王而揚蒲。

林紹軒之《汲古叢考》：蒲留仙曾記神仙鬼狐精魅幽怪等掌故，凡四百三十一篇，為聊齋志異八卷。此書五十年始定稿，自謂，『才非干寶，雅愛搜神；情同黃州，喜人談鬼。聞即命筆，因以成編。』然描寫委曲，敘次井然，使花妖鬼魅多具人性，和易可親，即近人情，忘為異類，故頗為識者所激賞。相傳王士禎欲市其書而不得，竟處心積慮多方剽襲，故聲益振，競相傳鈔。

張琚之《筍江鱗介集》：有以阮亭之池北偶談所記，因脫胎換骨於柳亭之聊齋志異者極夥，故爾不辭山川千里跋涉，攜閩付梓。或曰：居官有便，或指謂：避人耳目也。阮亭山東新城人，柳泉山東淄川人，同府而縣亦毗鄰；阮亭官顯，而柳泉則名尤盛。

綜上各家之說，頗有眾口鑠金，聚蚊成雷，使世人不得不信耳。即使王氏在世，亦辨白乏力，鐵案如山，不獨使漁洋山人冤沈海底，且有誣衊《池北偶談》與《志異》二書之價值，但亦有古今學者代爲辯白解釋。茲錄於下：

（以上六則錄自陳香先生之聊齋志異研究，經查閱大陸學者孫殿起之販書偶記及續集未檢獲，此六冊之書。）

王培荀之《鄉園憶舊錄》：志異未盡脱稿時，王漁洋先生士禎按篇索閱，每閱一篇寄，按名再索，來往書扎，余俱見之，亦點正一二字，頓覺改觀。……或傳其願以千金易志異一書，不許，言不足信也。志異有漁洋頂批，旁批，總批，坊間所刻，亦云王貽上士禎評。所載評語寥寥，殊多遺漏。

鄒弢之《三借廬筆談》卷十：王阮亭聞其名，特訪之，避不見，三訪皆然。先生嘗曰：此人雖風雅，終有貴家氣，田夫不慣作緣也。其高致如此。既而漁洋欲以三千金售其稿，代刊之，執不可。又託人數請，先生鑒其誠，今急足持稿往。阮亭一夜讀竟，略加數評，使者仍持歸。時人服先生之高，品為落落難合云。

張景樵先生之「考本」有幾節文字：

㈠文中：『王阮亭先生云』，『阮亭書』，青本均作：『王漁洋先生云』、『漁洋書』，這是刻書家所作，蓋因漁洋之名，已響徹宇內，才加以改易，全書都是如此。按原稿，凡王氏評語，均習用『王阮亭云』。（考本第二十六頁）

㈡原稿上王漁洋的評語，都是自己謄錄的，不是漁洋手書。這可能是王氏的評語原是寫在紙條上的，或是寫在另以稿本上，蒲氏爲了尊重朋友的意見，在清稿時依樣鈔上，於是形成原稿本的一部分了（至於通行本，有幾篇在正文之後，附錄王漁洋的《池北偶談》，那是後期的刊本才加上的，「趙刻本」還沒有刊入）。（第三十一頁）

㈢關於王漁洋的評語，原稿都是冠以「阮亭云」或「王阮亭先生云」，也都是著者親筆謄上的，王氏的評語，可分爲眉批和文後評兩種。眉批多指文內某一辭句而言，惜多殘缺不易辨認。這些簡短的眉批，有十餘條是刊本未載的。又如稿本第十二篇《王六郎》有王氏眉批：『月令乃東郡耿隱之事。』通行本卷十三因無眉批位置，把牠移刊在文後。（第三十六頁）。

以上所言王氏、蒲氏私交甚篤，前段已提曾有函扎往來，至於鄒弢三借廬筆談所言，難以採信，即是「欲以三千金售其稿，代刊之。」者以現代出版習慣，應視爲購其版權，而代爲出書。並非欲以三千金而以著者王氏之名而出書，此事理頗爲明確，不容疑議。蒲氏於康熙十八（己未）年，志異書成之後，王氏贈詩云：

姑妄言之姑聽之，豆棚瓜架雨如絲。料應厭作人間語，愛聽秋墳鬼唱詩。（三會本依照蒲氏和韻，「詩」應爲「時」字，此詩字爲青本誤刊。）

蒲氏亦以次韻和一首：

志異書成共笑之，布袍蕭索鬢如絲，十年頗得黃州意，冷雨寒窗夜話時。

康熙五十（辛卯）年，蒲氏七十二歲，是年五月十一日王氏七十六歲謝世，蒲氏悼漁洋先生七律四首：

昨宵猶自夢漁洋，誰料乘雲入帝鄉。海嶽含愁雲慘澹，星河無色月淒涼。
儒林道喪典型盡，大雅風衰文獻亡。薤露一聲關塞黑，斗南名士俱沾裳。
遙憶黑頭已珥貂，相逢快語徹清宵。角巾歸後羊裘老，芒屩辦成李白遙。
訃乍聞時驚欲絕，懷無傾處恨難消。衰翁相別應無幾，魂魄還將訂久要。
驢背紅塵久憚勞，頻煩尺一降林皋。穸臺深已掩松露，鹵薄喧猶入枕濤。
久以家傳貽小許，猶遺賸馥溉群曹。牡丹一賦留宮禁，洴淚他年灑御袍。
高軒聞作玉京游，老淚橫披不自由。國士忍看埋玉樹，詩人已自樂瑕丘。
祇深騷雅垂亡懼，不比尋常死別愁。道遠未能將絮酒，而纓屣履恨千秋。
（聊齋詩集卷五）

由此七律四首，足證蒲氏對王氏用情之深，實爲文字之交，「不比尋常死別愁」。已表露無遺。以三千金售稿之舉，應爲無稽之談耳。

池北偶談共一千二百九十二則，談異部份三百零九則，雷同部分亦僅有十餘則而已，剽竊蹈襲之言，似有刻意誇大之嫌，不足採信，茲將雷同部分錄於下：

蔣太史（志異卷十六）與蔣虎臣（偶談卷八）：兩則頗爲雷同，皆述蔣太史虎臣之釋家慧根之事。偶談記述綦詳；蔣太史，金壇人，年二十三歲時，順治丁亥進士，一甲第三及第，自編修至史官，經歷均予詳述，唯最後一偈，僅錄四句；「偶向湯鑊求避熱，那從大海去翻身。功名傀儡場中物，妻子骷髏隊裡人。」而志異則全錄之。

陽武侯（志異卷十四）與薛忠武（偶談卷八）：志異將此則傳奇故事化。薛祿之父見蛇兔門於草萊中，而奇之，以地構屋而居之。薛祿出生之時，有兩指揮使避雨立於簷下而護門，並有鴉鵲集於屋頂以遮屋漏，後其兄抽丁戍遼陽，不欲去。祿請其兄以婢配之，而代兄出征，因英武善戰，屢建軍功，封陽武侯。偶談則爲筆記式，平鋪直敘述之：記載薛父聞鼓樂出於地中，命死後葬於此，勾軍赴北平，其兄不欲去，祿代之，從靖難之師，累建軍功，封陽武侯，追封鄞國公。（按：明成祖靖難之變。）

齕石（志異卷十四）啖石（偶談卷二十）：志異言：『新城王欽文太翁家，有王姓圉人。《偶談：》予家傭人，王家祿者。』此則撰寫資料，蒲氏已言明得自王家，偶談何剽竊之有。

小獵犬（志異卷五，偶談卷二十六）：兩則內容一致，志異爲渲染故事情節，偶談較爲樸實。志異後加一節，小獵犬被其睡後壓斃。偶談則無，惟此則最後一句：『事見蒲秀才松齡聊齋志異。』王氏已述明此則出處，僅可視爲過錄，非爲蹈襲之，王氏於偶談中均有註明出處之習慣，而志異通行本竟漏刻此一句，以致混淆視聽，使王氏蒙冤不白，此刻版印刷之過也。

五羖大夫（志異卷十四，偶談卷二十六）：兩則內容並無二致，暢體元夢呼五羖大夫，以爲喜兆，後遇流寇之亂，盡剝其衣，冬寒得五羊皮以護寒，以神戲之。後暢某以明經（貢生）授雒南知縣，終爲百里侯，豈可言神戲之矣。（按五羖大夫：史記，秦本紀，秦穆公以五隻羊皮贖百里奚於楚，用爲相國，而霸西域，史稱五羖大夫。）

妾擊賊（志異卷十四）與賢妾（偶談卷二十六）：兩則如出一轍，皆言妾事嫡甚賢，後有盜來搶劫，妾以棍擊退之，武功高強，鄰人問其事嫡何順，答云：其份也。

張貢生（志異卷十五）與心頭小人（偶談卷二十六）：兩則完全相符，安邱張貢生，晝寢，忽見小人出自心頭，長僅半尺，儒衣儒冠，作俳優狀，唱崑曲等等，情節相符，即使文字也大同小異，所錄數句，兩則如出一乎之手筆，志異加有張杞園，高西園二人矣。

邵士梅（志異卷十五）偶談中有二則；記前生（卷二十）與邵進士三世姻（卷二十四）：三則均述邵士梅能記前世之事。志異所述：濟寧邵士梅授登州教授，有二老來訪，始憶前世爲高東海，後探之，撫育其妻子。記前生一則：濟寧邵士梅爲登州教授，至其故里，訪其子，知其妻子已卒，再生館陶某氏，待其髻，而聘之。邵進士三世姻：情節大部相同外，館陶之妻卒後，又轉於襄陽王氏等等。蒲氏、王氏均舉資料來源，以示其不妄也。另陸次山亦撰邵士梅傳一則：稱濟寧邵士梅，前世爲高小槐，憶前世之情節與蒲氏、王氏所記出入不大，後附詩兩句「兩世頓開生死路，一身曾作古今人。」偶談中兩則與陸次山所撰均指明邵某爲順治已亥（十六年）進士。再鈕琇之觚賸正續編卷二亦有《邵邑侯前生》一則，亦記述：邵士梅等記前世之事，情節與前四則，略有出入。足證此事件於康熙年間流傳甚廣，墨客騷士均於筆記中記述一則，故不可誰在剽竊之情事矣。

林四娘（志異卷三，偶談卷二十一）均有之，同記閩人陳寶鑰於青州時遇女鬼林四娘之事，另林雲銘已記一則，情節雷同，文字略有出入。

地震（志異卷十四，偶談卷二十二）：皆記康熙七年（戊申）之事：淄川縣志：康熙七年六月十七日地大震，裂城牆八丈，搖落垛口一千三百九十一，城內壞官民房五百五十七，鄉村壞房屋無數，壓傷人畜，死者四人。志異及偶談皆以渲染；志異撰述，男女裸體相告，已忘著衣。偶談撰述更爲神話，「沭陽人見一龍騰起金鱗爛然」。

水災（志異卷三），忠勤祠神現（偶談卷二十六），皆記康熙二十一年（壬戌）山東大水，淄川府志，濟南縣志均志之，（錄府志）康熙二十一年章邱、淄川、新城大旱，六月始雨，淄川長山大水，漂沒田廬，溺斃人畜，淄川尤甚，免田租。兩則故事皆神話之。志異：農人至孝，與妻扶母奔至高阜以避水，棄兩兒於屋中，反視之，水已淹至屋頂，水退後，返家時，兩兒仍在床頭嬉戲。偶談：水已及階，見一神人朝冠朱衣南面立，水竟不入。

赤字（志異三會本卷七，通行本未載此則。）天上赤字（偶談卷二十六）：順治乙未（七年）冬夜，天上有赤字如火，其文曰：『白苕代請否，伏議朝治馳。』兩則完全相同。偶談結尾多兩句，移時始散，莒間皆見。

另有一則，其他版本均未有討論之，而情節雷同，頗堪玩味之，特錄於下：

王者（志異卷三）劍俠（卷二十三）兩則情節雷同，所不同者，志異撰寫陰司冥事果報。偶談則寫陽世俠客行徑，皆爲懲治貪墨官吏，沒入贓款之事也。茲將志異摘錄：

湖南巡撫某公，遣差解餉銀六十萬兩赴京，中途投宿古剎，一夕盡失。某公嚴責追回失款，差返回原處時，遇一瞽者，自榜云：能知心事，乃領州差，凡五日，入深山，至一城郭，入官衙歷階而升堂，見壁上排有人皮，五官俱全，不覺毛骨森悚，自念進退均不免一死，遂晉見呈述來意。王者告云：餉銀在此，區區之數，爲巡撫所贈之，州差泣訴曰：限期將滿，歸則受刑，稟白何所申証之。王者言，此即不難，遂付以巨函，州差不敢再辯，由力士送出而返，數日抵長沙，入見巡撫，巡撫大怒，欲予笞刑，見巨函折閱之，面如土色，言餉銀細數，汝姑出。緣巡撫與愛姬共寢，姬醒後，見秀髮盡失，函中乃其髮也，後巡撫卒，始傳出此聞。下錄劍俠全文：

某中丞巡撫上江，一日，遣吏賫金三千赴京師，途宿古廟中，扃鐍甚固，晨起已失金所在，而門鑰宛然，怪之。歸告中丞，中丞怒，亟責償。官吏告曰：償因不敢辭，但事甚疑怪，請予假一月往蹤跡之，願以妻子為質。中丞許之。比至失金處，詢訪久之，無所見，將歸矣，忽於市中瞽叟，胸懸一牌云：善決大疑。漫問之，叟忽曰：君失金多少？曰：三千。叟曰：我稍知蹤跡，可覓車子乘我，君第隨往，冀可得也。如其言。初行一日，有人煙村落，次日入深山，行不知幾百里，無復村。至三日，踰亭午抵一大市鎮，叟曰：至矣。君但入，當自得消息。不得已，第從其言。比入市，則肩摩轂擊，萬瓦鱗次。忽一人來訊曰：君非此間人，奚至此？告以故，與俱至市口覓瞽叟，已失所在。乃與曲折行數街，抵大宅，如王公之居，歷階及堂，寂無人，戒令少待。頃之，傳呼令入，至後堂。堂中惟設一榻，有偉男子科跣坐其上，髮長及骭，童子數人執扇拂左右侍。拜跪訖，男子訊來意，具對，男子頤指語童子曰：可將來！即有少年數輩扛金至，封識宛然，問曰：寧欲得金乎？吏叩頭曰：幸甚，不敢請也。男子曰：乍來此，且將息了卻去。即有人引起一院，扃門而去，日予三餐，皆極豐腆。是夜月明如畫，啓後户視之，見粉壁上纍纍有物，審視之，皆人耳鼻也，大驚，然無隙可逸去，徬徨達曉。前人忽來傳呼，復至後堂，男子科跣坐如初，謂曰：金不可得矣，然當予汝一紙書，擲之揮出。前人復導至市口，惝怳疑夢中，急覓路歸。見中丞，歷述前事，叱其妄，出書呈之。中丞啓緘，忽色變而入，移時，傳令歸舍，並釋妻子，豁其賠償，吏大喜過望。久之，乃知書中大略；斥中丞貪縱，謂勿責吏償金，否則某月日夫人夜三更睡覺，髮截若干寸，寧忘之乎？問夫人良然，始知其劍俠也。日照李洗馬應鷹聞之望江龍簡討爕云。

此兩則情節無軒輊可分，無參差可言，是否龍爕一魚兩吃，將同一資料，分贈蒲氏王氏二人矣。特列雷同十點以供讀者參考：

1.官職同巡撫。
2.同爲遣差解送官銀赴京。
3.同宿於古廟而失金。
4.失金均無知覺，且無任何蛛絲馬跡可尋。
5.同求卜於瞽者，瞽者有榜以示，並先知曉失金之事。
6.同爲瞽者領路，帶至餉銀現存處所。
7.同於該處所中看見人體遺骸。
8.皆不歸還所失官銀，並以巨函證明之。
9.函中所儲之髮，非妻即姬，均爲夜間寢後失去。
10.巡撫見髮，均不再追究失銀之事，並自賠償之。

以上是偶然巧合？抑是同一資料來源？抑剽竊蹈襲，真是千古奇案，只有天知道！

離亂二則（三會本卷六，青本無刊此則）：第二則：陝西某公，任監秩，家室妻孥未隨到任，時值兵亂，音訊隔絕。亂平之後，遣人探信，百里無煙，村落一空。其衙內適有一老班役喪偶，貧不能娶，公賜數金，使其買婦，市上有兵俘婦無數，插標賣之，如售牛馬，乃以金之多寡而擇之，班役因金少而購一嫗，歸來始知公之母也。報公，公多賜金，班役則購一婦，歸來始知公之妻也。報公，公再多賞之，另聘美妻。

王士禛之香祖筆記（卷四）：順治初，京師有賣水人趙遜者，未有室，同輩醵金謀爲娶婦，一日于市中買一婦人，歸去其帕，則髮毿毿白，居然嫗也。遜曰：嫗長我且倍，何敢犯非禮，請母事之，居數日，嫗感其忠厚，曰：醵錢本欲得婦耳，今若此反爲君累，且奈何？吾幸有藏珠一囊，紉衣中，當爲君易金娶婦，以報德，越數日，於市中買一女子，入門見嫗，相抱痛哭，則嫗之女也。因母子爲旗丁所掠，而相失者。……

李漁之生我樓，人行：……把婦女一個個裝在口袋裡拍賣，姚繼先買回一袋，打開一袋是一老嫗，轉而又去買一袋，恰是未婚妻。……康熙也承認旗兵掠人婦女之事，於《清聖祖聖訓》卷十：用兵地方，諸王將軍大臣，以攻城克敵之時，多佔小民子女，或借名通賊，將良民盧舍焚毀，俘獲子女，擄取財物。……

黑獸（卷十四）：聞李太公敬一言，某公在瀋陽，府瞰山下有虎銜物來，以爪穴地，瘞之而去，使人探其瘞，得死鹿，乃取鹿而虛掩其穴，少間，虎導一黑獸至，毛長數寸，若邀尊客，既至穴，獸眈眈蹲伺，虎探穴失鹿，戰伏不敢稍動。獸怒其誑，以爪于虎額，虎立斃，獸已逸去。何守奇釋曰：此獸疑是駮，見山海經。

紐琇之觚賸續編卷四：諂虎，山東萊州戈二者，村野人也，依山而居，一日，採薪荒岡，腥風乍起，轉盼間，遇一斑爛猛虎，懼而伏地，虎以唇含其頸，竟不嚙噬，啣二衣領，喻嶺兩重，置於山溝。溝中落葉積四五尺，開葉藏二於內，仍以葉覆，眈視良久而逝。二度虎去已遠。從葉中出，四望溝旁適有大樹，亟援於上，隱身高枝，縛薪之繩猶在腰間，更解繩自縛於樹，使不易墜。遙見前虎負一獸，遍體斑文，狀亦類虎，而馬頭獨角，負之距步緩行，若輿卒之舁貴人者。漸近葉溝下而坐之，將獻二以供其飽，忽失二所在，驚惶戰慄，屈足前跪，獸怒以角觸虎額而去，虎腦潰而死，二乃下樹脫歸。按獸屬有名六駮者。

王士禎之香祖筆記卷五，虎爲西方猛獸，毛族皆畏之，然觀傳記所載，能制虎者不一而足。如獅子銅頭鐵色，能食虎豹，駮如馬一角，食虎豹。……

大力將軍（卷五）：明末崇禎年代之伊璜及吳六奇之事蹟，伊璜、吳六奇二人，確有其人，中國人名大辭典均載之。王士禎之香祖筆記卷三亦記載之。鈕琇之觚賸正編卷七：雪遘（粵觚）：亦記載之。情節雷同，文字略異。（按：鈕琇：江蘇吳江人，即現松江縣，以貢生授高明縣令，觚賸正續篇，據其自序記於康熙庚辰（三十九年）高明縣令任內。其號爲玉樵子，書室爲根青閣。）

蒲氏、王氏、紐氏以及李漁同爲康熙年間人氏，所得傳聞，資料來源，均爲當時民間轟動傳聞，情節雖同，文字各異，且勿謂有剽竊，蹈襲之舉，姑且不論志異與池北偶談之糾葛不論。偶談中有《毀淫祠》一則，觚賸正編卷一吳觚中亦載之。紐氏對淫祠《五聖》解釋綦詳。「淫祠」並非淫穢之寺廟，而是當時江南靡費奢侈之祭典行爲。民間浪費無度，有損儉樸之道。故奏請朝廷廢之。紐氏籍貫江南，故知之。王氏宦遊天下，又爲朝建重宰，參與朝政，更知之。另《離亂》二則所談販賣被掠婦女之事，即連康熙皇帝已知之，清聖祖聖訓已記載之，此乃傳聞天下之事，好事者自當志之。蒲氏與王氏同爲山東濟南府人氏，淄川與新城爲鄰縣，二人所得傳聞，皆來自民間傳說，剽竊蹈襲，似恐未必。李藩之筆記小說論曾言：『謂王氏多所剽竊，蒲氏豈無剽竊古人者乎。』前兩篇已提及「志異與唐前志怪及唐人傳奇」雷同情事，畢竟終是少數，志異四百九十一則，偶談一千二百九十二則，所值得疵議者，亦不過僅十則而已矣！若斷言，偶談剽竊志異，蹈襲志異，或摭拾志異牙慧，似嫌武斷耳。考其原委，蒲氏文章聲名高於王氏，被後人而誤解之。

志異雖爲一部怪誕不經談狐論鬼之文字，若正面視之，足供排遣賸餘時間，博君一粲，以作茶餘酒後閒話之資料，然若從另一面來觀之，其中含有不少修身律己，待人處世之真諦。固不可視爲陰曹地府之猙獰恐怖是一派胡言，也不必認爲天庭逍遙爲欺人之謊言，而嗤之以鼻。蒲氏在聊齊自誌中云，志異是一部孤憤之書，孤憤之情，特將塵世中黑暗陰毒狀況，一枝生花之筆，刻畫描訴，公諸於世，讓後世之人自行體會深省之，乃勸世人自求多福，力行善舉，造福塵寰，試擇數則故事述於下：

一、鳳仙(卷十二)鳳仙者；小狸奴也。年僅及笄，於三姊妹中，排行第三，卻被其長姊八仙以交換禮物送給劉赤水，其與劉生雖未經父母之命，媒妁之言，正式的，一拜天地，二拜高堂，結髮成親，然二人卻伉儷情深，好景不常，被八仙作弄，舉家遷去，踰二年劉思鳳仙頗切，一日見八仙之夫婿胡某邀至岳家，共爲狐翁慶壽，因劉某家境清貧，遠遜於水仙之夫丁某，故丁某於壽宴較受岳父優渥，劉生則爲冷落，鳳仙極爲不悅，乃唱破窯一闋而離家逕去。一家不歡而散。鳳仙卻於郊外道傍等候劉生話別，曰：『君一丈夫，不能爲床頭人吐氣耶，黃金屋自在書中，願好爲之。』勉劉生苦讀上進，並贈鏡一面。曰：『欲見妾，當以書卷中覓之，不然相見無期矣！』言後慘然別去。劉生返回後，鳳仙影像於銅鏡中，唯背面而立，遠在百步之外。劉生乃下帷苦讀月餘，鳳仙則以正面向之，若懸樑刺股，則笑面迎之。數日不讀，則面帶戚容，苟再廢弛，又背立如故。如是無形敦促劉生發憤圖強，直待劉生金榜題名日，方是夫妻重圓時！鳳仙歸寧，趾高氣昂耳。

鳳仙雖爲小狸奴，實非！狐也胸懷大志，品德端莊，雖名門閨秀，其嫻淑高雅，亦未嘗能與鳳仙媲美，母訓子自古有之，孟母、岳母俱是，而妻戒夫，則爲少見，如此之誡，殊爲罕有也。一般婦女，只圖目前苟安，鮮求終生富貴，此乃人之長情耳。況爲一小狸奴耶？鳳仙者，閨中豪傑也，不獨使劉生平步青雲，高冠貴爵，榮祖耀宗，足爲床頭人揚眉吐氣，鳳仙得能賫果肩酒，與馬塞道，光彩而歸寧省親矣！

然而，狐翁未必嫌窮愛富，鄙視劉生，或因丁婿遠途而至，稍爲優遇，鳳仙嬌嗔任性，躍於紙上，致使一家不快，然狐翁家範甚嚴，鳳仙能知上進，自身伏於嚴穴，忍受煎熬，鼓勵其夫發憤爲雄。故不可訾議狐翁耳？人貴自立，先刻己而後責人，鳳仙婦德足爲古今婦女之典範也。

二、恆娘（卷四）：洪大業，娶妻朱氏，頗具姿色，閨中和穆，後納妾寶帶，姿色平平不如朱氏，然洪生甚嬖寵之，朱氏不堪冷落，動輒反目，習以爲常，因此，洪生更疏朱而嬖寶帶，朱氏閨友「恆娘」，年已三十，姿僅中人，其夫亦有側室，年歲與姿色皆較恆娘爲優，然其夫獨鍾恆娘。側室僅備一格。朱氏則向討教御夫之術。恆娘曰：『嘻！子則自疏，而尤男子乎？朝夕而絮聒之，是爲叢驅雀，其離滋甚耳。……』切忌與夫爭吵之。又教朱氏日近寶帶，並縱洪生常宿於寶帶房中，以博洪生之寬諒耳，一月後，對朱氏曰：『毀其妝，勿華服，勿脂澤，垢面敝履，雜家人操作。』朱氏乃卸盡鉛華，操作雜務，而博取洪生之憐惜，洪生見之不忍，敦使寶帶分其勞，朱氏不受之。再教朱氏於上已踏青之時伺機換妝，朱氏鮮履，重調脂粉，曰：『子當盡棄敝衣，袍褲襪履，嶄然一新。……』朱氏盡棄平日敝衣破履，洗淨蓬頭垢面。再經恆娘代爲挽鳳髻，點朱唇，朱氏眼界一新。又屬之曰：『歸去一見男子，即早閉戶寢，渠來叩關勿聽也。……』次日亦復如是，使洪生可望而不可及，終不得其門而入。洪生墜入轂中，未待紅日西斜，即進朱房中，坐候待寢之，恆娘又教朱氏僅可以三日爲約。更囑善對寶帶，朱氏每有房宴，必喚寶帶在側，並厚待之，洪生不解其意，反覺朱氏賢淑，更視寶帶醜陋，未待宴終先遣去之，寶帶終自暴自棄，以致洪生而爲怨惡矣！

恆娘御夫之術，實可開班授徒，足能治療「七年之癢」一夫一妻，鶼鰈情深，不再有納妾之舉耳。一般愚蠢婦女，只知以爭吵爲能事，其效果實得其反，恆娘以欲擒故縱之術，而駕馭良人，恆娘曰：『……人情厭故而喜新，重難而輕易，丈夫之愛妾，非必其美也，甘其所乍獲，而幸其所難遘也，縱而飽之，則珍饈亦厭，況藜羹乎？……』又曰：『置不留目，則似久別，忽睹絕妝，則如新至。譬如貧人驟得果肉，則視脫粟非味也，而又不易與之，則彼故而我新，彼易而我難，此即子易妻爲妾之法也。』回顧婦女，其教育程度益高，盛氣凌人，不可一世，每奴役丈夫，不克夫唱婦隨，以致怨偶日眾，仳離日多，或曰『女子無才便是德』曹大姑，班婕妤何謂也。夫婦情感，維繫一心。

恆娘之術，紅樓夢中之王熙鳳遠不如也，鳳姐僅陰狠毒辣而已，賈璉雖畏之如虎，然終在外偷腥矣！

三、辛十四娘(卷五)：在稿本中之題目爲《鬼媒狐嫁》，此則情節，膾炙人口，婉轉曲折，扣人心弦，馮生，生性輕佻，故事開始之際，蒲氏即評爲「少輕脫縱酒」。其人品難言上流，酗酒暮歸，巧遇辛十四娘，追入荒寺(即辛十四娘寓所)。自弄才學，題詩向辛父求親未成，假酒滋事，竟掀簾闖入閨中，荒唐舉止，遭辛家逐出，後遇鬼媼薛太君(生之舅婆)，代爲作伐，得娶十四娘爲妻，婚後仍不改前愆，因酒後惡謔楚銀臺之子，雙方已生芥蒂。十四娘自嫁馮生後，勤儉治家，日以飪織爲事，時有歸寧，未嘗踰夜，琴瑟調和，卻爲戲謔楚子之事，而生齟齬，十四娘曰：『曩公子來，我穴壁窺之，其人猿睛而鷹準，不可與久居也，宜勿往。』馮生諾諾；十四娘又曰：『公子豺狼，不可狎也。子不聽吾言，將及於難。』馮生復又酗酒惡謔楚生。一座失色，醒雖悔之，十四娘不樂曰：『君誠鄉曲之儇子也，輕薄之態，施之君子，則喪吾德，施之小人，則殺吾身，君禍不遠矣！我不忍君流落，從此請辭。』然結怨已深，楚子設下陷阱，邀馮生至其家中飲酒，以逼姦殺婢之罪，而入囹圄。馮生受盡榜毒，十四娘勸其誣服，以免再受酷刑。秋決有日，十四娘以婢女充作流妓而蒙正德皇帝臨幸，以訴其冤，馮生得以平反出獄。

綜之：十四娘雖爲小狸奴，頗具傲氣，薛太君之命婚，不肯草率，必歸待父母之命，正式合巹，此不踰禮，是從父也。婚後勤儉治家，日以飪織爲事，雖有歸寧，未曾踰夜，勸夫爲善，戒夫酗酒，是從夫也。惜未生子耳。以蓮瓣爲履，香屑蒙紗，容色娟好，舉止端莊，是婦容也。閒來挑繡，不交遊，不輕言，夫被冤獄，勸其誣服，另圖解救，是婦德也。斂行慎言，對夫導之以善，對人循之以禮，是婦言也。對家人寬嚴適中，並爲夫蓄婢祿兒，又先留積蓄。是婦恭也。三從四德無不俱備。此非小狸奴耶？乃是封建時代之命婦耶！十四娘雖攝於薛太君之權威，而婚馮生，婚後不以馮儇薄，而盡守婦道，奈何馮生儇薄之性不改，終難白首偕老，於馮生入獄之際，倍受煎熬，乃萌去志，但先備祿兒又蓄樸滿，使馮生不致中饋乏人，亦不致有凍餓之虞，十四娘心細如髮，處事週全，以馮生平反爲例，胸中峻壑，非七尺昂藏所及之。其後於太華託蒼頭轉語馮生：『馮生安否，……致意主人，我已列仙籍矣！』十四娘尚不遺忘舊情也。異史氏曰：『輕薄之詞，多出於士類，此君子之悼惜也。余嘗冒不韙之名，言冤則已迂，然未嘗不刻苦自勵，以勉附君子之林，而禍福之說不與焉。』

四、小梅（卷十一）：王某偶遊於江浙，見一老嫗哭於道路之側，問之。言：『先夫遺一子，今犯死罪，誰有能出之者？』王某性素慷慨，出金代謀，竟釋其罪。王某之妻，性情賢淑，篤信佛教，以無子嗣，日夜焚禱之。後病篤，臨終之前，呼王某於榻前，執手曰：『今訣矣！初病時，……去歲，菩薩將回南海，留案前侍女小梅，爲妾服役，今將死，……小梅姿色秀美，又溫淑，即以後繼室可也。』言畢而歿。王某遵妻遺囑，娶小梅續弦。小梅不願草草，希請王父年友沂水黃太僕前來主婚，黃太僕年老致仕閒居，女曰：『妾受夫人諄囑，義不容辭，但匹配大禮，不得草草，年伯黃先生位尊德重，求使之盟，則惟命是聽。』又數年，女生一子，彌月之日，強請黃太僕前來，並出示兒臂有朱斑一塊，由黃太僕命名爲「喜仁」。三日後，忽聞門外有輿馬，接女歸寧，數年來，未聞有瓜葛，共議之，女抱兒出，囑王送之，行至二三十里外，寂無行人，女命停輿呼王於前：『王郎！王郎！會短離長，謂可悲否？』王驚問之。女曰：『江南拯一死罪，有之乎？』又曰：『哭於路者，吾母也。感義而思所報，……實將以妾報君也。今幸生襁褓物，此願已慰，妾視君晦運將來，此兒在家，恐不能育。故借歸寧，解兒厄難。……』後王家遭瘟疫之禍，幾乎滅門，其家產被同族掠奪一空。年餘女返，眾人不服，乃邀黃太僕前來，出示兒臂，紅斑灼然猶在，訟以於官，追回田產。奇哉！小梅也，僅以及笄小女子，處事穩重，思前顧後，以待未來。先請黃太僕主婚，再求黃太僕爲子命名，黃太僕齒爵俱尊，使無賴之徒，無可狡辯。且先知王某晦運將至，攜兒離去，以避厄難，最後託兒於黃太僕，蒙其慨諾，黃曰：『老夫一息尚存，無不爲區處。』時女安置就緒，乃具饌爲夫掃祭後，悄然而去。感恩報德，了卻孽緣，不遺塵念，回歸太虛。

五、胡四娘（卷八）：程生，少慧能文，雙親早喪，家貧四壁，求傭爲胡銀臺司筆扎（秘書之職），胡公每試其文，大爲讚賞，乃將幼女四娘配之，四娘爲妾出，幼而無母，命相術士曾言：當爲貴夫人，後贅程生，衆皆哂笑，呼之爲貴人。四娘知若罔聞，沈默寡言，殊無慚怍，舉家見其事事類痴，愈益狎之。其姊三娘之母李氏（公之愛妾），謂三娘曰：『四娘內慧外樸，聰明渾而不露，諸婢子皆在其包羅中而不自知，況程郎晝夜苦讀，夫豈久爲人下者，汝勿效尤，宜善之，他日好相見也。』後程生應順天舉，文戰連捷，授庶吉士，錦衣還鄉，適三郎完婚，四娘翩然而至，依然言笑不拘，莊重大方，衆賀客皆以四娘爲重。後二郎犯人命案被逮捕，大郎不敢冒然前往，持李夫人手書，方至四娘處請代說項。四娘曰：『諸兄家娘子，都是天人，各求父兄，即亦可了，何至奔波到此？』又作色曰：『我以爲跋涉來省妹子，乃以大訟來求貴人耶？』拂袖而入，二郎被釋出獄，始知四娘作態也。胡公歿後多年，大郎兄弟等均日競資產，停屍未葬，棺柩業已敗朽，程生獨力營葬，事事盡禮，殯日冠蓋相屬，咸嘉讚歎。

四娘本爲庶出，於封建官僚家庭中，自無地位可言，況其母已故，依靠已失，僅較奴婢略勝一籌而已，故不得不忍氣吞聲，逆來順受，自求多福，在封建社會中，如是不幸遭遇不知幾許？何不平之有！公將四娘許配程生，未必是賞識程生之才，或將四娘順水推舟配於程生以卸父責，前途禍福，聽天由命，故四娘夫婦自得忍辱含垢，發憤圖強。然皇天不負苦心人！終能高中金榜，直干青雲。嗟夫！處世之道，以和爲貴，能忍自安，知恩圖報，善莫大焉。獨自營葬，以報岳父知遇之恩。復營救其內兄脫罪，以德報怨，不計前嫌，此爲讀書人之本色也。「夫子之道，忠恕而已矣」。四娘對其長兄作色之舉，實有失大家風範，女子胸襟本爲窄狹，世之長態，不必苛責。蒲氏於此，故作一筆，以增文字情節，實不足取之。若改寫四娘含笑允之，更顯其雍容嫻淑矣！胡氏兄妹，持強凌弱，踐踏貧賤，有損家範，胡公未教授其子女誦讀朱子家訓矣。

六、聶小倩(卷二)：小倩者，豔色女鬼，爲女魅所攝，於金華荒寺中，服於賤役，以色迷過路投宿行人取鮮血，供其飲之。寧生偶赴金華，投宿寺中，南苑已有士人暫住。是夜，月明高潔，萬籟無聲，促膝長談，相敘甚懽。士人自言姓燕，秦人，午夜方散，各自就寢。寧生尙未入寐，聞窗外有兩老嫗閒談，提及小倩何久不來之時，一絕代豔姝，翩然而至，竊竊私語，不能辨聽，意爲鄰家婦女，不以爲怪。未幾，女竟至寧生房中，曰：『月夜不寐，願爲燕好。』寧曰：『卿防物議，我畏人言，略一失足，廉恥道喪。』女曰：『夜無人知。』寧叱速去，女逡巡不去，復返，置黃金一錠，寧生隨手擲於庭墀。曰：『不義之物，污我囊橐。』女拾金曰：『此漢當是鐵石。』乃去。及旦，東廂一生暴卒，足心被刺一孔，尙在流血。次日其僕暴卒亦同。夜半女復至告之曰：『妾閱人多矣，未有剛腸如君者，君誠聖賢，妾不敢欺。……今寺中無可殺者，恐當以夜叉來。』寧駭求計，女告之，可求燕生助之。臨別女泣曰：『妾墮玄海，求岸不得，郎君義氣干雲，必能拔生救苦，倘肯囊妾朽骨，歸葬安宅，不啻再造。』是夜，夜叉果來爲燕生劍傷而逸去。寧乃攫女骨歸而葬之。

嗚呼！哀哉！小倩少殂，葬於亂崗，遭魅之攝，服於賤役，腆顏靦面，殘殺蒼生，非其所願，然女魅淫威，實非一弱女子所能抗拒，任其擺佈，苦不堪言，寧生爲剛直之士，以身相託，求脫魔掌而謀幸福，足證小倩尙未迷失本性，「出污泥而不染」。隨寧歸後，事寧母至孝，上和下睦，而得歸宿，從善以終矣。

寧生真大丈夫也，誠如志異所言：『此漢當是鐵石。』另東廂某生及其僕，貪財戀色，以遭殺身之禍，妄送一命，豈可怨天尤人，夫人生立身於世，應先心正，而後修身，修身在於正心，豈可言：『夜無人知。』寧生有「四知」之鑑，不貪貨財，不愛女色，乃為士君子立身處世之道，方不致放辟邪侈耶！

志異書成之曰，為清初康熙年間，封建時代之觀感，對婦女之規範，在於三從四德。自社會型態轉入父性社會後，婦女即喪失主宰家庭權力，處處仰求丈夫鼻息，無法獨立謀生，自當仰求丈夫鼻息，亦無社會地位可言，因此乃有「女以夫為貴」及「女有丈夫地有天」之諺語。待遇不公，要求再苛，只能逆來順受，方合於三從四德，今日婦女雖有相當開放，並非漫無限制，古今中外社會，均倡導佳耦並耕之議，相夫教子，家庭和穆，婦女仍未能解三從四德之羣絆也。

閫範（二）

上述各篇所撰婦女之德行，相夫教子，夫唱婦隨，忍辱負重，諸多事跡，令人敬慕。如鳳仙嫻淑相夫，恆娘心機深沉，辛十四娘精明處事，小梅穩重達鍊，胡四娘端莊敦厚，聶小倩慧眼托身諸篇等等，均為封建時代難得一見之婦女典範，其傑出作為，使人刮目相看，其餘各篇中，婦女尙有傑出表現，為數不少之可歌可泣，可敬可佩之事項，略舉於后：

一、紅玉（卷三）：紅玉者，狐也。因馮生喪偶鰥居，而就之，夜來晨去，如是半年，情誼深篤，後為馮父發覺，喚生出，怒責之曰：『畜生所為何事？如此落寞，尙不刻苦，乃學浮蕩耶？人知之，喪汝德，人不知，亦促汝壽。』又叱女曰：『女子不守閨戒，既自玷，而又復玷人，倘事一發，當不貽寒舍羞。』紅玉自陳緣盡，乃與絕決，並出重金，告生另聘鄰村衛氏之女為室。踰年生子，家庭和樂，孰知好景不常，清明掃墓時，為劣紳宋氏所見，強佔衛氏，並毆死馮父，衛氏不屈自縊而死，馮生投訴無門，殺父之仇，奪妻之恨，無以能報之。後劣紳父子被殺，馮生身入囹圄，並褫之功名。待大難昭雪後，貧無立錐，孑然一身之際，紅玉攜其子返來團聚，重整家園，剪莽鋤草，牽蘿補屋，並著生下帷攻讀，以求金榜。

夫紅玉者，癡情女子也，馮生家徒四壁，踰情相聚，被迫離去，又贈重金供馮生再婚，馮生繫獄，撫養衛氏遺孤，待馮生出獄，歸來重聚，茹苦含辛，未有怨言，唐元稹所言「貧賤夫妻百事哀」。紅玉不以貧賤為苦，反樂任之，曰：『……今家道新創，非夙興夜寐不可。』又曰：『但請下帷讀，勿問盈歉，或當不殍餓死。』如是古今女子能有幾人如紅玉者，無不怨天尤人，豈能改貧賤，創富貴力挽狂瀾，任勞任怨，紅玉奇女子也，其雖不若辛十四娘之處事豁達幹鍊，但其平實和順，愛情不踰。但卻較辛十四娘忠於愛情，辛十四娘見其夫酗酒輕佻，在事平之後，自認不可白首共老，乃數度求去，最後假死而離之，紅玉則非如此，重圓舊夢，以到白首之時。異史氏曰：『其子賢，其父德，故其報之也俠，非特人俠，狐亦俠也，遇亦奇也。』紅玉果俠矣。

二、長亭(卷十)：長亭雖爲狐也，實爲封建時代之典型婦女，即乖巧又和順。亦就是懦弱無能毫無主見之弱女子。石大璞擅長驅鬼，受狐叟之邀，爲長亭之妹紅亭驅鬼，紅亭被鬼祟之，鬼與石生約定，叟若以長亭許配爲妻，則自行離去，勿庸驅之。石乃挾驅鬼之便，迫叟許以長亭。女雖屬意石生然非叟之所願也，叟迫於無奈，而將長亭許之，鬼離去後，叟悔婚，欲以白刃相加，長亭知悉立即通知石生逃脫。長亭後雖嫁於石生，兩家前嫌未除，鮮有往來。二年內叟數度接女歸寧，最後石知其不返，亦任女歸去。又二年，石父病故，石臥病在床，陷於昏憒，長亭縗經而至，主持中饋，治理喪事。長亭曰：『妾遵嚴命，而絕兒女之情，不敢循亂命，而失翁媳之禮，妾來時，母知父不知也。』喪後，石生方能拄杖而起，叟即派人來接長亭歸寧，告以母病。長亭乃謂石曰：『妾爲父來，君不爲妾母放令去耶？』去後數年不返，石生父子亦淡忘了。一日，長亭飄然而入，極爲疲憊，詰問乃知狐叟被惡人遣神綰鎖縛而去，一家盡爲逃竄，石生聞言大笑不能自禁，長亭怒曰：『彼雖不仁，妾之父也。妾與君琴瑟數年，止有相好而無相尤，今日人亡家敗，百口流離，即不爲父傷，寧不爲妾弔乎？聞之忭舞，更無片語相慰藉，何不義也？』拂袖而去。

蓋長亭遵父命而遠離其夫，復不忍背夫又不敢背父，處於兩難之間，而無果斷之策，逆來順受，混混沌沌，以過一日算一日之心境而受之。石生救狐叟後，翁婿仍不往來，長亭返家省父，仍不決斷，對石生而言：『……妾欲歸省，三日可旋，君信之乎？』返家狐叟言之絮絮，長亭又不堪聞之。長亭誠懦弱女子也。異史氏曰：『狐情反覆，譎詐已甚，悔婚之事，兩女如出一轍，詭可知矣。……』異史氏僅評狐叟不守信，反覆無常，未評長亭即愛其夫又畏其父，情雖誠摯，愛雖純潔，卻父與夫之間，兩面均不討好。

三、黃英（卷四）：志異一書，搜神覓鬼，以菊花爲題，僅此一篇，菊花亦名黃花，黃英者菊花之精英也。以菊爲題，以菊爲名，復又以陶爲姓，售菊而富，影射陶朱公也，而非陶元亮也。蒲氏以黃菊寫於詩內頗多。如康熙十二年（癸丑）重九日同如水登高七律中。「一醉祇須眠綠柳，滿頭無用插黃花」。同年重陽七律，「重陽未放黃花懶，九日驚寒鴻雁忙」。康熙二十七年（戊辰），與邱行素等登豹山共作七律三首中，「可知此日登高興，插得黃花過酒壚」等。墨客騷士以黃花爲題，屢見不鮮。

順天馬生，世代愛菊，尤生爲甚，聞金陵有菊之異種，而南卜求之。途中結識陶姓少年告之曰：『種無不佳，培溉在人。』並介紹其姊黃英，一同北返，寄寓馬生南苑。馬生家境不豐，陶生更貧，勸以菊謀生，爲馬不齒，然陶生與黃英市菊，菊品極佳，馬生雖厭其貪，但欲得其私秘佳品，無法決絕。後馬妻病故，乃以黃英續弦。而黃英已富，夫婦對貧富均不適應，馬曰：『僕三十年清德，爲卿所累，今覥息人間，徒依裙帶而食，真無一毫丈夫氣矣。……』黃英曰：『妾非貪鄙，但不少致豐盈，……然貧者願富爲難，富者求貧固亦甚易，床頭金任君揮去之，妾不靳也。』又曰：『君不願富，妾亦不能貧也。……』妻富貴而驕，孰能可忍乎。妻富貴而不驕且恭順也，孰不可忍乎？如黃英者，雖富而不失婦德，又不以銅臭爲重，而馬生耿介，並能忍之，夫婦琴瑟調和，黃英之德也。異史氏雖評黃花醇酒而已，未評及黃英之嫻淑持家，憾矣！

四、喬女（卷十）：喬女黑醜，壑一鼻，跛一足，年二十五六歲，尙無人作伐，穆生年四十餘，喪妻而聘之續絃。未幾穆生病卒，喬女日益貧苦，幾不自給，更難撫育遺孤。鄰邑孟生妻故欲聘之，因遺一子，乏人照料，女辭曰：『從官人得溫飽，夫寧不願，然殘醜不如人，所可自信者德耳，又事二夫，官人何取焉？』孟益賢之，向慕尤殷，女矢志不二。未幾，孟生暴卒。其子倍受族黨凌辱，喬女憤而不平，哭訴縉紳之門，轉求官宰，取回被侵佔之田產，並代覓人撫育孟生遺孤，入泮讀書，不取孟家分文，而女所生之子，則不令其從讀，爲孟家巡行阡陌，與傭役無異，自食其力，耿介若此，雖七尺昂藏尙不如也。夫喬女者，自念醜陋，從一而終，不事二夫，德也。清貧自守，甘之如飴，志也。回饋孟生，知遇之情，代撫遺孤，養育成家，義也。雖照拂孟家，一文不取，涇渭分明，其子自食其力，廉也。喬女者，誠天下奇女子也。異史氏曰：『知己之感，許之以身，此烈男子之所爲也。彼女何知，而奇俠如是，若遇九方皐，直牡之矣。』

五、仇大娘（卷五）：大娘者，仇仲前室所生之女也，且已嫁鄰鄉，其秉性剛，每次歸寧，稍不遂意，輒忤父母，常憤而離去。後其父被寇擄去（三會本爲北兵），遺下繼母及異母弟二人，弱婦幼兒屢遭鄰里同族欺侮，田產被搶奪一空。大娘歸寧，見幼弟侍病母，景象淒涼，忿氣塞吭而曰：『家無成人，遂任人蹂躪至此，吾家田產，諸賊何得賺去？』憤而告狀訟之，眾懼，歛金賄賂大娘，大娘受其金，而仍訟之，直待田產歸還而後止。時大娘已孀居，戒其子勿來，自行務業，以免物議。自留娘家，養母教弟，井井有條，里中強徒，稍有侵凌，大娘持刀登門理論，罔不屈服。如是年餘，家境日豐，後不幸遭回祿之災，賴大娘平時蓄金，鳩工起屋，未受凍餒。復備千金將父贖回，滿門團聚，其父析產爲三，大娘與二弟各一份，大娘堅拒收之，經乃父及二弟再三求之，始予接受。或問大娘對繼母及弟何關切如此？大娘曰：『知有母而不知有父者，惟禽獸如此耳，豈以人而效之。』

嗟夫！大娘烈女也，父不在家中田產被強徒侵佔一空，憤而訟之，收回田產。大娘孝女也，摒棄家庭，返回娘家照顧弱母幼弟，並贖回生父，一家老幼，闔第歡騰，誠所謂。自助天助也。

六、呂無病（卷十二）：洛陽孫生因喪妻之痛，而遁別墅，以解愁悶，適逢天雨晝臥，有少女搴簾貿然而入，自言呂姓名無病，衣服整潔，微黑多麻，姿色平平，類似貧家女，然談吐文雅，尙識詩文，願作康成文婢。孫生見之，頗爲意動，以納婢亦須擇日，令女檢曆書以試之，女取曆先閱而後進之，並曰：『今日河魁不曾在房。』孫生乃留女於室，女閒居無事，乃拂几整書焚香拭鼎，滿室整潔，孫頗悅之，乃收爲婢，託言爲姨母贈之，攜歸納爲次室，久益孌之，不欲再娶，女苦勸續弦，孫生又娶許氏，嫡庶甚偕，一家和樂融融，許氏生一子，無病待如己出，形影不離，無何，許病尋卒，臨訣囑孫曰：『無病最愛兒，即令子之，可也；即正位焉，亦可也。』孫生將踐諾言，告於宗族，咸謂不可，女亦固辭，遂未再言，乃娶同邑王天官新寡之女爲正室，王氏性悍，驕縱罕見，不容無病及兒並虐之，使女啼笑皆罪，孫生不能容忍，復走避之，王氏遷怒無病及兒，兒被虐幾死，無病雖終日勉力承顏，仍不能以得王氏之快！無病攜兒及乳娘逃至楊谷。是日孫生方臥見無病掩入大慟，告之曰：『妾歷千辛萬苦，與兒逃於楊。』言未了，放聲大哭，倒地而滅。

噫戲！無病因情生愛，因愛生恨，即入泉下，尚未能跳出情獄，仍爲七情六慾之困。然對孫生已盡婦職，持家育子，最後攜兒逃出，回報孫生。大哭倒地而滅，看破紅塵，了卻一段孽緣，未能與孫生相共白首，命耶！運耶！孫生將其衣履葬之，碑曰：鬼妻呂無病之墓。有情者，共掬一把同情之淚。異氏史曰：『心之所好，原不在妍媸也。王嬙西施，焉知非自愛之者之美乎，然不遭悍妒，其賢不彰矣。……』

七、羅剎海市（卷六）：馬生年少俊美，十四歲入郡庠中榜，父命其棄學從賈，從人浮海，被巨颶飄至羅剎國，蒙當地朝野款待，復至海市，龍君喜悅，而以龍女配之。招爲駙馬。享盡榮華富貴，如是三年，馬生思歸，謀以龍女，女曰：『仙塵路隔，不能相依，妾以不忍以魚水之愛，奪膝下之歡，容徐圖之。』明日，龍君准之，入暮女置酒話別，生訂後會之期，女曰：『情緣盡矣！』生泣不自禁，女亦歎也，並曰：『歸養兩親見君之孝，人生聚散，百年猶旦暮耳，何用作兒女哀泣。此後妾爲君貞，君爲妾義，兩地同心，即伉儷也，何必旦夕相守，乃謂之偕老乎？若踰此盟，婚姻不吉，倘慮中饋乏人，納婢可耳。……』後馬生之母辭世，龍女特臨窀穸一拜，以盡婦職。歎龍女婚姻，僅爲三年，格於仙塵之路，不克以共白首，生離之情，躍於紙上，嗟夫！理智勝於情感矣，可謂之功利主義，而非靈性主義。寧忍兩地相思之苦，而不願墜落凡塵，如致馬生信中所言：『忽忽三年，紅塵永隔，盈盈一水，青鳥難通，結想爲夢，引領成勞，茫茫蔚藍，有恨如此也。……聞君克踐舊盟，意願斯慰，妾此不二，之死靡他，奩中珍物，不蓄蘭膏，鏡裡新妝，久辭粉黛。……』使人讀之，有感鼻酸。龍女不論爲神爲妖，其姑殯日臨穴一拜以符中國人倫大禮，殊表難得。然約馬生不再娶妻，婦女妒情，躍於紙上。蒲氏生花之筆，將馬生與龍女再見一面之緣，而在龍女探視其女之時，未若於龍女臨穴之日，如此更顯龍女在道義及情感更爲誠摯。

八、鴉頭（卷七）：鴉頭爲狐女也，因母爲鴇，自業勾欄，屢逼女爲娼，效其姊粉頭生涯，鴉頭以年稚爲辭，執意不從，倍受鞭笞。王文年少，偶遇同邑趙東樓邀至該青樓，尋歡作樂，巧遇鴉頭，二人相見情悅，乃爲之纏頭，一夕之歡，女謂王生曰：『妾煙花下流，不堪匹配，既蒙繾綣，義既至重，若傾囊博此一宵懽，明日如何？』王生泫然無言以對。女曰：『勿悲，妾委風塵，實非所願，顧未有敦篤可託如君者，請以宵遁。』時譙鼓三響，起床相偕而遁，至漢江後，租屋而居，鬻驢爲資，女效文君當鑪，賣酒爲生，鶼鰜情深，積有年餘，日漸興隆。一日，女戚然而悲謂王曰：『母已知矣，必見凌逼……』午夜，女被其母揪髮提去，王生往舊處訪之，家戶如故，人物全非，已無法覓得女之蹤影矣，乃悵然而返。逾數年，王生偶至燕都，過育嬰堂，得其子王孜，仍不知女於何處？又數年於市，遇趙東樓，極爲落泊，衣巾不整，形容枯槁。問其原由，趙悽然告之，青樓本非安樂鄉！媼得鴉頭後，橫加楚毒，旋即北徙，欲奪其志，女堅矢不二，遂而囚之，生一子，棄於育英堂中，又交鴉頭書一封。書云：『知孜兒已在膝下矣，妾之厄難，東樓君自能緬悉，前世之孽，夫復何言！妾幽室之中，暗無天日，鞭創膚裂，飢火煎心，易一晨昏，如歷年數。……』王與子商而救之。

噫戲，鴉頭雖爲狐，烈女也，「出污泥而不染」，先不爲近墨而黑，後不受威武而屈，清白之志，終不可奪。見王文敦篤老誠，可託終身，毅然相從，至死不悔。惜乎，蒲氏之筆，一待十八年，鴉頭苦囚十八年，誠不慘乎！

九、青梅（卷六）：青梅爲狐生之女也，面貌娟秀，但性狡黠多智，父死繼母再醮而去，將青梅寄食於堂叔，堂叔放蕩無行，鬻女而自肥。將女售於王進士家爲婢，服侍王女阿喜。青梅發現稅王第而居之張生，性純孝又篤於學，有干青雲之志，必有光耀門楣之日，而逕代小姐阿喜謀之。女曰：『吾家客非常人也，娘子不欲得良配則已，欲得良配，張生其人也。』阿喜恐父母厭其貧，女又曰：『妾自謂能相天下士，必無謬誤。』只因貧富懸殊過鉅，婚事未成，反落責難。女乃欲自謀，某夜自訪張生，生方夜讀驚問何來，言詞吞吐，生正色卻之，女泣曰：『妾良家子，非淫奔者，徒以君賢故願自託。』生曰：『得人如卿有何求。但有不可如何者三，故不敢輕諾耳。』又曰：『卿不能自主，則不可如何；即能自主，我父母不樂，則不可如何；即樂之而卿之身直必重，我貧不能自措，則尤不可如何；卿速退，瓜李之嫌可畏也。』女歸去，阿喜怒其淫奔，欲以鞭責，女實告之。阿喜歎曰：『不苟合，禮也；必告父母，孝也；不輕然諾，信也。有此三德，天必祐之，其無貧也已。』未幾王進士因遷官，經阿喜撮合，而嫁張生。王進士新任半載，夫妻雙亡，皆歿於任上，阿喜煢孑一身，依尼庵而活，巧遇青梅，二人共事一夫。曰：『虛正位以待君久矣。』一夫青梅艷而黠，年幼命途乖舛，先爲母棄，後賣爲婢，然自求多福，復對主子報之於正位也。青梅報主於正位，忠也；識人者，智也；自謀之，福也，天豈不祐之乎。異史氏曰：『……曾儼然而冠裳也者，顧棄德行而求膏粱，何智出婢子下哉。』

十、小翠（卷九）：小翠者，雌狐也，其母受王大常之庇獲而逃雷霆之劫，王大常後雖進士及第，大富大貴，生子元豐絕痴，邑中無不知者，年十六歲尚未論婚配，其母將小翠配之，以報其恩，元豐雖痴，小翠性憨，嬉笑無常，二人則爲痴兒顛婦，惹出無謂煩惱，不知幾許，翠於王家三載，從未與元豐同床共衾，王母頗爲不安，一日，翠以沸湯鼎蒸元豐幾死，待甦醒後，其痴已愈，無異以常人，自此二人琴瑟調和，形影不離。年餘王太常因案奏劾罷官，擬以價值連成之玉瓶一隻，賄賂當道，被翠不慎失手跌碎，太常夫婦二人，怒不可遏，交口謾罵，翠忿而出，告元豐曰：『我在汝家，所保全者不止一瓶，何遂不少存面目？實與君言，我非人也，以母遭雷霆之劫，深受乃翁庇翼，又與我二人有五年夙分，故以我來，報曩恩了宿願耳。身受唾罵，擢髮不足以數，所以不即行者，五年之愛未盈，今何可以暫止乎？』盛氣而出，追之已杳，元豐痛不欲生。相思之苦，日夜禱祝，均未如願。又二年，元豐於郊道荒園中偶遇小翠，與翠歡聚，翠因不育，乃勸元豐再婚，遂娶鍾太史之女為妻，鍾女面貌，舉止、言談與翠並無二樣，乃悟鍾氏之姻，為翠先代謀之，以慰他日之相思耳。偉哉；小翠，除為其母報恩，嫁以癡男，屢受垢辱，並為王家治愈癡兒，復代媒鍾女，先化容貌，以續王氏宗祧，並慰別離之苦，而自絕夫妻之情義，成全他人之恩愛，悄然離卻想思之苦，一身受之。異史氏曰：『……月缺重圓。從容而去，始知仙人之情，亦更深於流俗也。』

十一、阿纖（卷四）：阿纖者，鼠精也。高密奚氏，貿販為業，往來蒙沂之間，某次途經西道，偶遇陰雨，假村中暫避於村叟家中，叟女阿纖年已及并，窈窕秀麗，風致嫣然，乃為弟三郎求婚。婚後伉儷情篤，家境日豐。一日，奚山復至西道，得知鼠精之事，深疑阿纖，舉家不免竊竊私議，皆為三郎隱憂，阿纖察知後，夜與三郎曰：『妾從君數載，未嘗少失德，今置之不以人齒，請賜離婚書，聽君自擇良偶。』三郎不允，女又曰：『君無二心，妾豈不知，但眾口紛紜，恐不免秋扇之捐。』三郎再四慰之。然奚山終不釋疑，覓善撲之貓，以觀其變，纖雖不懼，而芥蒂已存於心矣。一日，辭三郎，謂母有恙而別去，未再返回，次晨三郎急往視之，室內已空，大駭，四方找尋，均無蹤跡，倍極思念，寢食俱廢，唯父兄皆以為幸，俟之有年，三郎終思阿纖不衰，又數年，家境日困，眾方憶阿纖矣。未幾三郎堂弟，路遇膠州，聞昆鄰婦女哭之悽涼，訊問之，知為阿纖。女慘然曰：『我以人不齒數故，遂與母偕隱，今又返而依人，誰不加白眼，如欲復還，當與大兄分炊，不然求乳藥行死耳。』三郎急迎之歸，後三郎日豐其兄日貧，阿纖迎翁姑以待之，並週濟奚山，三郎謂阿纖不念舊惡。非也，阿纖果不念舊惡，何與其兄析產，阿纖自嫁三郎家境日豐，離去後，家境日困，再聚析產後，三郎日盛，奚山日衰。是否阿纖從中作祟，原文雖未交待，終不免令人置疑。又阿纖本為鼠精，受其兄懷疑，自當忍之，負氣出走，夫婦分離之苦，其責豈可諉乎。阿纖誠謂「小家子氣」，實不足取耳。

十二、蓮香（卷二）：蓮香為西山之狐也，假西鄰妓女之名，踰牆而就桑生，情投意洽，自此每三五夕一至，習以為常。一夕，桑生獨坐凝思，女鬼李氏飄然而入，夜宿雞鳴而去，遺繡舄一隻予桑生，囑於無人之時方可賞玩。桑生週旋於兩女之間，雙斧伐桂樹，日趨枯槁，蓮香見狀，疑其行徑，遂訂十日之約。李氏無夕而不至，十日後，蓮香來時，生神氣蕭索，大駭，曰：『殆矣！十日不見，何益憊損，保無他遇否？』桑生終疑其妒，蓮香無以自白，復訂百日之約，當視臥於病榻中；拂袖而去，留之不可。由是李氏夙夜必偕，經兩月後，初覺大困，更漸羸瘠，再經數日，沈綿不起，桑生於此時方疑李氏，乃謂李曰：『吾悔不聽蓮香之言，一至於此！』言訖而瞑，復甦後李氏已杳，枯臥病榻，望蓮香如渡歲也，一日，蓮香搴簾而入，於榻前哂曰：『田舍郎我豈妄哉？』生哽咽良久，自言知罪，乞為拯救。蓮香曰：『病入膏肓，實無救法，姑來永訣，以明非妒。』乃解囊出藥授之。

夫蓮香狐也，不媒而合，與禮有虧，封建時代中，視為苟合，亦為淫奔，為人不齒。

然蓮香之對桑生情義，出自誠摯，明知李氏之事，不以爲妒，乃訂百日之約，於此百日，先予採藥，以待桑生病入膏盲，自明是非而出藥救之。如是三月，桑生全癒，蓮香謂桑生曰：『窈窕如此，妾見猶憐，何況男子？』狐者，如此深情，如此厚德，人歟？未必有如此犖犖大方。美哉！蓮香也。雖未若辛十四娘之雍容達鍊，紅玉之刻苦勤儉，其深情較二者有過之無不及也。志異此則文字依據同社王子章之桑生傳而改寫之，情節發展，李氏借屍還魂，憑三媒六証嫁以桑生爲妻，蓮香不媒苟合，以庶爲嫡，轉嫡作庶，實有虧蓮香之深情，復又蓮香產後暴斃，轉投胎於韋氏，十六年後賣於桑生爲婢，更辱蓮香哉，並乖於人情矣！應共歎息之。

十三、香玉(卷三)：勞山下清宮內，牡丹高丈餘，花大如斗，白燦如錦。另有耐冬樹一株，高兩丈餘，樹蔭約數十圍。膠州黃生，寄讀於宮中，每見花叢中有二女郎往來，待趨出覓之，雖有思慕之情，終不得一親芳澤，徒呼奈何，遂寄情於樹間而歸，白衣女郎忽掩門而入，笑曰：『君洶洶似強寇，使人恐佈，不知君墨客騷人，無妨相親』自言名香玉，寄籍宮中，紅衣女郎名絳雪，爲其義姊。自此每宿必偕，並酬之五絕一首，勝以琴瑟，每使邀絳雪終不至，一夕，香玉慘然而入，曰：『君隴尙不保，尙望蜀耶？今吾別矣！』詰之不言，終夜嗚咽不眠，即旦而去。次日，有即墨藍氏入宮，見牡丹悅之，移去，生始悟香玉爲牡丹花妖也，惋歎不已。牡丹移置後，即已枯萎，生知後，悲痛異常，作五絕五十首以悼之，一夕，生於齋中苦思香玉，輾轉不能成眠，挑燈提筆，苦詠悼時，絳雪推門而入，曰：『作者不可無和。』乃和五絕一首，自此以絳雪，偶聚首之，但不如與香玉之密耳。新歲，生返家中，一夜忽夢絳雪前來，有難請急往宮中救之。生兼程而往，見耐冬樹有礙屋，欲伐之，生急止之，方知絳雪爲耐冬樹矣！後香玉復生於宮中，於原處萌生，再與生重相聚首，三人交往甚密，生常言，他日寄魂於此，當於卿之左。十年後生忽病，謂道士曰：『他日牡丹下，有赤芽怒生，一放五葉者，即我也。』歸後尋卒。次年牡丹花側，果有肥芽突出，一如生言，道士異之，益加灌溉。後老道士去世，其弟子，因其不花，而砍之，未幾牡丹花及耐冬樹均相繼憔悴而死。

夫香玉爲豪放純情之女子也，既知風雅又能知人託終身，花好月圓，以遭天妒，命運乖舛，合而分離，離而又合，婉轉曲折，哀艷纏綿，有如待月西廂下之崔鶯鶯與張君瑞耳。奈何香玉雖有男女之情，未經媒勺之言，卻有夫妻之實，殊不合於禮教之規範，反不如絳雪，嚴守友誼，不因香玉夭折，而乘虛入室，實難能可貴，此高潔友誼誠如異史氏曰：『情之結者，鬼神可通，花以鬼從，而人以魂寄，非其結於情者深耶？一去而兩殉之，即非堅貞，亦爲情死矣！』志異中另一則，《牡丹花妖》，葛巾(卷四)，未若香玉一則曲迴婉轉，但《葛巾．玉版》二人較合於封建時代之婦道也。

十四、青鳳(卷一)：青鳳雖爲小狐狸，在蒲氏筆下特俱有人性化，描述成一情竇初開之少女也，太原耿氏，第宅宏敞，樓舍亙綿，半曠廢之，時生怪異，頗不安寧，故移居別墅，任其荒蕪。其猶子耿去病，生性豪放不羈，欲探究竟，是夜見樓中燈火輝煌，乃進入以覘其異，竟登樓視之，見一老叟偕老嫗及青年男女各一圍桌而坐，席饌甚豐，耿生突入，衆皆驚走，僅留叟一人，互相寒喧，叟乃呼三人重行入席。一一介紹，少年爲其子孝兒，少女爲姪女青鳳，觥籌交錯，主客盡歡，耿生漸醉，屬意青鳳，舉止輕狂，遂不歡而散。耿生心繫青鳳，不能忘情，乃與妻謀遷入樓中居住，妻峻拒之，即獨自遷入。一夜，叟化厲鬼來逐耿生，生以墨塗面，相視而笑，鬼慚而去，數日後遷出以避之。明年，清明踏青歸來，生於道上，見兩小狐被犬追逐，一狐投荒竄去，另一逃至生前，驀耳戢首，似乞援助，生憐之，提衿袍以歸，狐轉身化爲人，青鳳也。鳳曰：『此天數也，不因顛覆，何得相從？然幸矣！婢子必以妾已死，可與君堅永約耳。』嗚呼！青鳳僅爲及笄少女，尚未涉世，竟一廂情願，而與耿生同居，自作偏室，愚蠢至極，實不可恕，狂蕩耿生，是否可託終身，豈可逆料，即未遭難，而從耿生，應稟告其叔，其叔尚不知生耶？死耶？終日懸念，何其忍耶？三年後，老狐遭劫，雖賴耿生救之，此時青鳳方言反哺之恩，爲時似已晚矣！夫青鳳爲一純情少女，只貪眼前男女之歡，不思念養育之恩，又不能思前顧後，荒唐至極。狐夢（卷八）一則記載，畢司農讀青鳳傳，心輒嚮往，恨不一遇，實不足取，依今日之言《老不羞》也。

談狐論鬼爲志異之主題，然鬼者，狐者太半爲各則中之女主人，如胡四相公（卷五）一則，甚少有之。蒲氏著書之時，尚在舊禮教之封建時代，苟合淫奔，均爲不許，在志異中凡踰越禮教規範者，非鬼即狐，似有污衊鬼狐之嫌。當年並非一夫一妻制，富者可一夫二妻，或三妻四妾等，潮流所趨，無可厚非。故志異中，苟合淫奔者，皆爲鬼狐也。如蓮香一則：蓮香；狐也，李氏；鬼也。嫡庶不分，反覆顛倒，以狐以鬼，則無可無不可也。呂無病鬼也，願作康成文婢，夜間自行薦枕，鬼何其賤也。且父況爲文學士，家教何在？青鳳已知耿生早有妻室，而自甘爲妾。竹青（卷三）一則，竹青亦復如是，自願作外室，居於漢陽。青梅之母，狐也，私奔爲程生之妻，而生青梅，程生以狐爲恥，欲討人妻，狐女憤而離去。另對神與狐已有所別；嫦娥（卷十一）一則，嫦娥爲神女則爲正室，顛當爲狐，則爲偏房，狐不如神也。胡四娘雖爲庶出，仍由其父主婚而嫁之，人者，需經三媒六証。神女影射富室之女，則又不然，皆能一夫一妻，如羅剎海市；龍女不克與馬生返蹈凡塵，言明「中饋乏人，納婢可也。」馬生即未再娶之。仙人島（卷八）一則；神女與王勉一夫一妻而終之。雲蘿公主（卷九）一則：安大業已知與神女成婚，苦守之，未有納妾收婢之舉。翩翩（卷七）一則；羅小浮爲神女翩翩所收留，對花城娘子有竊香行爲，但攜子媳歸後，未有提及是否再婚矣，如此，不禁使人連想蒲氏筆下重人神而蔑視鬼狐耶！志異中雖有以狐爲嫡，人爲庶，如長亭一則；長亭歸寧，久不返回，雖未提納妾之說，但非故事情節之主要關鍵也。

今人或論蒲氏思潮先進，於舊道德社會中，倡導婚姻自由，排除舊禮教之束縛。非也，蒲氏所言，不言苟合，便云淫奔，如紅玉、愛奴（卷十一）、蕙芳（卷十）等，並非正常莊重之婚姻，即於今日婚姻，在民法上尚講求要式行爲，希有二人以上爲證，及公開儀式爲之。豈可以苟合，如此草率爲正常婚姻耶？荒唐！荒唐！僅宦娘（卷九）一則：宦娘，鬼也，撮合溫如春與良工婚事後，抽身而去，較爲合情合理也。

蒲氏生於明末清初之際，在舊社會中自不能擺舊脫禮教之拘束，即有新思維產生，而改革之舉，非一蹴即成，乃爲逐步逐步而演進之，雖可言蒲氏主張婚姻自由，而非主張一夫一妻制度。如封三娘（卷八）一則：最後范十一娘欲效娥皇女英之美，二人共事一夫，即以酒將封三娘灌醉後，使其夫孟安仁淫之，由此觀之，蒲氏仍未脫一夫多妻之思想窠臼。況其好友王漁洋，畢際有等皆高宦達貴，豈有不三妻四妾耳。蒲氏於此環境耳濡目染，有何感觸，雖因家貧，不敢有非份之想，何常不羨慕耳，是否以假鬼狐，而吐心聲耶？

悍婦・妒婦與醒世姻緣

志異對閫範，頗加褒揚，沿於舊禮教之習俗，女子應具有三從四德之閫範，方稱之爲賢淑婦女。凡事有正即有負，違反舊禮教所規定之婦女，則爲悍婦、妒婦。志異對悍妒婦女大加貶謫，誠不遺餘力。其所撰十餘悍妒婦女將其悍妒行爲。酷毒手段，描述得淋漓盡致，令人讀後有不勝驚駭之感。悍婦各則中，首推《江城》一則爲代表，其悍妒行爲，亙古未有之。

志異各則之悍妒婦女，應分之爲悍婦與妒婦兩類，其中有悍有妒，不可混而一談，應予分開。妒者：嫉妒本爲婦女之本性，俗稱之「醋罈子」，依常理而言，沒有嫉妒亦即沒有情感，故對妒婦只要不超越禮教界限太多，還是可以容忍之，不必過於苛求。古代婦女未若今日婦女享有婚姻自由之權，採一夫多妻制，對婦女婚姻權利之保障，確實少之又少，嫉妒也可以算作婦女對自己權利之自助行爲，今日則不同，男方若有外遇，女方可以刑法第二百三十九條之規定。訴之以法。或可依民法第一千零五十二條一項、二款之規定，訴請離婚。此爲古代婦女所未能得到之權利。至於悍婦，則不可同日而語之，悍者，潑婦也，其潑辣狠毒，使人望而生畏，江南俚諺：『打公罵婆，拖丈夫下河。』凡不合於禮教，不合乎情理之行爲，均毫無顧忌，爲所欲爲，肆意爲之。一家果有一悍婦，則舉家數十年永無寧日矣！

志異中悍妒婦女十餘則，每則情節即不雷同，各具悍妒之突出行爲，特分錄於下：

江城（卷七）：江城姓樊，是其乳名，與其夫高藩二人，在童年時，即毗鄰而居，青梅竹馬之情，雖後分離數載，復又相遇，舊情復熾，高富樊貧，稍有挫折，終以成婚，而鑄孽緣。婚後江城性格丕變，善怒，又因高生過於溺愛，而養成江城之驕縱任性，潑辣狠毒，鞭撻丈夫，氣死父母，辱罵公婆，殘虐婢女等等惡行，擢髮難數。其中一節狠毒事實，以巴豆(中藥之瀉藥)煮湯供高生之好友王生飲食之，以致王氏上吐下瀉，奄奄一息，幾乎一命嗚呼，其殘暴手段，更有駭人聽聞者，以繡剪剪高生腹部之肌肉，真是令人不寒而慄。本則結尾，江城被高僧噴水教化，其公婆每日晨誦觀音咒百遍，而幡然覺悟，洗心革面，判若二人，如此似過於神話，江城如此悍潑；以理論之，由於高生溺愛縱容而養成。江南俚諺：『月子裡孩兒娘寵的，三日內媳婦夫寵的』。如原文：夫婦相得甚懽，而女善怒，反眼若不相識，辭舌嘲啁，常常聒於耳，生以愛故，悉含忍之。故江城之悍，固屬其本性，而因高生之懦弱而縱容，以致養成其悍，高生不無責任。異史氏曰：『……而惟果報之在房中，如附骨之疽，其毒尤慘，每見天下賢婦十之一，悍婦十之九。……』悍婦於昔日，誠如附骨之疽，除之不去。而今日高生可依民法第一千零五十二條一項三款訴請離婚。然高生懦弱無能，法律則是具文而已，對高生未必有效耳？

馬介甫(卷十)：楊萬石，大名人也，有季常之癖，妻尹氏，奇悍，少有不遜，輒以鞭撻從事，楊父年六十而鰥，尹氏極盡虐待之能事，每日難有一飽，楊生與其弟萬鍾，常竊食供父，絕不敢使尹氏知之，冬日以破衣敗絮而度嚴寒。兄弟二人亦不問之，後兄弟二人至郡中赴試，結識少年馬介甫，相交甚懽，焚香結爲昆仲，試畢，別後若半載，馬生前來大名訪楊氏兄弟，時寒冬，楊父於門前曝陽捉蝨，馬生疑爲傭僕，或告之乃其父也，馬生驚訝不已。楊氏兄弟出迎，馬生欲拜其父，兄弟皆推說偶染微疾，拒以相會，楊妾王氏，妊娠五月，尹始知之，妒不可歇，而鞭妾逐夫，惡行昭彰，不以爲恥。後萬鍾不堪其虐，以石擊尹，並投井而殞，尹氏更逼萬鍾妻改嫁，又虐其子。而學政以萬石畏婦，虐父，喪弟等劣績，而黜其功名。兼家遭回祿，一貧如洗，尹氏棄萬石而去，改嫁屠商，悍潑如故，狂悖猶昔。屠夫大怒，以因刀札其股，穿以毛綆，懸於樑上。屠夫性本暴戾，每於醉歸，稍有不遜，則撻詈不休，尹氏方知昔日施於人之不是，然爲時已晚矣。尹氏虐人行徑，如原文：萬鍾所言：在心之情，卒難中致，家門不吉，蹇遭悍嫂，尊長細弱，橫被摧殘，非瀝血之好，此醜不敢揚也。再尹氏之悍，與萬石懦弱有牽連關係。如原文：遂開篋出刀圭藥，合水授萬石飮之……萬石嘗忿氣填胸，如烈焰中燒，刻不容忍，直抵閨闥，叫聲雷動。婦未及詰，萬石以足騰起，婦踣去數尺有咫，即復握石成拳，擂擊無算。……萬石不語，割股上肉，大如掌，擲地上，方欲再割，婦哀鳴乞恕。……遣萬石入探之，婦股慄心慴，令婢扶起，將以膝行，……等等，萬石果有丈夫氣概，尹氏亦不致如此悍潑。異史氏曰：『床上夜叉座，任金剛亦須低眉，釜底毒煙生，即鐵漢無能強項。……地下已多碎膽，天外更有驚魂。北宮黝未必不逃，孟舍施焉能無懼。將軍氣同雷電，一入中庭，頓歸無何有之鄉，大人面若冰霜，比到寢門，遂有不可問之處。豈果脂粉之氣，不勢而威，胡乃骯髒之身，不寒而慄。……』尹氏之悍較江城尤甚，江城僅禍及其夫高藩一人而已。尹氏則殃及全家，夫父、弟、侄、妾等無一倖免矣！

珊瑚(卷四)：安大成，父早卒，取妻陳氏，小字珊瑚，母沈氏，兇狠跋扈，對珊瑚，虐待異常。安生事親至孝，每以苛責珊瑚，以順其母，仍不得沈氏之懽，安生言：取妻以奉姑嫜，今若此，何以爲妻？不如休之。遂休珊瑚。珊瑚泣曰：身爲女子，不能作婦，何能歸見雙親？不如死。乃取袖中繡剪刺喉，急救未死，暫居安生寡嬸之處。生弟二成，年尙幼，家乏中饋，沈氏急爲生續娶，各方謀婚，因悍聲四揚，遠近皆畏之，無以爲媒。過兩年，二弟漸長，遂先其兄構婚，娶臧氏女子爲婦。臧姑性情暴戾，其兇悍程度，更勝於藍。而倍於母，母或怒於色，而臧姑怒於聲，二成生性懦弱，不敢左右爲袒，其母悍風頓斂，不敢攖臧姑之鋒，反笑顏迎之，猶不得臧姑所喜。二成亦不敢言，生更不敢言。未久兄弟析產？臧姑霸佔良田，荒蕪之地，則歸安生等等。異史氏曰：不遭跋扈之惡，不知靖難之忠。誠所謂，惡人自有惡人魔。沈氏悍繆，其媳臧姑尤過之，沈氏反受臧姑之虐，天理昭然，不可不信耳。此亦非因果循環，世態往往如此耳。此則未見臧姑虐待其夫二成之事，僅見對其姑沈氏而已，至於析產之事，人性皆貪，豈獨臧姑耳。此爲悍婦又一典型也。

大男（卷三）：奚成列先有一妻一妾，妻妾相處融洽，安享齊人之福。其妻歿後，續娶繼室申氏，頗不相容。申氏每每虐待妾何氏，終日吵鬧，恆不聊生。奚極忿怒，離家而去，奚走後不久，何氏生一子，取名大男，申氏更不能相處，勒令分炊，計日授糧，何氏亦不敢多求，以紡績佐食，惟大男資質聰穎，十歲能文，熟師竟難批改矣。大男屢欲知其父，何氏均因年幼而未告之。一日，大男外出尋父未歸。又二年，申氏將何氏賣於富商爲妾，申氏即悍又妒，其惡劣行徑，應在「江城」與「尹氏」之上。本則文字之撰述，卻未若「江城」與「馬介甫」之生動感人，文字情節，顯有鬆弛，最後大男爲他人收容，而金榜高中，何氏又歸於奚生身邊爲妻，申氏改嫁富賈，因悍妒成性，富賈不能容之，而又賣之爲妾。然申氏年逾三十，資色已老，乏人問津，巧又賣於奚生爲妾。原文（卜者言：「小者居大，少者居長，求雄得雌，求一得兩，爲官吉。」）嗟夫！齊人之福，不易享矣！

呂無病(卷十二)：洛陽孫生偶納呂無病爲妾，其妻爲蔣太史之女，蔣氏歿後，孫生本變呂女不欲再娶，呂女屢諫之，乃娶許氏，婚後妻妾相處甚洽，後許氏生一子，皆爲呂女所育養，又四年，許氏病故，巧同邑王天官之女新寡，族人慕其勢，唆孫生娶之，入門，王氏倚仗其父權勢，極爲驕縱，凌上欺下，爲所欲爲，悍繆不仁。對呂女及許氏之子倍加凌虐，孫生不堪其擾，託故進京，以避獅吼。王氏更歸咎呂女，對兒凌虐幾死，呂女難以爲生，乃率乳媼抱兒逃至楊谷後，隻身進京尋找孫生以告，孫生返回，王氏復又大鬧，兒見王氏，驚駭幾死，夫婦返目，各居一院。王氏自生一男，雙手將其揑死，孫生益怒，屢欲休之而不得，直待王天官歿後，孫生數度訟之，而判王氏大歸。王氏自此悍名大燥，歸後三四年，無人敢問之。王氏即不能容前妻之子，何又親手殺死已出之男。嗟夫！「虎毒不食兒」，舐犢情深，禽獸尙且呵護其子，況爲天官府之閨秀矣！其悍若此，令人咋舌，其仗娘家之勢，而放任驕縱，肆意凌虐無辜，誠如原文所載，王氏在罵呂女護兒時所言：『賤婢醜態，豈以兒死脅我耶？無論孫家襁褓物，即殺王府世子，王天官女，亦能任之。』如是婦女，即無舐犢之情，何言鶼鰈之愛耳！故以王氏之悍，反襯呂女之賢耳。

邵女(卷七)：柴延賓，娶金氏不育，性奇悍妒。柴百金納一妾，金暴遇之，年餘被虐而死。柴忿而獨宿，數月不入金房一步。一日，金氏假柴生辰，辭卑禮莊，借酒以博柴生之歡。又僞請媒婆，代物佳色爲妾，陰使拖延勿報，如是年餘，柴生不能久待，而自覓林女納之，金氏表面對林女極爲殷懃，然每事責之極苛，例如：鞋未著正，以鐵杖擊其雙腿，髮未梳齊，則批頰無數，林女不堪甚虐，自經了斷。柴生方悟其奸，永絕琴瑟，男居外室。柴生每欲思得佳麗，以續香煙。後又納士人之女邵氏，避居別業，邵女甚世爲賢淑，尊從禮儀，自行遷回與金氏同居，金氏悍妒如故，因婢女迕逆之事，金氏欲以烙鐵毀邵女之容，女此狠毒，蛇蝎何異矣！舊禮教社會，男子可納妾蓄婢，然妾與婢確無平等地位，往往被嫡婦凌虐，無可申訴，其兇殘手段，或不亞於王氏矣！異史氏曰：女子狡妒，天性然也，而爲妾媵者，又復炫美弄機，以增其怒，嗚呼！禍之由來也。本則邵氏等之女，並未見炫美弄機之舉，卻倍受荼毒，何故？女人生性嫉妒，然也，固不該也。男子納妾蓄婢，亦不該也。夫今日社會，一夫一妻也，佳矣。

以上六則，皆爲悍婦代表也，其悍妒行爲，令人髮指，尚有其他悍妒婦女，略述於下：

邵臨淄（卷十五）：李太學生之妻某氏，未嫁之時，相士推算生辰八字，言其將遭官刑，人皆依其妄，監生何不言庇其妻矣！婚後，妻兇悍無禮，詈罵李生習以常，無日無時皆罵之，李生不堪其虐，而訴之以官，邑宰邵公見狀大怒，曰：『真悍婦也，杖責三十，臀肉盡脫。』異史氏曰：『……邑有賢宰，里無悍婦，志之。……』李生已達忍無可忍之時，方不畏家醜外揚，而求之於官。

杜小雷（卷十三）：杜某家貧，事母至孝，其母雙目失明，惟每日均以美食供奉其母，一日自市中購肉歸，囑妻作肉餡麵餅，以享其母。其妻以蜣螂（俗稱運屎蟲）雜於餡中，臭不可言。

張誠一則：牛氏虐待前妻之子，不使溫飽。段氏一則，段瑞環之妻連氏不育，奇妒，不使其夫納妾，而遭族人欺侮之。閻王一則：李久常之嫂，於妾生子時，陰以針刺其腸。青梅一則：家家悍妒，不讓阿喜進其門。此皆爲妒婦而已。孫生一則：妻辛氏合卺數月，拒行周公之禮。錦瑟一則：蘭氏因其夫貧窮，依其爲生，而蔑視之。申氏一則：士人申氏。家貧，而不聊生，以致夫妻反目，逼其爲盜。貧賤夫妻百事哀，自古依然，何有怨尤耳。西諺：沒有錢的愛情，如沒有糖的咖啡，始終是苦的。

志異中對悍妒之批判，毫不留情，然對悍婦褒揚恭維，卻有兩則，似有違背蒲氏之初衷。

雲蘿公主(卷九)：公主所生次子，生性卑劣，本不欲育之，安生不忍拋棄，遂名之可棄。聘侯氏女爲媳，以管束可棄。原文：可棄漸長，不喜讀，輒偷與無賴博賭，恆盜物償戲債，父怒，撻之，卒不改。……侯雖小家女，然固慧麗，可棄雅畏愛之，所言無敢違，每出限於晷刻，過期則詬厲，不與飲食，可棄以此稍歛。……可棄盜粟出賭，婦知之，彎弓於門，以拒之，大懼，避去，窺婦入，逡巡亦入，婦操刀起，可棄返奔，婦逐砍之，斷幅傷臂，血沾襪履。……侯兄出，罰使長跪，要以重誓，而後以瓦盆賜之食，自此改行爲善，婦持籌握算，日致豐盈，可棄仰成而已，後年七旬，子孫滿堂，婦猶時捋白鬚，使膝行之。可棄若非悍婦管束，勢必傾家蕩產，其喪德敗行，豈堪想像，然能維持一家老小溫飽，保有膏腴之田，此爲悍婦之功也。

仇大娘(卷五)，大娘爲仇家前妻之女，嫁於遠地，性情剛烈，每於歸寧之時，餽贈稍有不滿，即究迕逆父母，忿而離去，其父極怒惡之。仇家遭變，大娘知悉後，率幼子返回，入門，見幼弟侍病母。景象淒涼，不覺愴惻，聞家受惡憐凌虐，不勝憤慨，投訴於官，訟諸博徒，眾懼，斂金賂大娘，大娘先收其金，而後仍訟不懈。大娘乃留娘家，養母教弟，內外有條。里中豪強，少有凌暴，輒持刀登門，竭力爭論，無不屈服。後鮮有與其糾葛耳。

蒲氏對悍妒婦女，貶多於褒，多因舊禮教思想束縛之影響，婦女應有「三從四德」之閨範，「出嫁從夫」鐵定不可更改之規矩。故對悍妒婦女之筆伐，令人血漲髮指，形容閨中悍妻妒婦，如附骨之疽，其毒尤慘，終身除之不得，於馬介甫一則中，異史氏曰：百年鴛偶，竟成附骨之疽，五兩鹿皮，或買剝床之痛。等語對悍婦之貶斥，不遺餘力。可見其對悍妒婦女，恨怨之深，難予比喻。然亦有例外，對雲蘿公主。仇大娘兩則，略加讚許，於雲蘿公主一則中，異史氏曰『……然砒附天下之至毒也，苟得其用，瞑眩大瘳，非參苓所能及矣。』韓退之於進學解所言，「牛溲馬勃，敗鼓之皮，俱收並蓄，待用無遺者，醫師之良也」誠然耳。

蒲氏筆下所撰悍婦十餘則，其他傳奇各則中，或多或少，均有提及悍妻妒婦之事，蒲氏爲何如此痛恨悍妒婦女，應有其緣故存在。誰是悍婦？研究志異一書者，對此問題討論尚少。研究《醒世姻緣》一書者，則將悍婦列爲討論主題。研究人士，首先均疑蒲氏之元配劉氏，後發現謬也。河東獅吼非爲劉氏，季常之癖更非蒲氏。依蒲氏族譜記載，蒲氏十八歲（順治十四年）完婚，劉氏僅十五歲，尚爲髫髮稚女，何有獅吼之能力。劉氏先蒲氏兩年謝世。按蒲氏自撰《元配劉孺人行實》所載：劉氏應爲賢淑婦女（蒲氏鶼鰈情深，文字自有庇護之情）。（其原文：「入門最溫謹，樸訥寡言，不及諸宛若慧黠，亦不似他者與姑誶謑也，太孺人謂其有赤子之心，頗加憐愛，逢人稱道之，冢婦益恚，率娣姒若爲黨，疑姑有偏私，頻偵察之。」……「松齡遠出，得甘旨而不自嘗，緘藏待之，每至腐敗。兄弟皆赤貧，假貸爲常，並不冀其償也。」嘗曰：「吾常受乞而不乞於人，爲幸多矣。」其悍婦爲誰，業已明顯爲其嫂也。冢室二字於青梅一則中亦有之。李生納阿喜時，阿喜入門參拜冢室，冢室故悍妒，才逐而出。又娣姒二字，依文字解釋，兄弟之妻室也，長稱幼者爲「姒」，幼稱長者爲「娣」。亦即妯娌二字也。然蒲氏族譜言，蒲氏昆仲共五人；長兄兆箕早歿，未婚。次兄兆專，妻韓氏。三兄柏齡，妻黃氏。蒲氏松齡行四。五弟鶴齡，妻張氏。其嫂共有二嫂韓氏及三嫂黃氏，究爲何人，遽難定論。醒世姻緣傳考：三，書中人的索隱，亦未明白指定何人，蒲氏文集卷十之怕婆經疏及妙音經續言（此篇與馬介甫一則中異史氏曰之妙青經續言略有相同），亦未能尋獲蛛絲馬跡，故不敢臆測之。另一悍婦刺激蒲氏者，爲郢中詩社詩友王鹿瞻之妻（郢中詩社詩友尚有李堯臣字希梅、張篤慶字歷友），王鹿瞻懼內，未能慎辦其父之喪，而以書函痛斥之（蒲松齡全集卷五），其文：「兄不能禁獅吼之逐翁，又不能如孤犢之從母，以致雲水茫茫，莫可問訊，此千人之所共指，而所遭不淑，因人猶或諒之。……聞君諸舅將有問罪之師，故敢漏言於君，乞早自圖之。若候公函一到，則惡名彰聞，永不齒於人世。」此函義正辭嚴，足有鎮懾之意。蒲氏尚有《怕婆經疏》一篇（蒲松齡全集卷十）：全篇誠句句錦繡，字字珠璣，較妙音經尚猶過之（因此篇其他書刊未見，特錄之。）

人之大倫有五，婦處其終；妻之出條有七，妒居其首。慨自陽綱不競，遂而陰冠相尤，雌教成風，醋河失岸。始以情而生愛，後緣愛而成畏。或惜面目而莫敢言，或賴家室而不敢怒。因笑語之失，笞膚惟嘻；誠毒厲之端，置親亦忍。致使長舌，日益驕橫；極而唾痕，指痕偏乎身，夜鮮全面；兼之怒氣，威氣盈於室，晝無輟聲。順承則婢膝奴顏，稟令則雷驚電震。視父母如奴隸，覷媵妾勝寇仇。蛇蝎心，鴟鴞腹，斬而蒸嘗，羅刹貌，刀劍唇，殘彼鶺鴒。更有衣繡公子，堪畀列鼎大人，出門則叱吒風生，入戶則語言屏息。骯髒七尺，床前之跪拜無端；脂粉獨陰，閫內之刑惡日逞。若袁寵之剔容剜目盡然，即王導之長麈短轅亦鮮。毛嬙、西施之顰笑，尚可言哉？鳩盤！嫫母效威靈，何堪說耶？鬼神為之憤怒，天地為之慘瞑！徒羨揮金買笑之豪俠，辭家他出，彼青樓猶有私，獨憐嚙虀嚼鹽之措大，株室守規，我白頭又何罪？閻浮鑒怕婆國裏，大千入懼內場中。列女傳未可解妒，內則篇不能諭悍。風化因茲大壞，聖道於此遂窮。賴有降獅之尊，施金剛之力，妙音演自西方，輔以伏雌教主，發菩提之心，譯傳流及中國。義夫讀而生勇，懦夫誦而立維，庸婦聞之驚心，悍婦聞之息惱。然梵眾不事講誦，而佛經遂至湮淪，不以付諸剞劂，何以偏及耳目？功與眾成，背遂人願，舒古今之公憤，脫貴賤之天殃。噫！免教沈淪獅吼窩，從此躍出醯醢甕。

此疏文描述懦夫之無能，與悍婦各則而成對比，懼內之始，因情生愛，緣愛成畏，久而久之，而成懼內懦夫，悍婦之成，則以陽綱不振耳，若靠佛經解脫，乃為迷信之語，豈可信哉。夫妻有義，相敬如賓，同甘共苦，佳耦天成，方為齊家修身之道也。

醒世姻緣是一部以白話文撰寫之懼內小說，洋洋灑灑百萬言之鉅著，共一百回之章回小說，原著者「西周生」然藜子較定。「西周生」是何許人也，民初清末幾十年時間，多少學者化費無數光陰及心血考證「西周生」：這位先生。民國二十五年六月世界書局將此部鉅著出版。筆名「苕狂」：先生於民國二十四年十二月二十九日寫了一篇《醒世姻緣傳考》刊於書前。諸多學者考證作者之真面目，猶如今日研究《金瓶梅》作者「

蘭陵笑笑生」一樣之熱心，苦心孤詣之鑽研，總算找到「西周生」之真面目。

胡適博士經過精密考證：於民國四十一年十二月一日在國立台灣大學講學，《治學方法》一篇中提到考證「西周生」之考證事項。（摘錄於下）

醒世姻緣約一百萬字，我整整花了五年工夫，做了五萬字的考證。

西周生究竟是什麼人？我作了一個大膽假設，這個假設可以說是大膽的，我認為這部書就是聊齋志異的作者蒲松齡寫的。

我的證據是在聊齋志異上一篇題名江城的小說，這個故事的內容結構與醒世姻緣一樣，不過江城是一個文言短篇小說，醒世姻緣是白話的長篇小說。

我又用語言方法，把書裡許多方面找出來，運氣好，正巧那幾年國內發現了蒲松齡的幾部白話戲曲，尤其是長篇的戲曲，當中一篇是將江城的故事編的，我將這部戲曲的方言找出來，和醒世姻緣裡面的方言詳細比較，有許多字集成為一個字典，最後證明醒世姻緣和江城白話戲曲的作者同一個小區域裡的人。（按：蒲氏俚曲禳妒曲為江城一篇所改寫的。）

後來有位廣西桂縣學生來信告訴我，乾隆時代的鮑廷博他說留仙（蒲松齡）除了聊齋志異以外，還有一部醒世姻緣，因鮑建博是刻書的，曾刻聊齋志異的。

茗狂先生之考證：重點如下：

懼內之原因有三：愛之太過；本身太糟；難言之隱。此三項與蒲氏之《怕婆經疏》所提各點有不謀而合，悍婦最初由懦夫養成，久而久之，習慣成自然，而變婦唱夫隨，獅吼之聲響徹雲霄矣。

依胡適博士所考証而作有條理之科學比對，將江城與醒世姻緣共作八項具體對照。

依志異中悍婦各篇：馬介甫，孫生，大男，邵氏，呂無病等則之悍婦特點而比對之，共有九項。

民國十八年於北平購得鄧之誠所著《骨董瑣記》一本，卷七記載有關蒲留仙的一條：

聊齋志異，乾隆三十一年萊陽趙起杲守睦州，以稿本授鮑以文廷博刊行。余蓉裳時客於趙，爲之校讎而正焉。鮑以文云：留仙尚有醒世姻緣小說，實有所指。（以上記載與事實不符。）（按：張景樵先生考本所記趙起杲守「嚴州」。苕狂先生轉記鄧之誠氏所記「嚴州」。中國古今地名辭典所記，睦州，隨置，改爲遂安郡治雉山縣，唐復雉山縣。嚴州於桐廬，置嚴州建德縣，明初改爲建安府，後改嚴州府，清因之。今屬浙江建德縣。）

民國十九年經小說掌故專家孫楷第於北平中海時信函告之，醒世姻緣所記地理，災祥，人物三項，和濟南府屬各縣的地志，參互比較，書中的地理實是章邱淄川兩縣。著書時代在崇禎康熙時，至早不得過崇禎。作者似是蒲松齡，否則也必是明清之間的章丘人或淄川人。

北平樸社印出一冊，聊齋白話韻文，是淄川馬立勛先生從淄川一個親戚家得來的，中間有六篇鼓子詞；問天詞，東郭外傳，逃學傳，學究自嘲，除日祭窮神文，窮神答文等等，可知蒲松齡能作極好的白話文學。

徐志摩先生之批評：

你要看醒世姻緣因為這書是一個時代(那時代至少有幾百年)的社會寫生，現在最盛行的是寫實主義。……我們的蒲公才是一等的寫實大手筆，你看他一枝筆就像是最新的電影，不但活動，而且有十二分的聲色。更妙的是他本人似乎並不費勁，他把中下社會的各色人等的骨髓都挑了出來給我們賞鑑，但他從不露一點枯涸或竭蹶的神情，永遠是他那從容，他那閒暇，我們想像他口邊常掛著一痕『鐵性的笑容，從悍婦寫到懦夫。……(本節轉錄醒世姻緣茗狂先生所載之傳考。)

據徐志摩先生所述，醒世姻緣確實爲一部不可多得的寫實鉅著，其內容之晁大舍因射死仙狐，仙狐轉世投胎爲薛素姐，晁大舍轉世爲狄希陳，二人結爲秦晉，素姐爲報冤死之惡氣，而百般報復凌辱其夫。情節結構與《江城》一則，大同小異而已，江城爲文言短篇小說，醒世姻緣則依江城爲範本，以白話文放大成爲一百回百萬言之著作。也是一部山東方言之鉅著。推行白話文不遺餘力之胡適博士，當然是倍加讚許。當然醒世姻緣有其傑出之處，雖爲百回鉅著，誠如徐志摩先生所言：從不露一點枯涸或竭蹶。其情節與文筆卻似流水行雲，絕無拖泥帶水冗長累贅之感，並且文字細膩情節幽默，使讀者不時可有會心之微笑。其中甚多山東方言，兼葷帶素，毫無道學先生之意味，令人叫絕。特抄幾例；

第四回，那藥煎好了，晁大舍拿到床前，時珍哥扶起，靠了枕頭坐下，先將化開的丸藥呷在口裏，使湯藥灌時下去，喫完藥，下邊一連撒了兩個屁，那肚脹就似鬆了些的，又停了一會，又打了兩個噯，更覺得鬆了好些。也掇的氣轉了。……

第五十六回：幾次乘他公公睡覺時，暗自拿了刀要把公公的××割了，叫他絕了慾不生孩子，免奪他的產業，又好作了內宦，再掙家私與他。……就在窗外發作起來罵說：『扯×淡的臭淫婦！臭歪辣骨私窠子！不知那裡拾了個坐崖豆頂棚子的濫貨來家，野雞載皮帽兒充鷹哩！我換不換，累著那臭窠子的×事。……

第六十七回：聲聲只說：『該千刀萬剮的死強人！從幾時敢這們欺心！我合你過你娘的臭×日子。』……

第六十九回：素姐道：『你只管嚎，嚎到幾時？沒的那閻王爲你哭就饒了他不割舌頭吧？我待走路哩！你等著你爹死了，你再來哭不遲。』……

醒世姻緣除了用最通俗文字，把書中人物描寫如此生動，增加無比情趣，然終未脫章回小說之窠臼，在每回開始，均以詩或詞爲開場白。亦有話本小說之意味，文章寫得關鍵之處，「有詩爲證」，而以詩或詞作爲點綴，其詩及詞對書中人物當然極爲恰當，旨在表示其文字造詣耳。特錄幾例：

第五十回：花娘莫信已從良，刻刻須防本是娼。休恃新人恩倍厚，直思舊友技偏長。守宮深恨緣縲紲，出閣惟圖翮羽揚。說謊繡江臧主簿，想來前世出平康。

第六十回：『蘇幕遮』！琴瑟好，藁砧柔，三生石上，一笑定河洲，此言契洽兩相投。姻緣不偶，恩愛總成仇。心似虎，性如牛，春山兩葉，一蹙有吳鉤；殺機枕上冷颼颼，才郎囚繫，令正作牢頭。

第六十一回，《鷓鴣天》：崔生抱虎卻安眠，人類于歸反不賢，日裏怒時揮玉臂，夜間惱處蹺金蓮。呼父母，叫皇天，可憐雞肋飽尊拳，誰知法術全無濟，受若依然枉費錢！

第二十回：文中描述《明山鎮》之風景，有滿江紅五闋：包括春夏秋冬四季，錄第一闋，描述風光：

四面山屏，煙霧裏翠濃欲滴，時物換，景物相隨，淺紅深碧。滴水幾條寒似玉，晶簾一片塵凡隔；古今來，總彙白雲湖，流不息。屋魚鱗，人蟻跡，事不煩，境常寂。遍桑麻禾黍，臨淵鯉鯽。胥吏追呼門不擾，老翁華髮無徭役，聽松濤鳥語讀書聲，盡耕織。

以上詩、詞僅錄幾首為代表，其風格直逼唐宋，讀之使人蕩氣迴腸，全書宋詞不下四十闋，惜未收入蒲氏全集詞集之中，是一憾事耳。

蒲氏對悍妻妒婦，恨之入骨，除志異各則之外，特撰著此醒世姻緣而詬責之。凡事應相對而非絕對，有悍婦必有懦夫。然蒲氏對懦夫未予苛責，其中道理何在？誠如後人推論其悍婦為其長嫂，如是其懦夫則為其兄長，手足情深，自該偏袒之。怕婆經疏中所述，悍婦之養成，在於懦夫。乾風不振，牝雞司晨，理所當然，悍婦之元兇實為懦夫也。蒲氏雖口誅筆伐，責悍婦無地自容，卻赦懦夫不聞不問，有欠以允，顯有捨本逐末之意，令人不平矣！婦人難養也，自古依然，欲防閫威，須先振乾綱，方是治本之道也。

崇儒・尚佛(一)

我國自春秋以降，思想及學術異常發達，諸子百家，各放異彩，史稱之爲學術思想之黃金時代。秦代統一六國，以商鞅、范睢、李斯等爲相，法家思想，治理國事，嚴政厲治，民不堪聊生。待漢滅秦楚，中原安定，庶民飽經幾百年戰火動亂之蹂躪，而求安定，思黃老之術，而成無爲之治，以文景之治爲代表。新莽亂後，東漢設五經博士，尊儒學，攘百家，自此儒學於歷朝各代之治國之本也。而以四維八德教化人心，如西晉李密之陳情表中：「伏維聖朝，以孝治天下」此乃孔夫子所倡孝道也。唐以降，科舉制無不以儒學爲取士之命題。宋明理學家更闡揚之。明末，黨錮之禍，傾軋劇烈，非東林黨勾結閹宦魏忠賢將東林黨一網打盡，東林黨人士之學術修養及節氣，對後代士人影響極爲深遠。楊璉、左光斗之輩雖死不屈。左光斗門生史可法受其薰陶，秉承浩氣，堅守揚州，城破殉國，慷慨成仁，以致清兵屠城十日。明代儒學大師王守仁之良知良能更綿續士大夫之浩氣，大丈大應頂天立地，無愧於後世之感，蒲氏爲歷代書香，自不免受儒學薰陶。以其蒲氏年譜其世系中記載：叔祖父生汶於明代曾任玉田縣知縣，事親至孝，聞母病篤，竟嘔血而卒。父槃亦飽學之士，蒲氏昆仲五人，除長兄兆箕早夭外，餘四人，三人均能入泮爲秀才。蒲氏四十九歲時(康熙二十七年)，爲其族譜作序：「……萬曆間，闔邑諸生，食餼者八人，族中得見六焉。嗣後科甲相繼，雖貴不及崔盧，而稱望族者往往指屈矣。……」蒲氏家風之正，修齊之道，賡續綿綿，未予間斷。故志異以儒學思想爲經脈，是可預見。在傳奇各則中均有標榜孝悌節義之旨意頗多，略舉數則述於下：

鍾生(卷九)：鍾慶餘應南鄉試，聞道士，知人休咎，慕而訪之，道士告之曰：『君心術德行可敬也』又曰：『子福命至薄，然今科鄉舉可望，但榮歸後，恐不能復見尊堂矣。』鍾性至孝，聞之涕下，乃欲掇試而歸，道士曰：『若遇此以往，一榜亦不可得矣。』鍾曰：『母死不見，且不可復爲人，貴爲卿相何榮焉？』鍾生孝行感人，爲盡人子之道，而棄金榜之榮，苟若侍親數日，而無愧於天下之間矣。其他如田子成一則(卷十二)：田子成溺於洞庭湖，其子宦遊楚襄，子良耜過洞庭，痛哭而返，辭不就官乃尋父屍以歸。夫孝爲百善之先，我國立國以降，如虞舜孝行感天而得天下，歷朝歷代無不提倡孝道耶。

羅剎海市(卷六)：馬駿奇遇與龍女成親，三年後思念慈顏不已，欲求攜眷歸鄉奉侍膝下，龍女以成全馬生孝道而絕兒女私情。女曰：『仙塵路隔，不能相依，妾不忍魚水之愛，奪膝下之歡，容徐圖之。』生泣不自禁，女又曰：『歸養雙親見君之孝，人生聚散，百年猶旦暮耳，何必作兒女哀泣。此後妾爲君貞，君爲妾義，兩地同心，即伉儷也，何必旦夕相守，乃謂之偕老乎？……』又其致馬生書云：『……獨計省姑亦既抱孫，曾未一覿新婦，揆之情理，亦屬缺然。歲後阿姑窀穸，當往臨穴，一盡婦職。……』年後馬生母喪，出殯安葬時，有女子哀經臨穴而拜。龍女以盡爲媳之婦德，對姑盡孝，對夫盡節，偉哉！龍女也。故事本屬虛構，然足以顯示封建時代大家閨秀之風範，促使孝、節之義．殊非一般婦女所能爲之。魚與熊掌不可兼得，終於明智抉擇，爲婦德而捐私情，誠難能可貴也。但龍女慮馬生中饋乏人，可以納婢，不可續絃，正室之位，豈可拱手讓人，此乃婦女妒性之本能耳！不必苛責。蒲氏於當時封建時代，尚未有一夫一妻之觀念，置妾納婢，不以爲迕，恐非龍女之意願耶？

曾友于（卷三）：曾友于，名悌，友于為其字也，昆陽地區名士。其昆仲六人，嫡生三人，庶出三人，友于為庶出之長。曾父初死未殮時，雙眼淚流如汁，眾皆不解其故，嫡生三人，以孝為長，連結成黨，鄙視友于兄弟三人，每每無端挑釁，友于之弟二人屢欲報復，友于苦勸乃未釀成災禍，其弟二人心中忿恨不平。友于母喪，孝兄弟三人以父之妾，傲慢無禮，公然宴飲如故，且不讓其葬入祖墓。友于雖有不滿，終容忍之，其弟二人，極思報復，友于復以壓制，然兄弟鬩牆，逐漸明朗，更日甚一日，友于勸阻無效，迫於無奈，而遷走他鄉以避之。孝後生子五人，妻出二人，妾出二人，婢出一人。昆仲之間，亦復如是，明爭暗鬥，水火不容，屢屢發生事端，賴請友于出面斡旋，一家禍事，最後無不決於其叔友于，門庭紛爭不斷，唯依友于從中調和鼎鼐，而紛爭少息。嗟夫！入孝出悌，門楣生輝矣！蒲氏撰此則之時，書中人物命名，頗耐人尋味。長曰「孝」（嫡出），次曰「悌」（庶出）。孝不能謙讓於弟，實為不孝。悌則友于於兄弟之間，悌果如其名。兄弟鬩牆，姑嫂勃谿，為人所不齒耳，文字曲迴婉轉，極盡譏諷之能事。子曰：『弟子入則孝，出則悌，謹而信，汎愛眾，而親仁，行有餘力，則以學文。』（論語學而篇）。儒學基本要求，入孝出悌為修身齊家之基本精神。北齊顏之推在其家訓卷一中有關兄弟相處有兩則：

二親既歿，兄弟相顧，當如形之與影，聲之與響，愛先人之遺體，惜己身之分氣，非兄弟何念哉？

兄弟不睦，則子侄不愛，子侄不愛，則群從疏薄，群從疏薄，則僮僕為讎敵矣。如此，則行路，踏其面而蹈其心，誰救之哉？

蒲氏七十歲時（康熙四十八年），其三兄柏齡病篤時，自言適至一處，門懸一匾，大書「黃桑驛」，或謂余當居此，視之，一望無際，止寥落數屋耳。乃作七絕二首以焚之：（一）兄弟年來鬢髮蒼，不曾三夜話連床，黃桑驛裡能相見，別日無多聚日長。（二）百畝廣廷院不分，索居應復念離群，驛中如許閒田畝，煩搆三楹待卯君。（聊齋詩集卷四）。以示其手足情深，然其各集未見提二兄兆專，其悍嫂應是兆專之妻韓氏，此可窺之矣。

阿纖（卷四）：阿纖，鼠精也，高密奚山見阿纖賢淑婉約，為其弟三郎聘之，阿纖過門後，家境日裕，伉儷情深，奚山後知其為鼠精，深恐為禍其弟，而以善撲之貓試之，迫使阿纖知難而退，阿纖發覺後，悄然不告而去，三郎終不能忘鶼鰈之情。數年後三郎與阿纖破鏡重圓。兄弟析居，三郎日富而奚山日困，阿纖移翁姑自奉養之，時輒以金粟周濟其兄，習以為常。如原文：『三郎喜曰：「卿可言不念舊惡矣！」女曰：「彼自愛弟耳，且非渠，妾何緣識君哉？」』此則乃闡釋兄友弟恭，並又敘明夫義妻賢。阿纖者，鼠精耶！有如此三從四德，誠不可多得耳。雖為小家碧玉，卻有大家閨秀之風範。其兄奚山家境日蹇，翁姑有凍餒之虞，而移翁姑自養之。世人心態。多一事不如少一事，少一事則好一事。何須奉養翁姑之劬勞矣！苟以金粟接濟其兄並奉侍翁姑亦可，而阿纖自獨力奉侍之，乃為孝矣。顏氏家訓卷一：治家一則：

婦主中饋，惟事酒食衣服之禮耳，國不可使預政，家不可使幹蠱；如有聰明才智，識達古今，正當輔佐君子，助其不足，必無牝雞晨鳴，以致禍也。

阿纖固有上敘賢慧，亦未有牝雞司晨之舉，然瑜不掩瑕，即知奚山爲其弟，而以善撲之貓以脅之，阿纖既然不畏自應以泰然處之，不必以「小家子氣」一走了之也。

鴉頭(卷七)：王文狎妓「鴉頭」鴉頭性情剛烈，雖於污泥中而不染，於青樓中而守節，與王文一夕綢繆，無限繾綣，乃求終身之託。原文：『女曰：「勿悲，妾委風塵，實非所願，顧未可託如君者，請以宵遁。」』遂雙雙遁去。但明倫評曰：『看定義字，即得可託之人，已脫風塵之外，惟有一逃而已。終身事大，背母小節所不敢拘，況背貪淫之母乎。又：困辱風塵，幸得所託，權其至重，而遁以相從，此絕大志氣，絕大氣識，每以古之哲士謀臣見之。』後鴉頭爲其母(即老鴇)知悉藏匿住處時，其姊來尋。鴉頭云：從一何罪。但明倫又評曰：『見理其明，措詞甚正。』其母趕至，將鴉頭押回，橫加楚毒，欲奪其志，鴉頭矢死不二，守貞如舊，一四十八年。後上文鴉頭終能團聚。異史氏曰：『妓盡狐也，不謂有狐而妓者，至狐而鴇，則獸而禽矣，滅理傷倫，其何足怪也。……』誠然耳！妓盡狐也，狐未必盡妓也，自古以來，盜亦有道，妓亦有道義者，不乏其人，未必盡泯滅人性。然鴇也，滅理傷倫，古今依然。今之私娼寮中老鴇，對販賣人口之雛妓，豈有未不橫加楚毒矣。志異中所撰女子對愛情及節操堅貞不二者，不乏其例，唯對即妓而又狐者，僅此一則而已，蒲氏於封建時代，雖主張愛情自由，婚姻自主，然仍難跳脫儒家思想之窠臼，貞節不可二也。鴉頭特以標榜之，鴉頭獨鍾愛情，更守禮教，雖受老鴇百般楚毒，仍貞堅不移，從一而終，乃言女子貞潔之可貴耳！狐能若此，況爲人乎！何守正評曰：『貞狐』。僅有兩字，係褒也而非評也。

紅玉(卷三)：馮相如，家貧，父子皆鰥。馮生與鄰女(狐)私通，約半年有餘，一晚，被其父發覺而責之：『畜生所爲何事，如此落寞，尚不刻苦，乃學浮蕩耶？人知之，喪汝德，人不知；亦促汝壽。』馮生跪地自投，泣言知悔。翁又責女曰：『女子不守閨戒，既自玷，而又復玷人，倘事一發，當不僅貽寒舍羞。』……紅玉曰：『妾與君無媒妁之言，父母之命，踰牆鑽隙，何能白首？……』此乃理學修身齊家之道也。首重律己，再予律人，不以小善人不知而不爲，不以小惡人不知而爲之。馮生後娶衛氏，美而慧，被邑中惡霸宋某見之，欲以重賂而求衛氏，爲馮生所峻拒，宋某乃強擄佔之，馮父竟被毆死，衛氏不屈而自殉，僅留襁褓兒，馮生戴天之仇，訟之無門，奪妻之恨，報之無路。後爲隱名俠士代誅之。衛氏不屈自殉，爲夫盡節，嚴寒而見松柏，馮生屢欲報戴天之仇，是爲孝也。俠士代報血海深仇，義也，紅玉代育襁褓，歸來重聚，以續舊好，主持中饋，情也。故事層層疊疊，皆以儒學孝悌節義精神爲主。貧賤不移，富貴不淫，威武不屈，皆能爲之。故異史氏曰：『其子賢，其父德，故報之也俠，非特人俠，狐亦俠也，遇亦奇哉。……』

崔猛（卷十一）：崔猛自幼剛強好鬥，屢戒不悛，熟師爲其取名曰「勿猛」。年長後，更喜雪不平，抑強扶弱，不避怨嫌，稍有迕逆，則拳杖交加，被毆者，肢體傷殘，盛怒之時，無人敢勸。惟事母至孝，其母譴責，則唯唯受命，從未違拗，然出門即拋於腦後，每見不平之事而殺人。先有悍婦王氏虐待其姑被殺之。後又有同邑李申之妻有姿色，劣紳某甲圖強佔之，以詐賭誘李生而輸巨款，無力償還，率眾擄之，崔見而不平，夜入某甲家中將甲殺之等等。崔猛確有嫉惡如仇，伸張正氣之舉，封建社會尤以明末清初之時，黑暗重重，弱者只能忍氣吞聲，籠雞案肉，任人宰割，既得不到王法庇護，又無申冤之處。以致俠義豪情之舉，屢見不鮮，此不獨吐露弱者之怨氣，亦爲反抗黑暗之心聲。然冤仇私報，實不足取。故韓非子五蠹篇言：『儒以文亂法，俠以武犯禁。』是叛法也，徒生社會之滋亂耳！儒家亦反對此類匹夫之勇事件。謂之小勇，而主張以仁義教化之；孟子梁惠王下篇有言：『夫撫劍疾視日，彼惡敢當我哉。此匹夫之勇，敵一人者也。……文王一怒，而安天下之民。』儒家主張大勇，拯救黎民蒼生，化解黑暗不平之事也。本則故事，後半撰寫崔李二人共謀平賊，保衛鄉里，實爲壯舉，足堪表揚。然所俘盜寇二十餘人均劓刵之，以致威聲大振，遠近盜寇，聞之喪膽，均不敢犯，而一方賴之以安。崔猛雖義憤填膺，血氣剛毅，然動輒殺人，豈可謂喜雪不平歟？暴戾之氣，躍於紙上。殺人者，非獨王法所不許，又非儒學所難容。田七郎（卷六），紅玉等則均有撰寫俠義之事，顯落入武俠小說之窠臼。蒲氏此數則，似有叛經離道之嫌。

另有二則，小翠，小梅受人庇護以避雷劫，而報恩之，人若知恩不報，豈是不如狐也。

小翠（卷九）：異史氏曰：狐也，以無心之德，而猶思所報，身受再造之福者，顧失聲於破甑，何其鄙也。月缺重圓，從容而去，始知仙人之情，亦更於流俗也。

小梅（卷十一）：異史氏曰：不絕人嗣者，人亦不絕其嗣，此人也而實天也。……死友不忍忘，感恩而思所報，何獨人哉？

志異一書各則，或多或少受儒家思想影響，對孝悌節義均有鮮明闡釋發揚。獨對「忠」一字卻鮮少提及，未見一則公然撰述之。蒲氏於甲申之變（一六四四年）年僅五歲，眼見清兵入關，燒殺淫擄，胡作匪爲（即使康熙皇帝已公然承認），對其心靈烙傷，不言而喻，自激起民族意識。然其又出生於小商賈家庭，生活困苦，迫於現實困境，惟一途徑，賴求於科舉。其夾於兩難之間，以致志異一書，對「忠」則不提之，苟提忠於清廷，則愧對天良，公然不忠清廷，恐腦袋不保，因此只有不提最爲上策。雖然如此，然各則之中，若隱若現，不難窺出其民族思想。如《三朝元老》（卷十）一則：係指明辱罵明代李建泰「忘八無恥」。李某於李闖攻陷北京後，降於李闖大順，清兵入關，復降於清廷，是位不折不扣三朝元老耳！後附一節，提及洪承疇於順治二年（一六四五）清兵攻陷揚州，史可法殉國，屠城十日，清廷下令薙髮，洪某奉旨招撫江南，舊門人朗讀明思宗（崇禎）御製祭洪遼陽死難文一節，顯然痛責洪某出賣民族行為，何嘗不是「忘八無恥」矣。另秦檜（卷十三）一則：岳武穆宋代名將，直搗黃龍，迎回欽徽兩宗，消滅金國，而受秦檜之構陷，父子殉難於臨安風波亭（本案應由宋高宗趙構負責，秦檜僅為執行而已，封建時代，罪不至於帝王，史書記載以秦檜代罪之。）故事內容：青州馮中堂所宰一家，肉上竟有「秦檜七世身」之字樣。後附馮中堂於益都時，建岳武穆廟供民間膜拜。此乃影射岳武穆所欲殲滅金國（女真族），實為清廷之老祖宗也。又庫將軍（卷十一）一則：庫大有以武舉隸祖述舜麾下，受祖某拔擢，任偽周總戎，見周大勢已去，而殺祖降之，後得果報，因其不忠也。（按：偽周係吳三桂於康熙十七年（一六七八）在衡州沐猴而冠，國號為周，改元昭武，同年即卒。）其他如張誠、仇大娘均描述旗兵軍紀敗壞之情事。另以張鴻漸一則改編俚曲之磨難曲第三十三回中，描述北兵可惡情事，如要孩兒一曲：『那北兵真兇頑，擄婦女殺小孩，永平百姓皆流竄。……』等等。再如夜叉國一則：「母女皆男兒裝，類滿制（此三字通行本刪除之）。」及「骨突子」或為影射滿清服制之朝珠也。以此觀之。蒲氏非不欲不評訐滿清，實不敢明目張膽，公然評訐清廷，畏其文字獄也。清廷文字獄極為慘酷，尤以康雍乾三代為最，以順康年代而言有：順治九年（一六五二）程可則科場之獄。順治十八年（一六六一）金人瑞（聖嘆）蘇州學生聚哭文廟案，坐於大辟，共十八人。康熙二年（一六六三）明史案，刻書者，湖州莊廷鑨於次年滿門抄斬，吳赤溟、潘力田二人被株連而磔於杭州。康熙六年(一六六七)沈天甫詩集案。康熙二十六年(一六八七)朱方旦密書案。康熙五十年(一七一一)戴名世南山集案，戴名世遭戮屍之禍，方苞亦遭牽連入獄，被殺充軍百餘人。清廷如此鐵腕高壓，箝制思想，皆爲蒲氏所親身經歷，焉能不畏懼哉？故僅能於字裡行間而吐露心聲，豈敢以文字公然批露之。蒲氏經亡國之痛，又有兔死狐悲之感，志異一書雖未提及「忠」字，實爲忠於明室耳。大陸現出版《小說叢話》第三百四十七頁：平子先生所言：

近日忽有人創說蒲氏實一大排外家，專講民族主義者，謂聊齋志異一書所記之狐，均指清人而言，以「狐」「胡」同音也。故所載淫亂之事出於狐，禍祟之事出於狐，無非其寓言云云。若然，則紀曉嵐之閱微草堂筆記所記載之狐，多盤踞官署者，尤當作寓言觀之。

王培荀之鄉園憶舊錄：……或傳王漁洋先生以千金易志異一書不許，言不足信也。……陸以湉所撰之冷廬雜識卷六：相傳漁洋先生愛重此書，欲以五百金購之不能得，此說不足信。……等等。此說應非空穴來風，清代多人言之，或言漁洋先生欲以五百金代爲刊版出書，爲蒲氏所拒，是否因志異書中冒犯不韙，而拒之，亦未可知也。

崇儒・尚佛（二）

佛教自東漢明帝永平十年傳入中土，逐漸植入人心，上自帝王卿相，下至販夫走卒，皈依佛教日眾。尤於六朝之時，君王更為虔誠，南岸梁武帝蕭衍，北岸周齊等國更倡揚之。並將固有儒家與道家學術溶入於內，儒釋道成為一體，佛教學理而中國化。然未能深識佛學之真諦，盲從膜拜，咸認西方為樂土。誠所謂；未至西方，何知有樂土。如未至恆河，妄言恆河之沙，一般荒謬矣！佛教之宗旨：「無我」。所謂「心無者，無心於萬物，萬物無常。」「夫色之性也，不自有色，色不自有，雖色亦空也」。佛教以無我之人生觀，徹底破除我見，以為生滅假相，了無實在。老子曰：『我之所以有大患者，以我有身，若其無身，我有何患。』莊子齊物論之謂「不知周之夢為蝴蝶歟？蝴蝶之夢為周歟？周與蝴蝶，則必有辯矣。此之謂化。」而儒學以博愛為本，行仁立義。顏淵問仁。子曰：克己復禮為仁，克己復禮，天下歸仁焉。為仁由己，而由人乎哉？（論語顏淵篇）。子曰：君子務本，本立而道生，孝悌也者，其為仁之本歟？（論語學而篇）。以上立論深奧，非凡夫俗子所能瞭解之。此慧根鈍根之分也。

夫宗教乃為教化人心，應聽其道，不必迷信其教。應求知天地萬物之真理。天地之變者；時序；其不變者，天體。昔者曾有言，所不變者，道也。其言已生疑問久矣。道德經有言：『道可道，非常道；名可名，非常名。』世人亦復如此，善雖善，非常善？惡雖惡，非常惡。其所不變者，「教化」。人之本性，受外界教化，變善；受誘惑，變惡。變善變惡，皆受外界影響耳，性本善，性本惡，難有定論，皆為一己之偏也。故聖賢著書言道，無非教化人性。孔孟學說爲我國歷代立國之道，宋明理學派立論；朱熹：格物致知。陸九淵：明心見性。王守仁：良知良能。二程：意誠、心正、修身、齊家、治國、平天下。又：不偏之謂中，不易之謂庸，中庸之道。立身處世之道，以達明德、親民，以致於至善。是故聖賢言善惡，不言禍福，即言禍福，不言果報。善有餘慶，惡有餘殃，禍福無他，乃爲自求之也。智者能爲善而得福，愚者因行惡而遭禍，乃致荼毒衆生。爲求愚者不行惡，不遭禍，免危及衆生時，戒之於心，戒之於行，遂有果報輪迴之說，雜之佛教中而產生。爲善者；成仙得道、永垂不朽。次善者；轉世投胎富貴豪門，福壽榮華。再次者；淪爲貧賤之民，災難折磨，最惡者，打入地獄，打入十八層阿鼻地獄，受盡酷刑苦楚，永無超生之日，此實非佛教之本義。嗟夫！倡導果報輪迴之說者，是否曾被打入十八層阿鼻地獄，上刀山，下油鍋，受盡果報輪迴之苦。不身陷其境，何能言之鑿鑿耳。否則亦如妄言恆河之沙也。佛教本義，以身體和合分離，心靈虛空留影，實爲幻境，終將散滅，視萬物衆生爲一體，大慈大悲，以無我爲諸法之首，而求心無罣礙，無智亦無得，超脫一切塵凡也。

隋唐以後，隋煬帝、唐太宗等君主更篤信佛教，宋元明亦復如此。元本爲喇嘛教，清世祖福臨更甚，統治者更藉佛教之影響力以補助律令之不足，再以輪迴果報之說，而束縛人心。千餘年來，蒲氏生於斯時，自不免受其影響，除孔孟儒家思想外。認爲生老病死，果報循環，是人生於世，必經過程。善有餘慶，自有善報；惡有餘殃，自有惡報。是千古不變之定律。故於志異一書內，提及果報輪迴之各則，爲數不少。若將鬼狐轉世投胎，再配良緣等等，幾乎超過一書中之太半。然其中各則所提佛教教義真諦較爲具體者，恐僅有樂仲一則，餘皆爲果報輪回之論耳。志異本爲小說，談狐說鬼之虛構，故勿以為怪。

樂仲(卷三)：樂仲為遺腹子，未出即喪父，年少缺少教養，縱飲嗜啖，行為放蕩不羈。惟事母至孝，母禮佛虔誠，不茹葷酒，後母病，彌留時，苦思肉。樂仲急切不可得，乃割左股以獻，母病稍癒，痛悔破戒，絕食而死。樂仲悔恨至極，哀悼悽切，復割右股以自責，痊後思母更切，心念母因破戒而死，遷怒菩薩，將所供佛像均焚燬之。惟祀母至誠，每以醉後悲痛不已。然飲酒惡習，日愈放蕩，奴僕優伶均與之飲，為鄉人恥之。未幾家道日落，貧病交迫，臥於家中。適母忌辰，不克上墓，迫於家中設奠祭祀之。病劇昏迷之際，覺有人撫摩，啓目視之，則其母也。驚問現於何方，母答曰：南海。癒後售田四十畝，欲赴南海，鄉人恥其行跡放蕩而拒於同行。途中樂仲醉後，棄之而先行。樂仲乃隨後而行，中途友人招飲，有妓瓊華在座，談笑甚歡，乃招瓊華同往，至南海，鄉人先到已拜畢，未有異狀。樂仲與瓊華二人拜之，海上遍現蓮花，瓊華視之，紅蓮座上皆現菩薩。樂仲視之則其母也，大慟，而躍入海中。少頃，蓮花消失，樂仲仍立岸邊，衣履均未濡濕，而兩股割傷之處，隱有赤蓮在內。瓊華隨之返回，自同往南海，二十年飲食與共，從未有所私也。蒲氏雖有佛學思想，志異各則所提佛理者，以此則最符佛教禪宗思想，諸法空相。佛教首義：眾生一體，作無我之觀，身體之生死，心靈之虛實，皆為幻化，終歸散滅，故視眾生為一體，而生大慈大悲，以無我為諸法之宗，而達到心無罣礙，無所恐怖之境也。生死聚合散滅，了無實在。超脫世界也。在成實宗所言；五根(眼、耳、鼻、舌、身)，五境(色、聲、香、味、觸)等主觀、客觀之分耳。而其他宗派則分物、心二界。物為色法、心為心法。物法亦即五根(眼、耳、鼻、舌、身)外，並加六塵(色、聲、香、味、觸、法)。心法為六識：眼識、耳識、鼻識、舌識、身識、異識等。此各類學說，皆不出楞嚴經所言：『浮根四塵，祇在我面，如是識心，實居身內。』(四塵者：色、香、味、觸、)及心經之五蘊：色、受、想、行、識也。以上所論：四根、五蘊、六塵等項，皆可泯滅人之本性。現代人稱之爲「誘惑」。佛教所言爲「障孽」。故禪宗六祖慧能見五祖弘忍時言：『弟子自心，常生智慧，不離自性，即是福田。』又言：『何期自性，本自清淨；何期自性，本不生滅；何期自性，本無動搖；何期自性，能生萬法。』蓋以自性能含萬法，萬法在諸人性之至善也。夫樂仲與瓊華二十年生活與共，從不有私，飲酒啖肉，一如常人，已破四根五蘊六塵，而達色即是空，空即是色之無我無欲之境界。誠所謂「念念即性，常行平直，到如彈指，便是彌陀」。佛家三藏；定、戒、慧。慧根在於清淨無我，清淨其心，去棄其欲，而免於造孽也。東方人造孽，以求念佛去西方樂土，西方人造孽，則去何處。故迷者念佛求生於彼，悟者自淨其心矣。修道求真，何需寺廟拜佛，心淨即可，三藏合一，佛在心田。前念不生即心淨，後念不生即成佛，集一切雜念則障孽至，卻一切雜念即慧根生。是故六祖作謁曰：『心平何勞持戒，行直何用修禪，恩則親養父母，義則上下相憐，讓則尊卑和睦，忍則眾惡不侵，若能鑽木出火，淤泥定生紅蓮，苦口的是良藥，逆耳必是忠言，改過必生智慧，護短心內非賢，日用常行饒益，成道非由施錢，菩提只向心覓，何勞向外求玄，聽說依此修行，天堂只在目前。』此爲禪宗之真義，亦是佛教真諦，自性清淨，直成佛道。善發于心，眾惡自消，明心見性，人之本矣。此亦如儒學「忠恕」之道也。異史氏曰：『斷葷戒酒，佛之似也；爛漫天真，佛之真也；樂仲對麗人直視之爲香潔道伴，不作溫柔鄉觀也。寢處三十年，若有情，若無情，此爲菩薩真面目，世人烏得而測之哉？』此段評語僅對樂所言，對瓊華未置一詞，且於故事中對瓊華最後對樂仲之子所言：『

……我本散花天女，偶涉凡念遂謫人間三十年，……』。頗有疵議，瓊華因散花仙女，而具仙根，被謫人間數十年，先為妓女，後從樂仲修行，終可得道成佛，無疾而終。瓊華卻係出污泥而不染，妓女生涯，終非久計，苦海無邊，回頭是岸，此確為瓊華之慧根也，此慧根為散花天女被謫下凡矣。若一般風塵女子，而非散花天女，是否無此慧根，則應淪於萬劫不拔之地耳。唉！此已落入話本章回小說之窠臼耶！志異一書以此則談論佛教最後精闢，卻留下如此一大敗筆，令人扼腕矣！本則故事尚有一瑕疵：樂仲娶前妻顧氏，洞房花燭，春風一度，而認男女同居不潔，即將顧氏休去，鰥居十年，去朝南海，返回至閩時，發現一棄兒，年方八九歲，乃為顧氏所生之子。其年齡計算有誤，三會本勘正為「鰥居二十年」（依稿本勘正），青本改為「鰥居十年」，較合邏輯，此或為筆誤耳。

羅祖（卷九）：羅祖，山東即墨人，少貧性豪放不羈，隨軍遠戍北方，三年不歸，託妻於好友李某，後借差假返家時，妻屢言李某道義，羅祖見榻下有男履而疑之，次日託事不歸，囑妻勿候，夜半掩至，見妻與李共臥榻上，大怒，抽刀欲殺之，二人膝行乞之，羅祖復收刀回鞘而去，不知所終，後樵夫入山，見石洞中坐一道人，終年不食亦不動，識者知為羅祖也，過數年，人見雲遊山中，就之則杳，至洞口窺之，蓬蒿成林，坐處並未稍動，塵蒙如故，玉柱下垂，坐化已久矣。羅祖不殺其妻與李某，除具佛教思想之五蘊皆空，度一切苦厄，並有儒家之恕道精神，潑水難收，殺之無益，徒為洩憤而已，非獨觸犯國家王法，更為造孽，冤怨相報，不如恕之，故結冤不如日解矣。嗟夫！人於盛怒之時，奪妻之恨，而可懸崖勒馬，殊非易事，況且羅祖為軍中一卒，胸中少有翰墨，能有如此寬闊胸襟，實難能可貴矣。蓋謂君子無怨，小人有之，君子有德必報德，小人無之，夫君非無怨也，而不報之也，非不報之也，而以德報之也。羅祖君子也。深具儒釋之道也。蒲氏於本則結尾評曰：『今世諸檀越，不求爲聖賢，但望成佛祖，請遍告之，若要立地成佛，須放下刀子去。』（此則未用「異史氏曰」，甚少見之。）夫人之生死，乃求心靈之靜淨，可否能成仙得道，均爲無稽之談耳。北齊顏之推家訓養生第十五：『…… 華山之下，白骨如莽，何有可遂之理？考之內教，縱使得仙，終當有死，不能出死，不願汝曹專精於此。……』顏氏雖篤信佛教，而戒其後人不可深信成仙得道之謬論。（按：佛教坐化，趺坐而死謂之，梵語言死亡，謂之涅槃，又謂圓寂，即歸真返本之意也，坐化乃人久而不食，少食、素食、或言辟穀，不食煙火之食，久而久之，体內養分耗盡而死，屍体乾癟，昔人稱之爲肉身菩薩，即今之木乃伊也。歷代屢見不鮮。檀越：梵語即施主也。玉柱：坐化之人，鼻下流出乳白之液体而凝固者謂之，又名玉筋。）

志異各則以佛學爲體裁者，應以樂仲、羅祖兩則較爲佛學之理論，更爲鎔化儒釋道三家之學術要求。佛教五戒：殺盜淫妄酒；儒家五達德：智信仁勇嚴；道家之「無爲」，亦不外乎仁義禮智信等。而其他各則，談及佛學者，則不出於輪迴果報之說，「輪迴果報」對於慧根（智者）毫無意義，對於鈍根（愚者）則有對品德行爲約束之效用。神鬼果有乎？十殿閻羅何在？傳說中月裡嫦娥一事，一九七〇年美國太空人阿姆斯壯登上月球，未能會見中國這位千古大美人，應該沮喪，而整個中國人應爲氣餒。是故神仙鬼狐，智者則不信，輪迴果報，愚者則深信不疑。因過於深信則成爲迷信，求神拜佛，以求消災延壽，雖作惡滔天，卻認念佛而可免除陰司之處罰，卻以佛法可以護身，終不改其惡，如是輪迴果報對愚者；亦未必有效也。志異中將果報分爲善報，惡報。善有善報，惡有惡報也。

善報：

姊妹易嫁(卷三)：毛生幼時少怙，家貧，就食張家，張父認毛生前途有望，深愛之，而將長女許其為妻，至于歸之日，長女嫌其家貧，而不願嫁之，其父屢加催促，執意不上花轎，其妹勸之亦無效，反被辱罵。妹則毅然決然而嫁之，婚後數年，毛生金榜高中，南宮報捷，官至一品，妹則自是一品夫人。而其姊後嫁至富家，婿為紈褲兒，不事生產，坐食山空，家道中落，乃至竈冷煙熄，典盡賣絕，未幾婿死，聞妹已貴，憤然削髮為尼等情。其妹為解父之困境，不以毛生貧困而代嫁之，儒家之孝也，孝為百善之先，終得佛家之善報。其夫平步青雲，飛黃騰達，妻賴夫貴，貴至一品夫人，榮華富貴。此善報也。其姊先盛後衰，紈褲子弟，家產敗盡，中年夭殂，最後廢身為尼，此惡報也，賞罰分明，果報循環不爽也。本則故事中插有一節：毛生因其妻(妹)髮有頭瘡，欲待解元中榜而換之，一念之差，是年竟名落孫山。後知陰念換妻之諂，急以中止，次年則高中金榜。此乃人非聖賢，孰能無過，知過必改，德能莫王，是仕求於過則無憚改耳！另最後妹贈其姊之綾羅綢緞，內夾百金，其姊未知而退還，並曰：與我金錢，尚可作薪米之資，此等儀物，我何須爾。復贈五十金而收之，其姊因人窮志短，向現實低頭，悔不當初嫁於毛生，為求薪米之資，五十金亦收之，可言悔之晚矣！妹因姊貧而贈金，應以至誠，公然贈之，將百金藏而贈之，姊妹之情何堪，豈可如此戲弄，顯有報復嘲笑之意，大為不該。毛生尚言：百餘金尚不能任，焉有福澤從我老尚書也。毛生作人氣度不夠寬宏。俗語：公侯肚裡可撐船，宰相胸中寬似海。即是老尚書，言詞豈可如此犀利刻薄耳。蒲氏對老尚書未罰予果報及異史氏亦未有所評，是件憾事。另水災(卷三)一則：

農人棄二兒與妻共扶老母至高阜，以避水災之患，至孝也。水退返家後，兩兒仍於床頭嬉戲無恙，是善報也。

惡報：

僧孽（卷十三）：興福寺住持某，因假借菩薩化緣，所得金錢，供於嫖賭，陰司處罰，將其股扎孔，雙腿倒懸之，號痛欲絕。其弟暴斃，被鬼役誤捕，解至陰司，見其兄倒懸之苦，問其解救之道，鬼役告之，欲脫苦厄，必自懺悔而後得。其弟還陽後，疑兄已死，至興福寺時，入門便聽大聲呼痛，見其兄兩股生瘡，膿血橫流，雙足倒掛於壁上，其狀婉如陰間所見，別無二樣，問之爲何倒懸，其兄答言：掛立已痛不可忍，不掛更痛徹肺腑矣。弟告其所見，囑自從速懺悔，兄大駭，遂戒葷酒，拒再淫亂，虔誠誦經，半月而愈。哀哉！陽世積惡，陰司受罰，僧尙不知，其罰收效如何？其弟暴斃後還陽，是否陰司托其轉告，令僧自悔耶？受罰不知其過，何能知過而改歟？智者所不取也。沙門之戒，猶如三軍之令，偶一破戒，衆禍之源，軍令不行，三軍潰矣。一時破戒，衆生知之，一念破戒，陰司知之。積善成福，積惡成禍，自應受其賞罰。三藏者：定、戒、慧。爲僧者，心不能定，自然破戒，破戒則自亂矣，自絕於慧，何能寄身沙門耶？能自懺悔，是除穢生慧，由慧而戒，因戒生定，是修道之本也。處罰豈可不使被罰者知之，謬矣！

韋公子（卷十三）：韋某，咸陽世家子，放蕩無行，欲狎盡天下之妓，凡煙花之所，無不見其蹤影。家中所蓄奴婢亦盡狎之。一日至西安，見一羅姓優童，甚愛之。留連數日，臨別時談及優童身世，始知其母原係韋家婢女，曾與有染受孕，而被賣至羅家，數月即生優童。又一次，韋某即蘇州，名妓沈韋娘，才藝絕倫。逗留數日，試問其名，戲曰：『卿芳名，取予春風一曲杜韋娘耶？』妓答之：非也，妾母原爲咸陽名妓，有咸陽韋公子，曾訂鴛盟，並留黃金鴛鴦作信物，公子一去不返，妾於公子去後八月出世，妾母鬱鬱而終，妾名「韋」字，取之父姓，後寄養沈姓老鴇家中，故名「沈韋娘」也。韋某聞言，驚駭不已，愧恨幾乎無地自容。夜飲時，以鴆酒毒之，嗟夫！朱柏廬治家格言：見色而淫心，報在妻女。韋某之報，報在子女，並以身報之，此則非爲故事，實爲勸世文也。蒲氏苦心孤詣，勸人爲善，戒人爲惡。異史氏曰：『狎婢私娼，其流弊殆不可問，然以已之骨血，而謂他人父亦已羞矣。鬼神又侮弄之，誘使自食其餘，尚不自剖其心，自剄其首，而徒汗投鴆，非人頭而畜鳴者耶？』嗚呼！世事茫茫，實難逆料，無巧不成書，守真行仁，處世之本也。色空空色，看破色空，看破諸法空相，乃至無明盡，始得慧根，棄空之虛，求空之實，真理自顯，至於此境，始能無我，亦所謂中道也。佛何異人，人何異佛矣。

果報不爽：

拆樓人（卷十四）：何某，初任奉中縣令，一賣油人，犯輕罪，堂上言語憨直，頂撞何某，則當堂被扙斃之，後何某宦場得意，家境日豐，興建一樓，上樑之日，賀客盈門，忽見賣油人至，直人後宅，何某不勝驚駭，頃刻，後堂報喜，愛妾添丁，蹙然不悅曰：樓尚未成，拆樓人至矣！人謂其戲言，其子長成後，放蕩無行，傾家蕩產。異史氏曰：『常見富貴家，樓連亙，死之後，過眼已墟，此必有拆樓人降生其家也。身居人上，烏可不早自惕也。』俗語：公門中好修行。好生之德，人皆有之，況爲官宦者，豈可假勢置人於死地耶？

蹇償債（卷十三）：李公樂善好施，常週濟他人。鄉人某，生性疏懶，不事農作，家境日困，後受雇於公，常求貸於公，有借無還。後又借綠豆一石作資本，未幾蝕盡，歷年所欠，不知幾何，無一償還，三年後，某日，公夢某來曰：小人欠綠豆之值，今來償還。公曰：所欠多矣！若要索償，豈止綠豆一石耳！某愀然不樂而曰：受人資助，升斗不容有賴之，況其多矣，定當償之。隨即而去，僕報牝驢生駒一頭，蓋報償也。

念佛消災：

龍飛相公(卷四)：戴某，年少無德，行爲不檢，喜勾引良家婦女，爲鄉鄰所忌恨，一日醉歸，遇其已故之表兄季生，戴某已忘其表兄作古，交談甚歡，季生告之，其惡名昭彰，已淪陷黑暗獄中，拯救之道，惟賴自拔。然爲時已晚，惡貫滿盈，非大善不足以挽救之。戴某聞之，惡行收斂，前與鄰婦私通，乃自絕之，鄰人屢欲掩捉而不得，伺機將戴某推入眢井中，黑暗不見天日，與地獄無所差異，待斃而已，惟宣誦佛號，則能解求，一待數年，後賴其祖先鬼魂相助，重見天日。唉！善惡到頭終有報，只是時間有早遲，惡行已顯，定受責罰，陽世不爲人知而未受罰，陰司記載不輟，以作輪迴之依據，仍處罰不貸耳。嗟夫！宗教爲補足法律之不足，對愚者可生嚇阻作用。諺曰：舉頭三尺有神靈，爲非作歹，則顧及頭頂神所注視之，或可懸崖勒馬，及時回首，重新作人，知過而改之，有益於社會之善良風氣。惟作盡惡事，而告念佛，而可消災，或可延壽，實爲荒唐至極。志異書中，凡於艱難困苦之時，以誦宣佛號，而超生救死甚多。如湯公一則(卷十六)，張誠等等皆有之。佛法無邊，果真如此耶！人於艱難困境遇時，宣號佛號，本屬迷信，僅爲給予心靈之藉慰而已，方做解脫精神苦惱之方法也，並不足以消災延壽。宗教之哲學思想乃助人超脫現實，苦海無邊，回頭是岸。基督教徒於艱難困苦之時，以禱告祈求耶穌以聖靈賜予解脫之。回教徒以復如是，以禮拜而祈禱解脫之。

悍婦果報：

蒲氏對悍婦怨恨之深，已躍於紙上，因其作孽累累，不獨個人受其慘酷之果報，且禍延子孫。馬介甫一則：尹氏虐待其夫楊萬石，並虐楊父，潑悍至極，後棄楊而改嫁屠夫，屠夫暴戾，以屠刀扎尹氏足踝而倒懸之，所得之報，甚於付人耳。邵女一則：金氏悍妒，無人可比，虐待婢妾連死數人，後生心痗，痛苦不已，屢治不愈，非針刺不可，以小痛換大痛，以短痛換長痛，日日病痛，日日針刺耳。閻王一則：季久常之嫂悍甚，其兄之妾生產，其嫂陰於產時，以針刺於腸中，產後腹痛，久治不痊。其嫂後得惡報，臂生惡瘡，潰瘍不能起床，已有年餘。季某被陰司邀至地府，見其嫂手足被釘於門上，問其原由，而代求情釋之，還陽後，轉告其嫂，令即改之，月餘臂瘡癒復。珊瑚一則：臧姑虐待其姑，姑原虐待珊瑚，後受臧姑虐待，果報不爽，臧姑虐待其姑更甚，又霸佔其兄土地，其所生二子皆夭折，連十產而不育之惡報。杜小雷一則：杜妻忤逆，將蜣螂羼於肉餡中作餅供其姑食，其惡臭不能下喉，而被上蒼責罰變爲豬，以警世人。江城一則：江城悍妒爲志異書中悍婦之首，虐待丈夫，虐待翁姑，氣死父母，藥毒朋友，集所有悍妒行爲在一身。其後其翁姑，夜夢一叟告之，每日晨起虔誠朗誦觀音咒一百遍，必當有效。江城並被老僧噀水噴面後，而盡改前。夫悍妒之性，惡性養成，豈可一朝一夕而改之。又豈可以百遍觀音咒而令改之。佛法無邊，果有如此神效耳。呂無病一則：王氏悍妒之盛，不亞於江城，唯孫生有陽剛之氣，不畏獅吼於河東，而將王氏休之，王氏返回娘家，被其兄嫂子侄之冷落，靦顏返回孫家，洗心革面，不茹葷酒，閉門念佛。此則情節較合情理。王氏因娘家親人所不齒之刺激，而幡然悔改，假念經誦佛而彌補心靈之愧疚。非因念經誦佛，以假佛力而訓其惡性痛改之。

輪迴果報之說，非始於蒲氏，遠於北齊顏之推家訓歸心篇，開卷即言：『三世之事，信而有徵，家世歸心，勿輕慢也。』三世者：前世、今世、來世也。蓋自東晉以降，南北分裂，北方五胡爭霸，南方宋齊梁陳嬗遞，局面混亂，兵禍連綿，民不聊生，水深火熱，莫過於此。故人心浮動，在無可奈何之下，以求助宗教信仰保祐之，實自我安慰而已。儒、道兩家學說，雖原遠流長，均教人爲善，戒人爲惡，只論善惡，不言禍福，因此佛教影響力於此時崛起最爲快速，上自帝王卿相，下至販夫走卒，無不依賴佛教信仰而慰藉自己也。如北魏、北齊、南梁等等無不大力倡道。帝王如此迷信，況庸夫愚婦耳！善男信女，深信不疑，果報之說，應時而生。唐人崔塗讀庾信集後作七絕一首：

四朝十帝盡風流，建業長安兩醉游，唯有一篇楊柳曲，江南江北為長愁。

由此詩可證當時人心之恐惶，何況北齊黃門顏之推耳！歸心篇後錄果報七則：試錄一則：

江陵劉氏，以賣鱓羹為業，後生一兒頭見鱓，自頭以下方為人耳。

（按：鱓如鱔字。）

顏氏又曰：儒家君子，尙離庖廚，見其生不忍其死，聞其聲不食其肉。……含生之徒，莫不愛命，去殺之事，必勉行之，好殺之人，臨時報驗，子孫殃禍，其數甚多，不能悉錄耳。此論旨在訓戒子孫，然亦証明，當時士大夫對佛教信仰之深，已達走火入魔之境地，偏離佛教正統遠矣。佛教之主旨，在於求真無我，大慈大悲，其修行之道，引儒家理學言論，天命之謂性，以淨其心。率性之謂道，修身行道。修道之謂教，宏揚教義也。佛之心法，盡載於經，或謂讀經有三益，有啓發之益，有頓悟之益，有印證之益。佛教讀經律，在於去慾存真，與儒家詩書，在於明禮尚義。並無不同，旨在啓發人心向善。心經所言：是諸法空相，不生不滅，不垢不淨，不增不減。又言：無生死，無苦集滅道，無智亦無得。其真義在「無我」。無我豈有色相，何來輪迴果報之說。道家莊周所言：莊周蝴蝶，蝴蝶莊周。誰又知我，我又知誰。因此佛亦是人，人即是佛也。蒲氏雖過於渲染輪迴果報之說，但其篤信佛教，應無疑問，心底有佛，即是福田，心地存佛，到處是佛也。

科舉制度㈠

自秦漢以來，取士任官制度，採用保荐之制，在朝廷有徵召，在地方則保荐等等，如晉李密陳情表所言，保荐爲孝廉及秀才等職。選賢與能是保荐制度最高理想，然日久生弊，形成必然結果，保荐制度漸爲豪門貴族所把持，一般寒士則難有出頭之日。豪門植黨營私，寒士鑽營奔走等流弊，愈演愈烈。九品官制，能者在位，賢者在職之宗旨，久已不復存在，以致形成「上品無寒士，下品無豪門。」一如此現象，尤以東晉，六朝爲最顯著，官爵幾爲世襲，在位者反不能稱職，政治日愈腐敗，朝代幾十年便以遞嬗，君主不得不以寒士代之。清趙翼之二十二史劄記迣云：高門大族，門戶已成，令僕之司，可安流平進，不屑竭智盡心，以邀恩寵。且風流相尙，罕以物務關懷，人主不能籍以集事，於是不得不用寒士，人寒則希榮切而力勤，便於驅策，不得不倚之爲心膂，此時寒士才有漸露頭角之時機。六朝長久混亂局面，朝代遞嬗快速，官制因此由朝代之更換而改變之，科舉制度也隨時代需要而產生。

科舉制度爲錄用寒士之標準，豪門貴族即不足取，任用寒士，以何爲準，則賴於考試之科舉制度。隋代大業年代，煬帝將保荐制改爲進士制，以考試爲進士之依據，並開庠、序、國子、郡縣之學，徵集天下儒生寒士。惜爲時不久，一切制度，未具規模，隋代社稷而淪亡，科舉制度，留於唐朝，唐太宗繼位後，實施開科取士，到晚年科舉制度，已有臻備之態。文獻通考二有段記載：

唐制取士之科，多因隋舊，然其大要有三：由學館曰生徒，由州縣者曰鄉貢，皆升於有司而進退之。其科之目有明經，有進士、有俊士、有明法、有明字、有明算、有一史、有三史、有開元禮、有道舉、有童子。而明經之別，有五經、有三經，有二經，有學究一經，有三禮，有三傳，有史科，此歲舉之常選也。其天子自詔曰制舉，所以待非常之才焉。選舉不由館學者，謂之鄉貢，皆懷牒自列於州縣。

開科取士之制度，雖然如此完臻，然天子仍可特選，豪門貴族保荐陰影，並未完全掃除。經武后及玄宗等朝代雖有改善，受學館影響仍很嚴重。直至安史之亂後，科舉制度方步上正規之途。科舉取士成爲朝廷取才之途徑，因此儒生寒士競爭之劇烈，可想而知，金榜提名之難，亦可想而知矣！至中唐時期，儒生有「溫卷」之舉，在位者有「求知己」之爲，亦即營植私黨，鑽營門路不正常作爲也。學官更維護朱門貴冑子弟，亦復見之，故懷才不遇，屢試不第者，忿恨難消，伺機發洩，至晚唐末年，天災頻傳，不第儒生乘機作亂，如王仙芝、黃巢等。唐代遂以毀滅。五代梁太祖朱溫柄政，將舊時豪門貴族，千載門第，一掃而空。唐代建立科舉制度，取士任官，無奈制度未臻，豪門餘孽作祟，亦可言之，科舉制度對唐代滅亡，不無間接之原因。

宋代取士，大體沿用唐制，至神宗熙寧年間，王安石相國，已深切瞭解唐代學堂與科舉相關作用之弊端，是在於保障貴族既得之權利與魏晉世襲之手法，多一層粉飾僞裝而已，王氏首先整頓太學，立三舍，次遞而升，直升至上舍爲止，以免特賜之弊。對科制度，亦加改革，八股文此時已與科舉試題發生不可分離之關係。池北偶談卷三：

八股：康熙二年，以八股制藝始於宋王安石，詔廢不用，科舉改三場為二場，首場策五道，二場四書、五經各論一首，表一道，判語五條，起於甲辰(康熙三年)會試迄丁未(康熙六年)會試皆然。「按：八股文：一曰制義，又曰時文，又曰四書文。為明清科舉應試文體。源出於唐之帖經墨義及宋之經義，自元仁宗延佑年代定為考試文體，明初又重定體式，至憲宗成化年代，規定字數，共分破題、承題、起講(原起)、提比(提股)、虛比(虛股)、中比(中股)、後股，大結。順治年間，規定四百五十字，康熙年間，改為五百五十字，後又改為六百字，字多無效。習八股文者，可廢書不讀，專鑽研八股文即可，顧炎武曾評曰：『八股文之害，甚於焚書。專制君主，以八股文體拘束科舉考試，實為拘儒生士子之思維也。』

宋代對科舉考試科目一變再變，對經義、策論、詩賦之抉擇，於熙寧變法時，新舊兩黨爭執不休，以致干擾清高之科舉制度。科舉制度，考試取士，極爲公平，真才實學爲朝廷效命，極爲正確，無富無貴，無貧無賤，經由考試之門，而達任官之途，但新舊兩黨，各植心腹，久之恩蔭特賜等情況，復又見之，冗官塞於仕途，寒士不得一位，如文獻通考選舉考七中云：高宗時，中書舍人趙思誠力陳其非。謂孤寒之士，留於選部，皆待數年之闕，大率十年不得一位。趙翼之二十二史劄記：宋開國後，設官分職，尚有定數。其後薦辟之廣，恩蔭之濫，雜流之猥，祠祿之多，日增月益，遂至不可紀極，由此可見，保荐特賜之濫，高登金榜，等閒置散，不得一位，賢能之才，摒棄衙門之外，宋代最後踐踏了科舉矣。

明清兩代，科舉取士制度，力除宋代之弊，然積習難改，雖有改革，僅曇花一現而已。明有荐舉、捐納制度，捐納以穀爲主。清代更甚之，以科目，貢監，蔭生爲正途，荐舉，捐納爲異途。特別是捐納一項，公然行之。順治三年(丙戌)始開科舉，致力改革，曾於順治十年(癸巳)聖諭，揭示學官考試之弊端。

東華錄：國家崇儒重道，各地設立學宮。今士子讀書，各治一經，選為生員，歲試科試，入學肄業，朝廷復其身，有司接以禮；培養教化，貢明禮，舉孝廉，成進士，何其重也。朕臨御以來，各處提學官，每令部院考試而後用之，蓋重視此學員也！比來各府州縣生員，有不通文義，倡優逮卒本身及子第，廁身學宮，甚者出入衙門，交結官府，霸佔地土，武斷鄉曲，國家養賢之地，竟為此輩藏垢納污之所。又提學官未出都門，在京各官開單屬托；即到地方，提學官又採訪鄉紳子弟親戚，曲意逢迎，甚至賄賂公行，照等定價，督學之門，竟同商賈，正案之外，另有續案，續案之外，又有寄學，並不報部入冊。以致白丁豪富，冒濫衣巾，孤寒飽學，終身淹抑。……種種情弊，深可痛恨。)

(「按：東華錄爲清廷內閣檔案，清內閣設於東華門內，爲蔣良驥所編纂，自清太祖至世宗(雍正)，稱東華錄。後王先謙續編高宗(乾隆)至穆宗(同治)五朝與朱壽朋所續德宗(光緒)一朝，稱爲東華續錄。」

此段聖諭道盡了科舉學堂之黑暗，但特賜之事，依然有之，池北偶談卷一：

特賜進士及第：戊戌春，世祖親覆江南丁酉貢士，以古文詩賦拔武進吳珂鳴第一，是年禮闈榜後，上諭特賜珂鳴進士，與中式舉人張貞生等一體殿試，尋改庶吉士。同時崑山葉方藹試瀛臺，賦甚工，上深喜之，踰年己亥秋復行會試，葉中式，賜一甲第三人及第。

此節證實順治爲科舉制度開了後門耶？雖經殿試，其及第純依皇帝個人之意願耳！順治改革科舉制度，確自毀規矩，徒歎奈何！

科舉制度，歷經千年演變，愈演愈黑暗，亦愈演愈繁瑣亦更複雜，形成即嚴又苛一種枷鎖，牢牢枷鎖士子，使其於八股文體中兜圈子，而忠心不貳報效朝廷，順治四年復開科舉，其原意並非延攬才學之士，而是籠絡漢人有識之輩一種牢籠政策。順治康熙等已意識到八股文可束縛士子之思維，以科舉制度取士及文字獄慘酷手段，交遞使用，迫使漢人之士大夫心甘情願爲清廷效命。滿州老佛爺即可驅役英才，又可牢籠士子，而鞏固其錦繡河山，誠一舉數得。清廷雖用心狠毒，然榮華富貴之誘惑，畢竟儒生寒士而嚮往也。蒲氏自不例外，其一介寒士，一旦進士及第，平步青雲，高官顯爵，嬌妻美妾，無不應有盡有。然其除十九歲中秀才後，盡畢生之精力，卻與金榜絕緣，屢敗屢試，屢試屢敗，至古稀之年，沿例授予貢生，抱恨而終。孰不知自明代中葉宦場之上，百病叢生，鑽營請託公然行之，黨錮之禍，結黨營社等惡習，清廷曾力圖改正，然積習已深，未能見效。再加南明未滅，台灣鄭成功義旗高舉，又有三藩之亂，噶爾丹之役等等，年年兵禍，軍費浩繁，國庫空虛，清廷迫於無奈而販賣功名。據鄒弢之《三借廬筆談》卷十一「捐秀才」一節轉載：

潘礱生明經家，有四學采芹錄鈔本：載康熙十四年乙卯，先有廩增附准其一體捐納作貢生之令，十六年復有援納生員之例。凡舉歲科各二次，得捐生員八百二十五名。……許眉叟年譜，記康熙十六年丁巳，魏象樞條陳入學，每學四名，餘每名俱捐銀一百十兩，准入泮。錢梅溪履園叢話云：康熙十七年戊午，奉旨令該直省童生，每名捐銀一百兩，准予入泮，一科一歲，後不為例。

以此段記載，再印證順治十年聖諭，上自朝廷下至學官均販賣功名。蒲氏本為寒士，阮囊羞澀，以舌耕謀生，難能籌得如此巨款，鑽營買官。自十九歲中秀才後，舉人之試，一試不中，再試鎩羽，連戰皆墨，每次均落於孫山之後，非天不祐之也。更非其學養不足也。以孔方兄購買功名，蒲氏無力為之，亦不屑為之。一介書生，秉性鯁直，眼見兩朝腐敗如舊，又見清兵入關前後，燒殺淫掠，無所不為，無惡不為，有識之士，無不深恨痛絕，再況蒲氏文戰皆北，功名竟可買賣，孰可忍孰不忍乎？蒲氏在醒世姻緣一書，第一回即撰述到：晁秀才連科不中，後進京城拜見禮部侍郎，該侍郎在山東任提學時，為晁秀才之主考官，本有師生之誼，經侍郎安排到吏部。卻巧吏部司官亦係侍郎門生，先透露了文題「有人民焉，有社稷焉。」於是晁秀才高中金榜，外放一名知縣等買官賣官行為情節。另第八十三回：「費三千授納中書，降一級調出外用。」描述本書主角，狄希陳化了四千兩銀子，捐納一名武英殿中書舍人。狄某原本不學無術，買到中書舍人之職後，先被一批無賴索取花紅，大鬧特鬧一場。再又是連朝服都不會穿戴，後穿圓領，先脫圓領的規矩都一竅不通，笑話百出。最後，早朝謝恩前一日竟喝得酩酊大醉，誤了卯，等到趕到午朝門時，文武百官已下朝了，狄某誤認爲次日還可再上朝謝恩之怪事。結果降一級下放外用，這還不是銀子在打點嗎？蒲氏已毫不留情的將考場、宦場之黑暗，全部掘發出來，其所以不爲者，貧窮乎？品德乎？

清代朝廷已意識到捐納官職之危害性，然朝廷財政空虛，除討三藩之役，尚有平噶爾丹之亂，年年兵禍，軍費浩繁，入不敷出，不得已出此下策，而自行摧毀科舉制度，這無疑是欽定合法賣官鬻爵之律令矣！清史列傳卷八記載：康熙時，四川道監察御史，陸隴其曾上疏云：「至于捐納先用，大抵皆奔競躁進之徒，多先用之人，即多一害民之人。……夫既以捐納出身，又不能發憤自勵，則其志趣卑陋，甘于污下可知，使之久居民上，其荼毒小民當如何。」朝廷如此制定官爵捐價格，無疑是鼓勵朱門豪富捐納買官也。天下之買賣，焉有不將本求利乎？即化費大把白銀，捐納得一官半職，上任之後，勢必將本求利，大肆搜括，荼毒生靈，官府永無安寧之日，庶民何有聊生之時。加速政治腐敗，政權衰亡。明代如此，正德、萬歷之腐敗，清廷反變本加厲，故自乾隆以後，一蹶不振，而使中華民族百餘年受盡西歐列強侵略之痛苦矣！

女真族在入關以前，松花江畔之魚皮韃子本無文化可言，滿文係由蒙古所蛻變而來，入關之後，亦不重視文化之重要，後鑑於元代蒙古人迅速滅亡之轍，無力掌控中原之廣大版圖，更無法管制數億之漢族人口，前文已提，順治三年恢復科舉制度，並非爲朝廷拔擢賢才，旨在牢籠漢人儒生士子之思維，當時滿人均無庸考試，均官居要津，捐納制度，固爲充實國庫，彌補軍費。然貪贓枉法，漢人荼毒漢人，自相殘殺，與滿州老佛爺又有何干！並正中其懷耳！于去惡(卷十一)一則：尾節有「丁酉文場事發，簾官多遭誅譴，貢舉之途一肅」。其所提丁酉學案爲順治十四年，次年戊戌年簾官吳兆騫以科舉案被流放戍邊。「按吳某爲吳江人，官爲孝廉，順治十五年(戊戌)流放寧古塔二十餘載，康熙二十年(辛酉)始歸。」另尚有康熙五十年(辛卯)江南學案，據清朝野史大觀卷三記載：江南辛卯學案，主考官左心藩，副主考趙普二人肆意收受賄賂，公然無忌，士子怨聲載道，竟有人於貢院門外貼上一付對聯？「左丘明雙眼無珠，趙子龍一身是膽。」可謂至極。雖於次年(壬辰)案發後，總督噶禮(滿人)被黜，主考副主考二人均處死。此確證實清代考試舞弊風氣，較明代更爲劇烈。清廷致所以整飭科舉弊風，並非爲政治清明，只是籠絡人心而已矣！

另舉兩部小說中有關科舉舞弊，其描述如歷如繪，使讀之，歎爲觀止。

鴛鴦針：丁協公，胸無半點翰墨，卻鑽營有術，以三千兩銀子買通主考官，又以四百兩銀子打通謄錄生，將其他考生優等試卷之封面，與丁生考卷之封面對換裝釘，因之，丁生高中金榜，此爲經過莊嚴神聖之典試殿堂所錄取考生，將爲朝廷命官，卻胸無半點翰墨，何能造福黎民而效忠朝廷歟？

平山冷燕：吏部尚書之子張寅，草包一個，試卷文不對題，不知所云。主考官王袞本不欲錄取，卻礙於其父之八行書，不獨命其錄取，且要擢爲榜首。王袞又不能不爲自己出路前途著想，故不敢開罪尚書大人，心情在極端矛盾痛苦抉擇之下，改錄取爲第二名，以求兩全。如此考試尊嚴何在？主考官王袞廉明有餘，公正則不足矣！豈可受人情左右？書生耿介之氣何在耳？

另《女開科傳》所云：「文章好歹，那有定評，有銀子就是好文章，沒有銀子，任憑你錦繡璣珠，總是嚼蠟放屁。」真是一針見血，罵盡天下學官。吳敬梓之儒林外史，掘發得更淋漓盡致。清廷實施科舉制度，旨不在於拔擢賢才，而是在箝制漢人思想，以科舉爲餌，使漢人之儒生士子，皆馴服於滿州老佛爺腳下，奴顏婢膝，搖尾乞憐而已，其安穩鞏固錦繡河山，科舉又何公正廉明，反可以科舉捐納銀兩，以充軍糈，征討南明及三藩等叛逆——漢人。以捐納漢人之銀子，用作屠殺漢人之軍糈也。

科舉制度果真公平公正爲國取士，選賢與能，效忠社稷，造福黎民歟？事實卻不然，上自皇帝干涉科舉，安置心腹，免致大權旁落。因此特賜，蔭補，甚至捐納。如是即已破壞科舉制度，而又限制錄取名額。匡世之才返將淪於特賜蔭補等輩之後，即使榮登金榜，未必能得恩寵，授予重位，或會釀成不平之鳴等等，受特賜蔭補之徒，自持恩寵，對上諂諛媚順，對下矜驕跋扈，朝廷自毀制度，是故每一朝代，未至三朝，朝政即百病叢生，歸咎原因，特賜蔭補之輩，貪佞驕縱，不無原因。唐代科舉，考生先以文章詩賦爲「溫卷」，而拜訪在朝在位之高官貴爵等，美其名求其傳授。在位者也正中其懷，收入門下，列爲心腹知己，而私立門戶，培植班底，以作官僚資本。使正直豪氣之士，摒棄於孫山之外，宋代「蘇門四學士」是爲一例也。科舉制度至此，尚可何言矣。科舉制度採用八股文體，以儒家學術爲準，儒家宗旨在於尊王攘夷，特用八股文講經載道而束縛士子之思維，深信「半部論語治天下」之說仁道義之王道精神。回顧春秋戰國時代，治國良臣，管仲、子產、商鞅、李斯等其輝煌政績，無不是法家學說。孟子曰：『上下交征利，而國危矣！……唯有仁義而已矣。』孟子客卿遍天下，王道迂闊，未被當時採用，卻用於後世科舉制度之文體上。科舉另一項文體「詩賦」吟風弄月，風花雪月與治國之道，相距不知幾何？徒然養成頹廢之氣，尤以柄政者失權之後，假以詩賦作爲結社組黨之藉口，以足危及政治穩固，更破壞科舉制度之效用。清康熙曾頒各地學宮聖諭十六條中：其中兩條糾正上兩項不當措施。「隆學校以端士氣」，「黜異端以崇正學」。然「捐秀才」之舉，亦始於康熙朝代。所頒聖諭與所訂制度，自相矛盾，應如何解釋？清代學官，更以科舉爲斂財之工具，以是科舉所真能錄取品學俱優之士，鳳毛麟角矣！蒲氏亦自怨命不如人矣！

科舉制度(二)

蒲氏對於科舉一事，坦言之：其有雙重標準，一方面仇視滿清，民族意識甚強，明末清初滿人之胡作匪爲，燒殺淫掠，荼毒漢人，蔑視漢人。在仇大娘等則中，均雜有不滿清之文字，字裡行間，頗爲明顯。康熙元年，桂王在雲南被吳三桂絞弒，同年鄭成功謝世於台灣，明祚已絕，大勢已去，滿腔熱血，幾乎噴出。另一方面，卻又熱衷科舉，豈止熱衷，可言醉心於科舉，更可言對科舉垂涎若滴。科舉制度，畢究是讀書人之陞官發財敲門磚，一旦高中金榜，鯉魚躍龍門，飛黃騰達，「學而優則仕」是孔老夫子之主張，讀書人奉爲圭臬，理所當然也。況蒲氏週邊高朋鄉鄰均爲達官顯貴。蒲氏一介寒儒，焉能不受其誘惑，眼見高中金榜者，鐘鳴鼎食，婢美妾嬌，不可一世，孰不令其心動，特錄數人於下：

王士禎，山東新城人，順治十二年進士，官至刑部尚書，曾爲志異作評。其兄士禧、士祜均爲進士。

畢際有，山東淄川人，順治二年拔貢，任江南通州知州，官至刺吏，康熙二年罷官，蒲氏於其家中設帳舌耕。

唐夢賚，山東淄川人，順治六年進士，官至翰林院大學士，曾爲志異作序。

高珩，山東淄川人，崇禎十六年進士，官至刑部侍郎，曾爲志異作序。

孫宗元，山東淄川人，順治十二年進士，官至給事。

孫蕙，山東淄川人，順治十八年進士，官至戶部給事(屬都察院)，曾任江蘇寶應，高郵知縣，蒲氏曾隨其任幕賓。

孫光祀，山東平陰人，順治十二年進士，官至兵部侍郎之職。

董訥，山東平原人，康熙六年探花，官至兵部尚書。

順治十三年(丙申)時，施閏章任濟南學政(施學政字尚白，號愚山，安徽宣城人，順治六年乙丑進士)。蒲氏年方十七歲，即於施氏任內入泮，次年(丁酉)試場弊案事發，簾官多遭誅譴，貢舉之途爲之一肅。第三年(戊戌)，蒲氏十九歲，首應童子試，而高中金榜，可言受丁酉弊案之惠，以真才實學而占鰲頭。以後時運不濟，屢戰皆北，再看鄉友如王士禎等均已進士及第，高官貴爵，榮華富貴，顯赫一時。蒲氏意志自不免大受挫折，而墜入萬劫不拔之深淵，直至康熙二十六年(丁卯)，其年四十八歲，半百之年，最後一次應試鎩羽爲止。此時，深知天命，看破浮生，不再追求功名祿位，歸鄉虛度餘年，誠所謂「春蠶到死，蠟炬成灰。」而後已矣！

康熙四十七年，時年六十九歲，旅次濟南，適值試期，監試簾官假威作福，凌虐考生，諸種現象，不禁觸景生情，有感而發，寫長詩五首(聊齋詩集卷四)：

(一)試期聽唱名，攢弁類堵牆。黑鞭鞭人背，跋扈何飛揚。
輕者絕冠纓，重者身夷傷。退後遲噭應，逐出如群羊。
貴倨喜嫚罵，俚媟甚俳倡。視士如草芥，而不齒人行。
帖耳俱忍受，階此要寵光。此中求伊周，亦復可惻愴。

(二)羈留幾兩月，拆名尚未確。看囊無一錢，蕭然剩空橐。
盎粟儲正供，竭資悉糶卻。缶中蛇不存，皮骨盡剝削。

東海有名士，旋歸失發落。遠牒追逮至，與立三章約。
五日一隨場，命題試兩作。日久資斧絕，歷下猶漂泊。
踵決衣帶斷，乞食在郊郭。友朋哀王孫，減餐進杯勺。
自言千里人，寄信道遼闊。丐活何可長，恐將葬溝壑。

(三)司衡眞巨擘，近世罕匹儔。明月無私照，良才亦見搜。
朱標案將出，紅箋報已投。處處任爾爾，無人問所由。
獨乃至般陽，妄聽怒啁啁。云此有關節，案名一筆勾。
佳文受特知，反顏視若仇。黜卷久束閣，憑取任所抽。
顚倒青白眼，事奇眞殊尤。賢守為寬譬，拗怒無夷瘳。
良士亦可辜，陷此壑谷幽。芹微亦名器，擲握如骰投。
翻覆隨喜怒，呼吸為棄收。古來僅一見，聞者心駭憂。
厚實既已謝，賢名亦可留。方嚴自有道，何必在謬悠。

(四)收錄仍棄捐，悲憫怨落拓。乃復被拘留，旅食待敲扑。
不得趙孟貴，徒苦趙孟惡。趙孟設身處，無乃太酷虐。
怨毒至終身，安能遽忘卻。自謂矢清公，道路為一噱。

(五)試童禁回籍，古來未曾聞。邑童恒數百，額錄十餘人。
羈留在逆旅，資糧苦艱辛。內翰出司文，趾高氣如雲。
夕發期朝至，愆期褫服巾。驕浮濟刻薄，遂成無道昏。

萬人被黜落，道路涕紛紛。旋里無顏色，志士死不存。
河伯如不怒，到海亦不渾。何必大方笑，望若始云云。

以上古詩，道盡考場現況，考子遭遇，考生心情，尤以最後一首，落第之後，無面見江東父老，其言何其悲矣！古詩名之為《歷下吟》。並作序云：薄遊稷門，適值試士，少見多怪，因志可感，索和同人。蒲氏寫此詩時，當應老淚橫流耶？一生應試苦楚，均記於此詩中矣。

蒲氏失意文場，絕非偶然，若依現代心理學論之，其於文場得意太早，十九歲之時，年方弱冠，而冠群倫，一舉高中秀才，更得學政施愚山之讚賞，趾高氣昂，躊躇滿志，此乃人之常情。對應考之事，有恃無恐，業已養成滿不在乎之驕縱心理。如《白于王》（卷五）一則；吳生少知名，葛太史見其文每嘉歎之，曰：『焉有才如吳生，而長貧賤乎？』又曰：『使青菴奮志雲霄，當以息女奉巾櫛。』生聞之大喜，確自信，既而秋闈被黜。蒲氏再應舉人之試，屢試皆墨，自愧總落於孫山之後。誠如其於歷下吟第五首所云：「旋里無顏色，志士死不存。」之悲痛心聲，心態已受挫折，信心喪失，而生憤慨，文字偏激，乃有「孤憤」之言，涉及時弊。如《小謝》（卷十）一則：陶生先是好以詩詞譏切時事，獲罪於邑貴介，日思中傷之，陰賂學使，誣以行檢，淹禁獄中。蒲氏何嘗未曾以詩詞譏切時事。康熙八年，其年三十歲，孫蕙任寶應知縣時以河工忤上級。蒲氏致詩七律一首：「故人憔悴折腰苦，世路風波強項難，吾人祇應焚筆硯，莫將此骨葬江干。」其祇是未如陶生有牢獄之災耳，然豈有未開罪當朝權位矣。待到中年以後，同僚窗友均官居高位，顯赫一時，以致心灰意冷，後雖應試，頗有玩世不恭之態。司文郎（

卷十二）一則，戲論八股文。仙人島（卷八）一則亦復貶斥八股文等。可見其應試已漫不經心矣，到康熙二十六年（丁卯），時年四十八歲，最後一次應試，依然鎩羽而返，直至古稀之年，沿例授於貢生，鬱鬱含恨而終。

蒲氏懷才不遇，屢試皆墨，其挫敗原因，並非其學養不如他人，只奈傲骨作祟，而不得一躍金榜，滿腹怨氣，乃著志異一書以鬼狐之一言一行而發洩之。於聊齋自誌中，自稱爲「孤憤」之書，將其一生應考所不平之事，特請鬼狐爲其代言，因此志異一書，則如照妖鏡將科舉黑暗情事，均顯露無遺，誠是；明鏡照妖孽，醜惡盡畢露，文場是與非，留予後人評。一切是非恩怨留在書中矣！

于去惡（卷十一）：陶聖俞（人），于去惡（鬼），方子晉（鬼）。一人二鬼，皆困於文場，于去惡於闈場試答主考（口試）。于曰：『……自古邪僻固多，而世風至今日，奸情醜態，愈不可名，不惟十八層地獄所不得盡，抑非十八獄所能容，是果何術而可？或謂宜量加一二獄，然殊失上帝好生之心，其宜增與否與？或別有道以清其源？爾多士其悉言勿隱，弟答雖不佳，頗謂痛快。……』言已，鼓掌。方笑曰：『此時快心，放兄獨步矣，數辰後不痛哭，始爲男子也。』……于起握手曰：『從此別矣，一言欲告，又恐阻銳進之志。』問何言，曰：『君命偃蹇，生非其時，此科亦十分之一。……』蒲氏於此時對科舉信心盡失，最後歸之於命運，（前段已提）本則末段所載《丁酉學案》。（按：丁酉事件，順治十四年，明永曆十一年，公元一六七五年。因北闈舞弊案，賄賂打通關節，經御史任克溥所奏劾，次年冬十月除吳兆騫放逐外，大理院評事張我樸、李振業及中試舉人田耜等伏誅。清史本末記載。）在丁酉學案以前，順治九年（壬辰）亦有科場弊案。在丁酉以後，康熙三十八年（乙卯），順天鄉試弊案，簾官李蟠、姜宸英皆繩之以法。

及前所提辛卯(康熙五十年)江南學案。足證清代科舉考試之黑暗，無錢莫進來也。(按：簾官在清代監試之主考官同考官均謂之。明代有內簾官爲主考官同考官，外簾官爲外調監試之分。)

賈奉雉(卷十)：賈生熱中功名，才華雖冠一時，而試則不售。後遇郎生，讀賈生之文，不甚稱許。郎曰：『足下文，小試則有餘，闈場取榜尾則不足。』又曰：『天下事仰而跂之則難，俯而就之甚易，……』賈曰：『學者立言，貴乎不朽，即味列八珍，當使天下不以爲泰耳，如此獵取功名，雖登臺閣，猶爲賤也。』郎曰：『不然文章雖美，賤則弗傳，君欲抱卷以終也，則已。不然，簾內諸官，皆以此等物事進身，恐不能因閱君文，另換一付眼睛肺腸也。』……是秋，入闈復墨。又三年，郎復來，擬七題，使賈生作之，郎認不可，再作又不可，最後賈戲以浮華不實歌功頌德之文字而作之。郎閱之，曰：『可』。賈笑曰：『言不由衷，已不復記憶也。』郎令賈自誦一遍，並書符於其背。再入闈，七題果如郎所擬之題，賈握筆久思不得，最後只將原所作歌功頌德文字抄上繳卷，放榜，果中榜魁，賈再閱原文，一字一汗。歎曰：『此文一出，何以見天下士乎。』此則無疑是蒲氏爲自己之寫照也。言不由衷，固非所願，然曲高自和寡，清高文字，焉爲世俗所能覽閱耳？況康雍乾年間，文字獄駭人聽聞，蒲氏總算未罹其劫，未如金人瑞坐於大辟之罪，該自慶幸，豈再奢望金榜高中矣！賈生自山中返鄉，設帳授徒，更是蒲氏南遊歸來於濟南畢家設帳舌耕之行徑也。

葉生(卷一)：葉生，文章詞賦，冠絕一時，世人難以相背，但困於文場，終未能揚眉吐氣，時有丁公見其文奇之，大加讚賞，並於資助，及試闈後，公索其文閱之，擊節歎許，無奈時數限人，文章憎命，榜既放依然鎩羽而歸，生愧負知遇之恩，鬱鬱而瘁。

葉生魂魄隨丁公東歸，誨公之子，入闈之前，擬摹七題，令其試之，一擊而中，榜中亞魁。公謂生曰：『君出餘緒，遂使孺子成名，然黃鐘長棄，奈何？』生曰：『是殆有命，借福澤使文章吐氣，使天下人知半生淪落，非戰之罪，願已足矣。且士得一人知，可無憾，何必拋卻白紵，乃謂之利市哉。』蒲氏在弱冠之時，文章頗受學使施閏章之讚賞。臙脂一則異史氏曰：『……愚山（施閏章之號）先生，吾師也。方見之時，余猶童子，竊見其獎進士子，拳拳如恐不盡，小有冤抑，必委曲護之。……』此段文字，頗如丁公之對葉生賞識提攜。本則異氏史曰：『……繭絲蠅跡，吐學十之心肝，流水高山，通我曹之性命者哉？嗟乎，遇合難期，遭逢不偶，行蹤落落，對影長愁，傲骨嶙嶙，搔首自愛，歎面目之酸澀，來鬼物之揶揄。頻居康了之中，則鬚髮之條條可醜，一落孫山之外，則文章之處處可疵。』唉！蒲氏之心聲在此，自歎自艾，殆有命耶？生不如死，以假鬼魂而博取功名，非死亦瞑目，是死後瞑目，其言之悲，令人鼻酸。本則異史氏曰。最後幾句：『人生世上，祇須合眼放步，以聽造物之低昂。天下之昂藏淪落如葉生者，亦復不少，顧安得令威復來，而生死從之也哉！噫！』哀哉，非葉生實蒲氏也，英雄難與命爭狠。留仙先生也。

司文郎（卷十二）：王平子赴試，暫居報國寺中，遇宋生（鬼）。宋生爲人詼諧，且學識淵博，二人一見如故，遂成莫逆，另有一餘杭生傲慢無狀，過於悖謬，爲王生所惡之。一日，三人偶聚一堂，餘杭生被宋以八股文大肆戲弄，復又被寺中盲僧以鼻嗅其文而不能忍受。試後，僧復嗅王生與餘杭生之文章，讚王生而詆餘杭生。放榜王生落第，而餘杭生領薦，王生氣餒。宋慰王曰：『凡吾輩讀書人，不當尤人，但當克己，不尤人，則德益宏，能克己，則學益進。當前蹶落，固是數之不偶，平心而論，文亦未便登岸，其由此砥礪，天下自有不盲之人。』再試，宋曰：『此戰不捷，真是命矣。』俄以犯規被黜，王生尚無言，宋反大哭不能自止，王生慰之，宋曰：『僕爲造物所忌，困頓至於終身，今又累及良友，其命也夫！其命也夫！』王生曰：『萬事固有數在，如先生乃無志進取，非命也。』宋拭淚曰：『久欲有言，恐相驚怪，某非生人，乃飄泊之游魂也。少負才名，不得志於場屋，佯狂至都，冀得知我者，傳諸著作。……故極力爲他山之攻，生平未酬之願，實欲借良朋一快之耳。今文字之危若此，誰復能漠然哉！』蒲氏屢試不捷，已自認命矣。在此則展示其八股之才藝，一書之僅見，蒲氏才華學藝出衆，簾官誠目盲鼻亦盲矣！其命也夫！其命也夫！

何仙(卷十五)：何仙爲乩神，爲人決疑難之事，多憑理，不甚言休咎，樂陵李生，飽學之士，衆屬望之。因出其文，代爲之請。乩註云：『一等。』少頃，又註云：『適評李文，據文爲斷，然此生運數大晦，應犯夏楚。異哉，文與運不相符，豈文宗不論文耶？諸公少待，試一往探之。』少頃，又註云：『我適至提學署中，見文宗公事旁午，所焦慮者，殊不在文也。一切置付幕客，客六七人，粟生例監，都在其中，前世全無根氣，大半餓鬼當道，遊魂乞食於四方者也。曾在黑暗獄中八百年，損其目之精氣，如人久在洞中，乍出則天地異色，無正明也。……』放榜，竟居四等，乃請託孫子未太史向提學李文宗查詢之。本則中之李賓君太史，朱文宗提學，孫子未太史均有其人，據濟南府志記載：李賓君太史，名斯義，長山人，戊辰進士，由庶吉士授御史，歷遷福建巡撫。朱文宗，原名朱雯，山東學政，浙江石門人，甲辰進士，康熙三十年以副使任之。孫子未太史，名勷，號峩山，德州人，辛酉解元，乙丑進士，官至通政司參議峩推敲此則，本則應爲真實情事，衹是假鬼神之口，而細說學使顢頇，科舉取士，爲國家大典，旁午他事，而委幕客爲之，真可惡至極，如此考試，何能公平之有，非錢莫屬，非權莫屬，莘莘學子，誠可悲也。本則最後，乩書又云：『李生勿以暫時之屈，遂懷慚怍，當多寫試卷，益暴之，明歲可得優等。』李如其教，久之，署中頗聞，懸牌特慰之。次歲，可列前茅。科舉之黑暗果真如此耶？

司訓(卷十三)：司訓者，教官也，某教官有重聽，應對屢乖，學使久欲罷黜，某又託當道者緩頰之。一次考試，執事文場唱名畢，學使與各教官閒坐，各教官自靴中取出關說名單，向學使呈閱，以求開恩錄取。獨某未有表示，學使笑問貴教官無所呈進耶？某因重聽，茫然不解，鄰座者，以肘碰之，並以手探靴示之。某見學使笑問而會錯意，自靴中取出房中僞器，鞠躬對曰：『有八錢銀子爲最佳，下官不敢呈進。』滿座教官皆掩口而笑。此則道盡清代科舉制度之荒唐也。教官各有呈進，請學使錄取，其中弊端，不言而喻。盜賣功名與賣官鬻爵又有何異，其惡更勝過賣官鬻爵之貪瀆行爲。科舉學官率先倡導貪瀆，官吏何能清廉，政治何能修明。另學官重聽，顢頇無能，且兼副業，販賣淫器，成何體統，何能導正學風，科舉何能取得賢能之士，何能發揮真正效用！嗚呼！哀哉！

素秋(卷十)：俞慎(人)。俞士忱(蠹魚，蛀書之蟲)，字恂九。二人相交如同手足，恂九聰慧，目閱十行，試作一文，老宗匠均不如也，俞生勸恂九參加童子試，恂九曰：『姑爲此業者，聊與君分苦耳。自審福薄，不堪仕進，且一入此途，遂不能不戚戚於得失，故不爲也。』又是三年，俞生再次落榜，恂九大爲歎息，奮然曰：『榜上一名，何遂艱難若此？我初不欲爲成敗所惑，故寧寂寂耳。今見大哥不自發舒，不覺中熱，十九歲老童，當效驅馳也。』鄉試二人皆中榜。二人更下帷苦讀，逾年科試，試舉出場，傾慕者，爭錄恂九之文，相與傳誦，恂九自覺不作第二之想，放榜，二人皆黜。科舉之試，真如此之難耶？是文字不合時宜耶？是主考簾官有旁午耶？抑或未有行賄耳？科舉之黑，實令真才實學之士，永無崢嶸頭角之日。宦場黑暗，學府亦復如是耶？

神女（卷九）：米生受無妄之災，衣巾革褫，田產蕩盡，後雖洗脫其冤，欲若恢復功名，非錢莫爲之。原文：女謂生曰：『君不幸無妄之災，聞之太息，今日學使署中，非白手可以進出者。……』誠所謂：衙門八字向南開，有理無錢莫進來。道盡了學使文宗之卑鄙貪佞行爲耳。

雲蘿公主（卷九）：安大業於公主歸寧，鍵戶下帷，得領鄉魁，公主返來，安生得意自詡，告以秋捷。公主愀然不悅曰：『烏用是儻來者爲？無足榮辱，止折人壽耳。三日不見，入俗障又深一層矣。』蒲氏屢試不第，心灰意冷，頗有「不如歸去山中老矣！」

褚生（卷十一）、周生（卷十）兩則：以鬼代試而中金榜。尤以周克昌一則：周生本不學無術，胸無半點翰墨，相反鬼魂卻滿腹經綸，無法展顯其才，鬱鬱而歿，特假周生之軀，入闈考試，而伸張其志。另冷生（卷十四）、郭生（卷十五）兩則：二生性皆魯鈍，以狐之教誨而得功名，尤以郭生每文均被改之，狐先示一次四等，兩次五等，皆相符。此皆爲蒲氏之哀鳴也。

學而優則仕，自古依然，科舉制度，原意極佳。考試取士，上效朝廷，下保黎民，何其人謀不臧？以至百病叢生。施行到明末之時，已腐敗不堪，清初實施科舉制度，雖表面冠冕堂皇，只徒具形式而已，歷經各朝各代，政治修明朝代，科舉取士，尚可拔擢賢能之才，倘政治昏暗時際，科舉制度反成爲贓官斂財之工具。怎買怎賣，代代相傳不息，所取之士，盡爲貪墨之徒，荼毒生民，遺臭萬年。蒲氏浸淫書笥數十年，生平未能博得一第，秀才終身，亦不可怨天尤人，實有可疵議之處。十九歲中秀才，少年得志，深得學政施愚山之讚許，未可言其得意忘形，然躊躇滿志，勢所不免，頗有《素秋》一則中之俞恂九之態，非作第二之想。自視過高，又善攀權貴，卻未得權貴之助。總自認文章蓋天下，豈可低頭再求人。不走門路不鑽營，非如唐人之「溫卷」舊例，每試均未得學政之青睞，又不行使賄賂。如《司訓》一則：教官關說情事，持才傲物，即知之而不爲之，概不託人關說。俗語云：鐵板上砸烏龜，硬碰硬，終於將自己的殼砸碎，四十八歲時最後一次依然如舊，仍列於孫山之後。再者，依志異一書，觀其文字之深奧，果如《何仙》一則；簾官旁午，由幕賓代爲審閱試卷，何能瞭解，故與金榜絕緣，終成遺珠之恨矣！汪啓淑之水曹清群錄卷十有言：山左蒲留仙，好奇成癖，撰聊齋志異一書，后入棘闈，狐鬼群集，揮之不去，竟莫能得一第。此段亦是鬼話連篇，不足爲信，僅供茶餘酒後之談。大陸學者「平子」言：蒲氏撰志異一書，爲發洩排滿之情緒，以「狐」爲「胡」也。尚可信之。蒲氏生性耿介，傲氣硬骨，肩不脅，笑不諂，驕者必敗，未能隨波逐流，雖才高八斗，不能博得一第，非學不如人也，落得布衣終身。失之功名，收之清譽，因志異一書，揚名於後世，未嘗不是福耶？此非蒲氏在世之時所能逆料者也。

貪瀆

有政治即有需求，有需求必有賄賂，貪瀆之舉，世界古今依然，若論我國歷代貪污史實，遠自春秋戰國即有記載，在戰國末期，各國諸侯之寵信，收受秦國賄賂，而蠱惑諸侯將既定政策，任意改變，致遭強秦之吞噬。自此以降，歷朝各代貪瀆事件愈發普遍，貪瀆技倆日愈週密，北宋將亡之際，岳武穆曾有七絕一首云：飲酒讀書四十年，烏紗頭上是青天，男兒欲到凌煙閣，第一功名不愛錢。（岳武穆原跡留於故宮博物院，刊於中央月刊六十五年十月份九卷一期。）由此可見北宋貪瀆風氣盛行，南宋更甚於前朝，實令人嘆息不已。顧炎武之日知錄云：宋初郡縣吏，承五季之習，黷貨厲民，故尤嚴貪墨之罪。……而南郊大赦，十惡故劫及官吏受贓者不原。……金史大定十二年咸平尹石抹阿剌沒以贓死於獄，上謂其不屍諸市，已爲厚幸。……元史至元十九年敕中官吏，贓罪輕者決杖，重者處死。待至明代，貪瀆之風更甚，尤以中葉以後，不獨未有收斂，且有變本加厲之勢。雖然制訂刑典，懲治貪瀆極爲嚴酷，諺云：「蝕本的生意沒人作，殺頭的生意有人作。」刑典雖嚴，依然無法遏阻貪瀆之風，如嚴嵩父子之爲也。趙翼之二十二史劄記，「重懲貪吏：明祖嚴於吏治，凡守貪酷者，許民赴京陳訴，贓至六十兩以上者，梟首示眾，仍剝皮實革。府州縣衛之左，特立一廟，以祀土地，爲剝皮之場，名曰皮場廟。官府公座旁，各懸一剝皮實革之袋，使怵目驚心。明代刑典對貪瀆者，斬首剝皮示眾，不謂不嚴也。清兵入關以後，爲收攬民心，任用二臣，援用明代舊制，貪瀆之風，不獨依然如故，較前朝更爲劇烈。清初兩代君主世祖、聖祖反公然辯護之。清代對貪瀆懲治刑典，未若明代之嚴，康熙皇帝毫不諱言，貪瀆可作養人之物。清代以懷柔政策籠絡漢人官吏爲其盡忠效命，以貪瀆爲籠絡手段之一，如此則民不聊生矣！依大清會典所記：清之府州縣總數一四四八，而額用官吏僅有五五二六人之多，若平均計算，每一府州縣，僅有額內官吏四至五人，如是如何治理一州縣內之公務，再知府知縣均爲科舉八股出身，對一般行政事務，可言一竅不通，治理一切公務，仰仗於幕賓（俗稱之爲「師爺」）。此批師爺均在員額以外，未有糧餉薪資，絕無枵腹從公之理乎？因此不言而喻，則取之於民矣，若取之於民，用之於公，尙無可言，而從中營私舞弊，中飽私囊，升斗小民苦矣！苦矣！（參照政文史雜誌卷三，第一、二期）。況清初之時，南方疆土未定連年用兵，國庫空虛，無力支付軍糈等等，故有「捐秀才」之舉，巧立名目，苛捐雜稅，不勝枚舉。然執行者，唯賴府州縣地方官吏爲之，官吏則必求地方之士紳襄助之。官商勾結，胡作匪爲，依清廷觀點，漢人欺壓漢人，與其滿人又有何干？只要不搖動其政權，正合朕意也！康熙皇帝曾爲貪瀆風氣加以辯護云：『去弊不可太甚，弊爲養人之物。』老佛爺有如此論調，上有所好，下必有甚焉。朝廷命官及封疆大臣焉敢違抗「聖旨」乎？清初雖有獎廉治貪之律令，而僅是一紙官樣文章作遮眼法而已。再論康熙與乾隆二位皇帝數度出巡，所到之處，官民無不竭力奉承，一次化費，無不上萬兩白銀，這種奢侈淫逸，皆榨之民脂民膏。乾隆南巡，每到之處，所有耗費，均十餘萬兩以上。達官顯貴，蓄僕上千，宴會嬉遊，殆無虛夕，構築庭院，鬥富競奢。乾隆之宰相和珅，貪瀆無厭，至嘉慶時抄家，家產竟有八億兩白銀之值，而升斗小民？日愈窮困，無力謀生，爲繳捐賦稅金而受鞭笞之苦。（以上參考清仁宗實錄卷三十七，清德宗時畿輔通志卷二百三十。）蒲氏雖未親見乾隆之荒唐奢逸，而康熙出巡之耗費及當時之苛政，自有不平之意，更因學途依然仰仗孔方兄之力，而與金榜絕緣。以有「仕途黑暗，公道不彰，非袖金輸璧，不能自達於聖明，實令人憤氣填膺。」不勝憤慨，卻又懼文字獄大禍臨頭，而假鬼神之口，道出諸多黑暗，公之於世，其中亦有部份之處，刻版時而被刪除之。

鴞鳥：（註：青本刻版時刪除此則，通行本未有刊載，詳三會本卷十一。）原文：長山令楊某，性奇貪婪，康熙乙亥（三十四）年正，值西塞用兵，民間騾馬運糧，楊某假此搜括，地方頭畜一空，周村爲商賈所集，趁墟者，車馬輻輳，楊率壯丁悉篡奪之，計不下數百頭，四方估客，無所控告。……有山西二商，迎門號愬，蓋有健騾數百頭，俱被搶掠，道遠失業，不能歸。（按：長山縣位於山東，爲淄川鄰縣。西塞用兵，係指噶爾丹之役。此役起於康熙庚午（二十九）年至康熙丁丑（三十六）年，共八年之久。）清初大展武功，連年用兵，耗費公帑，國庫空虛，以致橫征暴斂，假此囊括之地方官吏，不乏其人，中飽私囊，民不堪其苦矣！蒲氏是年五十一歲，其自四十八歲鎩羽歸來，不再應試，已就毫無顧忌，大膽撰寫此則，除對楊某之本名未公諸外，餘不論人、地、時、事、物無不一應俱全。異史氏曰：『市馬之役，諸大令健畜盈庭者十之七，而千百爲群，作騾馬賈者，長山外不數數見也。聖明天子愛惜民力，取一物必償其值，焉知奉行者流毒若此哉！』鴞鳥（按：又稱之爲「梟」。）所至，人最厭其笑，兒女共唾之，此一笑，則何異于鳳鳴哉！清初政治貪墨成風，後世可鑑，蒲氏忌憚文字獄，畏懼頭顱落地，最後加上『聖明天子愛惜民力，取一物必償其值。』康熙皇帝曾公然爲貪瀆辯護，何聖明之有？奉行者皆貪墨之徒，焉有不流毒哉！另鴞鳥在酒令中言：「有古人洪武朱皇帝，手執三尺劍，道是貪官剝皮。」明代遠較清代懲治貪瀆嚴厲，長山令楊某於明代必受剝皮之刑矣。其次尚有夢狼(卷九)一則：貪令對其弟曰：『弟日居衡茅，故不知仕途之關竅耳。黜陟之權，在上臺不在百姓，上臺喜，便是好官，愛百姓，何復令上臺喜也？』此段言詞已顯明指出，清代官吏漁肉百姓爲理所當然也。異史氏曰：『竊歎天下之官虎而吏狼者，比比也。即官不爲虎，而吏且將爲狼，況猛於虎者耶？』苛政猛於虎，自古依然矣！

庫官(卷十四)：張華東奉旨祭南岳，夜宿驛亭，隨行者告之有怪異，張某弗聽，午夜戴冠佩劍而坐，俄而有一半白老叟進入，稽首曰：『我爲庫官，爲大人典藏有日矣，奉節鉞遙臨，下官釋此重負。』張問庫藏幾何？答云：兩萬三千五百金。張慮多金累贅，返時再取。張某至南岳，各方所贈賄賂甚豐。返回驛亭，當晚叟告之云：所藏之金，已撥遼東兵餉矣。張某驚訝其前後之乖。叟又曰：『人世祿命，皆有額數，錙銖不能增減，大人此行，應得之數，已得之矣，又何多求。』張某計其所獲，與庫官所言數額相符。此則故事，雖假神鬼之言，不論眞實與否？且論張某南岳之行，竟可公然收受賄賂兩萬三千五百金，張某貪墨行徑，固屬不該，而各方僚屬諂媚逢迎之風，何其盛也，清代官箴腐敗，令人驚駭。清代京官出差，爲貪墨最佳機遇，地方官吏就此巴結，除贈「公辦銀」，「盤纏」，「程儀」等名稱，美其名提供途中盤費。又有「支應」爲抵達後開支之用。所到之處，當地官吏士紳則有各項規禮致贈，離去時更有「贐儀」作踐行之資，名目之多，令人咋舌矣。

餓鬼(卷十六)：馬永家貧無賴，嚴冬暮宿黌宮，夜深凜寒，馬竟摘取聖賢所戴旒冕而煨之取煖，學官知之，怒加刑責，馬哀求免責，願爲學官謀財，學官喜而縱之去。馬探得某生家境富裕，登門挑釁勒索，故意觸某生發怒，復以刀自割受傷，誣告於學官之處，學官以某生行跡不檢而欲褫革功名，某生賄賂甚重，始免革黜之。嗚呼！學官爲黌宮主宰，尚且貪而不仁，見利忘義，竟與無賴爲伍，公然訛詐，勒索不義之財，其所傳授學生，能否「見賢而思齊」歟？或可青出於藍，而勝於藍矣！所授門生苟若高中金榜而任官，其貪瀆行爲，卑劣手段，可想而知矣。清代職司文教權衡之學官，使命任務，神聖清高，然對錄取士子之需索，貪而無厭，有「紅案銀」之例。亦有「做一任鄉試主考，可安享十年」之說法。學官身臨「聖域賢境」，日以明禮知義授人並自矢者，對貪瀆行爲，亦不例外之。本則「馬永」稱之爲「餓鬼」。馬某非餓鬼也。學官實爲「餓鬼」也。

商三官（卷十四）：商士禹，士人，因酒醉後，而戲謔邑中富豪，豪則嗾使家奴將商痛毆成傷，商返回家中不治而斃，商之二子久訟皆不得直，負屍而歸，舉家皆憤。其女三官離家出走，女扮男裝，投入戲班，假富豪生辰演戲，而將富豪刺死，以報不共戴天之仇。此則故事情節，並不曲折婉轉感人，亦無生動雋永文字。然則勾出封建社會土豪劣紳之嘴臉，偶因酒後戲謔，而置人於死地，草菅人命，令人髮指。官府贓官，只知貪瀆，可受青蚨收買，人命關天，坐視不理，歪曲武斷，不了了之，正義何在！天理何在！原文記載三官之言：「人被殺而不理，時事可知也，天將爲汝兄弟專生一閻羅包老耶？……」封建社會，官商勾結，勢在必然。官依土豪劣紳爲其斂財，土豪依官而壓榨升斗小民，各爲其利，相互利用之。

紅玉（卷三）：馮相如家貧，父子皆寒士，續弦衛氏，夫婦琴瑟和睦，家門歡慶。孰知天不祐人，衛氏清明掃墓踏青歸來，爲惡霸宋氏所窺見，宋氏原爲御史之職，因收受賄賂革職還鄉，仍逞淫威，屢屢欺壓善良，其窺見衛氏，以寒門可欺，誘以重餌，欲佔爲妾，爲馮生父子所峻拒之。宋某遭拒，認受無端之辱，惱羞成怒，竟遣家奴至馮家將其父子痛毆成傷，並將衛氏搶走，衛氏不屈自經而死，馮父傷重不治而亡，馮生尙於壯年，延醫診治多日方愈。馮生屢訟不直，反被凌辱之，以官佔勢欺壓善良情事。康熙年間爲清廷鼎盛時代，政治應以昌明，官吏惡霸如此橫行，藐視王法，欺凌弱小，竟可傷人之父，奪人之妻，天理何在？王法何在？誠所謂「衙門八字向南開，有理無錢莫進來。」官吏惡霸沆瀣成氣，狼狽爲奸是清廷以漢治漢之政策，黎民任其宰割耳。

張鴻漸（卷十一）：河北盧龍縣令趙某貪而不仁，黎民飽受其苦，生員范生被庭杖擊斃，同窗共忿其冤，將鳴部院，共推張鴻漸捉刀，張生之婦方氏，美而賢淑，能識時務，告張生曰：『大凡秀才共事，可以共勝，而不可以共敗，勝則人人貪功，一敗則紛然瓦解，不能成聚，今勢力世界，曲直難以理定。』趙令以巨金賄賂上司，以諸生結黨罪名，拘捕收押嚴辦，並追拿捉刀人。張生聞風遠遁，後知凡訟獄者，被拘捕者，均瘐死獄中。未擊獄者，均遠徙他鄉等等。縣令當庭杖斃生員，不獨殘暴不仁，且違清廷律令。封建科舉時代，生員爲入泮宮取得功名之人，已是士大夫階級，非因重大過錯，褫革功名，上庭不用下跪，清廷官吏竟可如此假威作孽，草菅人命，恣意杖斃生員。實上違清廷皇恩，下虐漢族黎民。當庭杖斃黎民者，尙有多則。潞令（卷十五）原文：『宋國英，東平人，以教習授潞城令，貪暴不仁，催科尤酷，斃杖下者，狼籍於庭。余鄉徐白山，適過之，見其橫，諷曰：『爲民父母，威焰固至此乎？』宋洋洋作得意之詞，曰：『喏，不敢，官雖小，蒞任百日，誅五十八人矣。』』折樓人（卷十四）何冏卿，平陰人，初令秦中，一賣油者有薄罪，其言憨直，不善應對，何怒，竟杖斃之。此兩則指名道姓，應是真人真事。清代官吏，狐假虎威，卻無好生之德，恣意瘐殺子民，甘爲清廷走狗，何其慘哉！何其恥也。

梅女（卷七）：梅女因被三百枚銅錢，而枉送一命：原文：『主人言：「此十年前梅氏故宅。夜有小偷入室，爲梅所執，送詣典吏，典吏受盜錢三百，誣與女通，將拘審驗，女聞自經。……」嫗怒曰：「汝本江浙一無賴賊，買得條烏角帶，鼻骨倒豎矣！汝居官有何黑白，袖有三百錢，便而翁也。……」』清代賣官鬻爵，極爲普遍，較前朝更爲甚矣！縣令爲地方父母官，竟受區區三百文銅錢，而枉送一條人命，何其殘酷。買官者，本爲將本求利，不獨收回本金，並求收取孳息，故錙銖必較，三百枚銅錢豈可謂不是錢耶？乃可謂是收取孳息矣！然人命一條，僅僅只值三百枚銅錢，爲官者應引以爲戒也。異史氏曰：『官卑愈貪，其常情然乎？三百誣姦，夜氣之牿亡盡矣！』唉！封建時代女子貞潔，極端重視，故不惜以生命殉之矣！

王者（卷三）：湖南巡撫公，派僚屬押解餉銀六十萬兩金，夜宿古剎，餉銀不翼而飛。原文：外有書云：『汝自起家守令，位極人臣，賕賂貪婪，不可悉數，前銀六十萬，業已驗收在庫，當自發貪囊，補充舊額。……』庫官（卷十四）一則，亦復如是。此兩則前文已提，略述之。

促織（卷七）：明宣德年間，宮中喜鬥促織（蟋蟀），歲征民間，以戶口數，而責其捕捉之多寡，每責一頭，輒傾數家之產，鄉人成某，被惡吏報充之，未及一年，家產賠盡，成某終未有捕獲，劣質又不能充數，官府追繳急於完糧納稅，限期繳貨，旬餘未能繳者，杖至百，成某被杖，兩股濃血流離等情。但明倫評曰：『爲蟲而杖民，民不如蟲矣！』但氏又評曰：『催科征役，兒號女哭，雞犬不安，至於茅舍無煙，向隅默對，聲吞氣斷，不復以兒女爲念。……』幸逢盛世，凡聲色犬馬嬉戲之弊，取鑑前朝，即戶役錢糧，亦皆斟酌盡善，有牧民之責者，上存體國之心，下盡保赤之道，太平之福，億萬斯年矣。王世禎亦評曰：『宣德治世，宣宗令主，其臺閣大臣，又三楊、蹇、夏諸老先生也，顧以草蟲纖物，殃民至此耶？惜哉！』（按：三楊爲楊士奇、楊榮、楊溥，蹇爲蹇義，夏爲夏原吉，均爲中樞大臣。）馮鎮巒亦評曰：『（負喧錄）門蟲之戲，始於天寶。天寶遺事：宮中以金籠養促織，置於枕頭畔，以聽其聲』。馮又云：『吳梅村、龔孝升有宣宗御用戧金蟋蟀盆歌，漁洋未見之耶！』上有所好，下必尤甚焉！皇帝喜嬉蟋蟀，諂諛之臣假此以爲媚，而層層轉下，層層剝削，釀成層層貪瀆，官虎吏狼，吞食子民，子民何辜矣！異史氏曰：『天子偶用一物，未必不過此已忘，而奉行者即爲定例。加以官貪吏虐，民日貼婦賣兒，更無休止，故天子一跬步，皆關民命，不可忽也。』（此節青本刪除，通行本未刊。）但氏又評曰：『或是傳聞異詞，但論其事，不必求其時代可也。』此段評語頗堪玩味矣！不知此則，蒲氏影射何事也。（三會本卷四。）

王成（卷一）：本則故事，描述滿清貴族奢侈貪瀆情事。青本刻版時，觸犯滿清禁忌部份，已予刪改（前篇勘正已敘），以門鶉一隻出價六百金購之。清初康熙時代，尙在兵亂戰禍之際，聲色犬馬，如此奢侈，令人不敢想像。且仗勢凌人，以高價收購優良壯健門鶉而欺壓小民爲樂，小民尙諂諛事之，令人氣結。如原文：王出御殿，左右宣言：有願門者上。即有一人把鶉，趨而進，王命放鶉，客亦放，略一騰踔，客鶉已敗。王大笑。俄頃，登而敗者數人。……王成曰：小人把向市廛日得數金，易升斗粟，一家十餘食指，無凍餒憂，是何寶如云。王言：予不相虧，便與二百金，成搖首。又增百數。……終於六百金成交。一鶉便出二百金，後增至六百金，六百金購一鶉，何其奢矣，滿人不事生產，坐食漢人膏腴而肥，盡情享受聲色犬馬樂矣。

張氏婦（三會本卷十一，青本刪除，通行本未刊此則。）原文：凡大兵所至，其害甚於盜賊，蓋盜賊人猶得而仇之，兵則人所不敢仇也，其少異於盜賊者，特不敢輕於殺人耳，甲寅歲（康熙十三年），三藩作反，南征之士，養馬兗郡，雞犬廬舍一空，婦女皆被淫污，「按：吳三桂於癸丑（康熙十二年）十一月起兵於雲南，次年甲寅，吳三桂復於雲南祭告天地，奉朱三太子爲皇帝，仍號大明，建元周啓。同年進佔湖南四川等地，耿精忠據福建。丙辰（康熙十五年）尙之信起兵響應，與耿精忠二人均爲清兵所敗，遂降清，至戊午年（康熙十七年）吳三桂即位衡州，國號改元昭武，當年卒亡。庚申（康熙十九年）清兵定湖南入貴州，吳世璠奔雲南，次年辛酉，清兵再從湖南，廣東，四川三路攻入雲南，吳世璠自戕，三藩之亂遂平。」三藩之亂，共歷時八年之久，此八年間，江南民眾，飽受兵禍蹂躪之苦，誠難筆墨所能描述，清兵紀律之壞，由來有年，清廷未嘗不知，爲求一統天下，乃是不禁而已，其所踐踏者，均爲漢人，漢人財產，婦女名節，又有何干，蒲氏是年已三十五歲，對此情此況，極爲憤慨，然又懾於文字獄，其中文字，尙未過分露骨，未若「鴞鳥」一則之犀利，亦未有咄咄逼人之感。

元代蒙古人稟政之時，已養成政治腐敗，官吏貪瀆之惡習。明代開國以後，明太祖洪武皇帝力糾其弊，即訂定酷刑，故有「皮場廟」之設置，貪瀆者，剝皮懸革示眾。（鴞鳥一則中亦有提之。）誠所謂「私鹽愈緊愈好賣」刑罰雖嚴，貪瀆案件愈多。以致到明末萬曆天啓朝代，貪瀆已形成制度化，官民勾結，上下一體。有「官家徵糧縱虎差，豪家索債如狼豺。」如此流傳俚語，可證明末貪瀆之盛也。李自成攻下北京後，改元「大順」，沐猴而冠，曾下詔曰：『君非甚暗，孤立而煬蔽恒多。臣盡行私，比黨而公忠絕少。』此對崇禎皇帝之評語。（明史：流賊傳），以此定論：「君雖非亡國之君，臣皆爲亡國之臣也。」

明末宦場，百病叢生，公然索取賄賂，人所共知，貪贓枉法，肆無憚忌。明人焦竑之《玉堂叢話》曾記官吏索取「頂首銀」之例規。原文：「凡投選及各項文稿，吏輩多假駁查送問爲騙局。……吏部及錦衣衛吏，則坐名拔缺，蓋皆依托勢要，行重賂以圖厚獲者，新舊相代，索頂首銀多至千金。」清承明制，貪瀆情況更甚於明，官職陞遷，皆有定額，美其名爲「買缺」，以缺之高下肥瘠而定價格之高低，衙門恣意貪索，謀職人員假以孔方兄鋪路，賄賂公然行之，如此陋規，已成定例。蒲氏在醒世姻緣第五回：撰述晁思孝於縣令之職任滿時，深知箇中三味，陞官之道，非錢莫屬。曾對人說：如今世道，沒有路數相通，你就是龔遂黃霸之循良，那吏部也不肯白白把你陞轉，皇上的法度愈嚴，吏部要錢愈狠。晁思孝在謀通州知府之肥差，其不顧縣太爺之尊，託門人或戲子轉達錦衣衛之蘇劉兩錦衣官，劉錦衣官認爲通州知府一缺，應是五千兩之缺，晁思孝出一千兩怎樣可以，最後討價還價，兩千兩成交。第八十回中，狄希陳花了四千兩謀得中書令之職。晁思孝以兩千兩謀得通州知府之職，到任以後，勢必大肆搜括，將求所利，明知理所當然耳。又《賽紅絲》一書：通判袁耀，費千金謀得一職，只爲求一本萬利，明知宋石不是盜賊窩家，卻濫施酷刑，逼其認罪，而從中詐財。《快心篇》一書，希寧任職淮揚兵備道，到任先差心腹將兩府士紳富戶造冊，置於案頭，隨時翻閱，伺機即可壓榨，大發利市。志異中考弊司一則(卷十六)：割脾肉已成陋規，不可通融。如此官吏，比比皆是，上任之後，爲謀生財之道，不擇手段，擇肥而噬，境內黎民豈有安寧之日，官雖泰而民不安矣。土豪爲求自保，不惜爲虎作倀，甘附於貪官污吏之下，狐假虎威，如是層層剝削，小民脂膏殆盡矣！何能聊生？蒲氏於志異中痛斥貪瀆之非，古人如此，今人何嘗不是耶？現今民意代表，受其選民請託，向政府官員關說，必先送「紅包」，美其名「政治獻金」。民意代表選舉時，所費不貲，其也將本求利也，然黎民又一層剝削矣。蒲氏謝世三百年後之今日，亦復如此，此非蒲氏所能逆料也。另民國七十九年十月六日聯合報刊登一則新聞（記者林美玲報導，節錄原文）：

聯勤二〇二廠技術士官隋覺先六月間因曠職受刑處分，被廠長移送明德訓練班管訓遭電擊凌虐死亡，昨天在立法院經立委趙少康提出質詢，行政院長郝柏村答詢時，對此一事表示震驚與痛心，除現場公開向前去立法院陳情的死者家長致歉，並當場指示：國防部二〇二廠廠長汪廠長及明德上任予以撤職，相關違法失職人員移送軍法審判。

（節錄）……隋覺先在今年六月間曾五天曠職，而後遭受處分送到明德訓練班，他自行報到後，其長官原本告訴隋員父母，此一事件要記過處分，並請其好好約束。不料二〇二廠新到任三天上校廠長堅持要送到明德班感訓，雖然明德班認曠職情事不構成送感訓要件，但汪廠長為樹立個人權威，仍堅持將隋員送到明德班感訓，結果當天中午送出，第二天下午就被「活活打死」。

……隋覺先死後經法醫楊日松解剖屍體，發現隋員一天未進食，全身傷痕累累，頭蓋骨破裂，腦部大量出血致死，驗斷為他殺。經送陸軍步兵一五一師司令部調查，發現明德班五名憲兵，令隋員站立置滿水的臉盆內，以兩萬伏特的電擊棒電擊，致隋員因彈起摔落水泥地面而死亡。

……這樣凌虐手段連戰俘都不可能為之，一個士官曠職五天，竟慘遭凌虐死亡，隋員父親也為二〇二廠退休員工，基於對單位感情才鼓勵其子入廠服務，不料卻出現這種慘劇。……

……隋覺先之父隋永霞昨日上午也到立院旁聽席旁聽，他指出，其子是在今年七月六日遭凌虐致死，由於他認為汪廠長罔視法令，草菅人命，因此他在七月十九日向國防部長，參謀總長，國防部總政戰部主任，以及聯勤總司令陳請，要求對汪廠長嚴予查辦，但並未接獲回音，因此他才在日前求教於立委趙少康，替他主持公道。（按：本案於同年七月二十七日首都早報業已發表，其標題極為醒目：《明德管訓班再添冤魂。聯勤技校生被強制移送管訓，慘遭極刑致死。其內容……隋姓技校生被送進管訓班後，即遭到極不人道「極刑」，且因年紀尚輕，承受不了毒打及極刑，被折磨一整夜後，於次日（七月七日）即傳出隋姓技校生已被活活打死，案發後，陸軍方面依「慣例」對外封鎖消息，並將毆死隋姓學生一事藉詞推卸責任。……》

依上項新聞連想幾個問題：

一、中華民國自三十五年十二月二十五日行憲以來，步入憲政時代，憲政時代乃是實施民主政治，民主政治係依法治爲基礎。行憲長達半個世紀，行政管理，法律審判等等，均尚不能遵循法治系統而爲之。

二、郝柏村院長之處置固然值得喝彩，但中華民國之今日是人治抑是法治，郝院長出身軍旅，曾任參謀總長，國院部長，才有如此魄力，果斷處置，然此處置憲法上是否付予行政院長之權力（職業軍官之人事任免權）。恐需請大法官會議釋示之，苟若其他文人院長是否有如此魄力，頗值得懷疑。

三、本案發生於民國七十九年六月間至立法委員質詢時，已有四個月之久，而且七月下旬首都早報新聞已有披露，各機關均有專人負責剪報，各級軍界監察單位何故竟未加閱讀如此重要新聞，誠屬憾事。廠長爲樹立官威，蔑視人權，姑且不論，各級軍事首長，裝聾作啞，不外受其請託，官官相護，方致不理不睬情事產生。隋生之父隋永霞向聯勤總司令部，國防部總政戰部，參謀總長及國防部長請願，均被層層單位人員隱瞞，以致下情無法上達，各級首長均被蒙於鼓中，令人歎息。苟非御史大人（立法委員）向宰相（行政院長）質詢，隋覺先慘死，豈不是冤沉海底，永無翻身之日，弱者豈不是不受法律保障矣！

四、明德訓練班凌虐人犯，想隋覺先案並非創舉，上級主管單位爲何置若罔聞，放縱違法，以往不知有若干人犯被凌虐之事件，或許未有隋生慘死之嚴重，直至此案爆發生，方將明德班中之黑暗而曝光，其他尚有多少，恐難知曉。席方平一則，陰曹地獄之酷刑，尚無電刑之設置，閻羅判官也應該到明德班去觀摩學習，以增加凌虐孤魂冤鬼之手段耳。

五、隋生慘死案正合乎古代官場四救四不救之惡例，何謂四救四不救；救生不救死，救富不救貧，救老不救少，救大不救小。隋生已死，且「小」僅爲士官，焉有可救之理，明德班主任二〇二廠廠長官拜將軍上校等高階，其「大」自應救之，且尚存人世，以後尚有官官相護之期。將軍上校之財富總較「小士官」爲佳，其中玄機，未便言明。

隋生之案能得郝柏村院長之處置，無疑包青天再世，僅未動用虎頭鍘而已，隋生也該含笑九泉矣！

六、最後值得檢討的癥結所在，行憲達半個世紀，爲何尚未建立法治基礎，明德訓練班是否合法設置？其設置精神是否於保安處分(強制工作)之要求？感訓之要求何在？郝院長之處置是否合於法治精神？人治重於法治，是誰始作俑者，是誰造的孽，值得深思長歎！

此案雖無切實明確貪污賄賂罪證，然各級人員之瀆職案情，至臻明確，無庸諱辯。貪瀆事件，古人有之，今人何嘗無之，總之：中國自古以來，官場中兩大弊病；特權與發財，且兩者有相輔相依之效，作大官有大特權發大財，作小官有小特權發小財，此已成爲定論，我國讀書人基本觀念，讀書是求作官，作官是求發財。孔老夫子遺訓：「學而優則仕」爲千古不變定律。讀書人熱中仕途，以學干仕，其目的求勢求財而已矣。清代滿人可不仕而祿，且貪索無饜，淫佚無度，志異特明確撰之，公諸於後世。唉！古時老虎要吃人，現代老虎依然要吃人。

詩歌

小說中加添詩詞以增情節格調，應源自唐人傳奇小說，此一流傳，直至民國初年五四運動以後，新文學創作爲止，有千年之久。尤以宋代以後話本章回小說均少不了以詩詞作爲輟飾，然由唐人傳奇小說中人物之口而道出，因此可襯托內容曲折，提高情節生動，當然也是作者表顯其才華。如唐元稹之鶯鶯傳中：『待月西廂下，迎風戶半開，拂牆花影動，疑是玉人來。』而宋代以後章回小說，硬將詩或詞嵌入正文之中，如「有詩爲證」，附上絕句或律詩一首，以表示故事情節保真不假，如假包換之意，似乎不倫不類，頗有畫蛇添足之感。蘭陵笑笑生所撰之金瓶梅，不但有詩有詞，還有元曲小令夾入文中之。其中以小桃紅一闋爲最多，(今人鄭騫教授將小桃紅剔除於元曲之外，因與宋詞小桃紅詞譜相同。)其次曹雪芹之紅樓夢第五回亦有元曲南曲一套以作引子，然效果未必預期有效，尚不如第七十八回之芙蓉誄以顯示賈寶玉之才華。志異各篇中之歌、詩、詞及酒令均假書中人之口而說出或唱出，委實增添故事之效益，此爲蒲氏匠心獨具，亦證明蒲氏受唐人傳奇小說之影響頗深矣！

歌：

鳳陽士人(卷二)：士人負笈遠遊，其妻盼望殷切，一夜忽一麗人邀之去，而與士人相會後，三人共飲之，麗人與士人調情中唱俚歌一曲：

黃昏卸得殘妝罷，窗外西風冷透紗，聽蕉聲，一陣陣細雨下，何處與人閒磕牙？望穿秋水，不見還家，潸潸淚如麻，又是想他，又是恨他，手拿者，紅繡鞋兒卜鬼卦。

此歌道盡閨中怨婦相思之苦，頗有「悔教夫婿覓封侯」。文藝氣息頗濃，其中「又是想他，又是恨他。」雖爲俚俗，但俗不傷雅，應較今日新潮派之歌曲爲佳矣。

阿英（卷七）：甘玉夜讀於匡山僧寺，聞窗外有女子聲音，乃隔窗窺之，有妙齡女郎三四人，皆殊色。席地而坐，備有酒肴，談及他事，內有秦娘子（秦吉子）於席中歌之一曲，爲衆侑酒：

閒階桃花取次開，昨日踏青小約未應乖，囑付東鄰女伴，少待莫相催，著得鳳頭鞋子即當來。

此曲頗爲雅緻，然此曲與本文情節並不太關連，雖然不傷及本文，亦無特殊效益，僅爲將秦娘子引出而已。

綠衣女（卷八）：于生夜讀於醴泉寺，有綠衣女子（綠蜂）於窗外贊曰：『于相公勤讀哉。』後一夕共酌，于生請女度曲。曰：『卿聲嬌細，倘度一曲，必能消魂。』女笑曰：『不敢度曲，恐消君魂』遂以蓮足輕點，倚床而歌之，歌後離去遭劫。

樹上烏臼鳥，賺奴中夜散，不怨繡鞋濕，祇恐郎無伴。

此曲情意綿綿，有建安六朝古體詩之遺風，似嫌過短，尚有餘韻未盡耳。

彭海秋（卷八）：萊州彭好古，讀書別墅，中秋月夜，受同宗好友彭海秋邀飲，酒中興起，復至數千里之外杭州西湖夜遊，招妓娟娘陪飲，席中娟娘唱薄倖郎一曲：

薄倖郎，牽馬洗春沼，人聲遠，馬聲杳，江天高，山月小，掉頭去不歸，庭中生白曉。不怨離別多，但愁歡會少，眠何處，勿作隨風絮，便是不封侯，莫向臨邛去。

此曲宜作文字欣賞可也，文藝氣氛太濃，「不封侯」亦唐王昌齡之閨怨，悔教夫婿覓封侯。「隨風絮」「臨邛去」爲孟郊之古別離：欲別牽郎衣，郎今到何處，不恨歸來遲，莫向臨邛去。又：勸勿臨邛去，是怕他作隨風絮也。又白居易之長恨歌：臨邛道士鴻都客。然此曲爲彭好古與娟娘再會於揚州，而結連理之註腳。

翩翩(卷七)：羅子浮遇神女翩翩相識生子與另一神女花城之女結褵，花燭之夜，翩翩作歌曰：

我有佳兒，不羨貴官。我有佳婦，不羨綺紈，今夕聚首，皆當喜歡。為君行酒，勸君加餐。

此歌風格甚高，有直追詩經之勢也。

香玉(卷三)：膠州黃生借讀勞山下清宮，偶見宮內有白衣(香玉)及紅衣(絳雪)兩女郎，追之不及，而留五絕一首以示愛慕之意。

詩：

無限相思苦，含情對短窗，恐歸沙吒利，何處覓無雙。

（按：沙吒利及無雙，均取自唐人傳奇之柳氏傳及無雙傳。）是夜香玉（牡丹花精）前來黃生之處，笑曰：『君洶洶似強寇，使人恐怖，不知君是騷士，無妨相親。』次日晨臨去時，和前韻五絕一首：

良夜更易盡，朝暾已上窗，願為樑上燕，棲處自成雙。

後香玉（牡丹花）被移去而萎悴，黃生臨穴憑弔踵前韻再作五絕一首弔之。

山院黃昏雨，垂簾坐小窗，相思人不見，中夜淚雙雙。

絳雪（耐冬樹精）聞聲前來和之，踵前韻亦爲五絕一首而弔之。

連袂人何處，孤燈照晚窗，空山人一個，對影自成雙。

此四首香艷纏綿，膾炙人口，寫盡人間悲歡離合之情。第四首最後一句，「對影自成雙」，若將「自」字改爲「空」字「對影空成雙」，則更爲哀艷。

鳳仙（卷十一）：鳳仙（狐狸）曾竊取大姐八仙繡履一雙，後劉郎中舉再團聚時，八仙討回繡履，三姊妹各爲繡履吟五絕一首：

新時如花開，舊時如花謝，珍重不曾著，姮娥來相借。

八仙所吟含有婉惜之意，祝舊履好運，借予姮娥，憐履亦自憐之。

曾經籠玉筍，著出萬人稱，若使姮娥見，應憐太瘦生。

水仙所吟為誇讚之意，姮娥猶憐其瘦小，誇讚其大姊八仙金蓮三寸之美。

夜夜上青天，一朝去所懽，留得纖纖影，偏與世人看。

鳳仙所吟實有報復之意，因其大姊八仙曾佔用劉郎床鋪並遺留紈褲一件，而以鳳仙交換之，詩中寫盡小妮子之嬌嗔之心態耳。

瑞雲(卷四)：瑞雲者，杭州之名妓也，色藝冠世，餘杭賀生才名蓋於群倫，惟家境清寒，竭集微資，求一面之緣，得瑞雲青睞，不勝喜悅，瑞雲並贈賀生五絕一首：

何事求漿者，藍橋叩曉關，有心尋玉杵，端只在人間。

此詩係從唐人傳奇：「無從尋玉杵，空自叩藍橋。」而化之。

辛十四娘(卷五)：廣平馮生，日暮醉歸，見著紅帔少女進入破廟，陰念孤女何以黃昏而至廟中，好奇而追入之，見老叟告之曰：暫借以安家小，生乃叟求親，索筆草擬五絕一首：

千金覓玉杵，殷勤手自將，雲英如有意，親為擣元霜。

以上兩則五絕之典故，出自裴鉶傳奇故事：裴航遇雲翹夫人，與詩云：『一飲瓊漿百感生，玄霜擣盡見雲英，藍橋本是神仙窟，何必崎嶇上玉京。』後裴生過藍橋，渴，茅舍有老嫗，揖之求漿，嫗令雲英以一甌漿飲之。航欲娶雲英，嫗言：已有靈丹，須得玉杵臼擣之，得玉杵臼，當相與，後航購得之，嫗令擣藥百日，嫗吞之，先入洞，告姻戚來迎航及女，就禮後，航及妻入玉洞爲上仙，裴鉶所撰傳奇頗多。如崑崙奴篇，後人均引爲典故。

翚仙（卷七）：尙秀才與歌妓惠哥，爲幼時情侶，矢志嫁娶，惠哥善歌奏曲，爲魯王召之入宮，而絕舊好，後尙秀才託翚道人設法謀面，道人以道袍袖中攜之入宮與惠哥相會，而聯詩七絕一首：

侯門似海久無蹤（尙），誰識蕭郎今又逢（惠）。

袖裡乾坤眞箇大（尙），離人思婦盡包容（惠）。

此詩源自唐崔郊贈婢詩：「公子王孫逐後塵，綠珠垂淚濕羅巾，侯門一入深似海，從此蕭郎是路人。」另外袖裡乾坤，古之寓言，卻被蒲氏引入此詩中。

西湖主（卷八）：陳生過洞庭遇難，浮起後誤入殿閣，遇公主獵罷歸來，輕邊鞦韆離去，遺落紅巾一條於架上，陳生拾得後就案上筆墨而題七絕一首：

雅戲何人擬半仙，分明瓊女散金蓮，廣寒隊裡應相妒，莫信凌波便上天。

（三會本爲「上九天」。）

陳生落水後，未作波臣，亦屬萬幸，流竄院內，飢腸轆轆，何來如此雅興耳。

連瑣（卷五）：女鬼連瑣得絕句兩句，終未能續之，深夜吟於牆外，楊子畏聞吟後，興起而代續之。後結連理。

元夜淒風卻倒吹，流螢惹草復沾幃（連瑣）。

幽情苦緒無人見，翠袖單寒月上時(楊子畏)。

但明倫評上兩句，孤寂如鶩，幽恨如綿，此十四字已足矣！楊之續句，特從空處發其餘意耳。又評下兩句，承上兩句而暢言之，真能道其所欲道，而復道其所不能道者也。另三會本刊爲「玄」夜。通行本爲「元」夜。是避諱康熙名字玄燁之故也。

連城(卷六)：喬生，少負才名，生性剛強，講究道義。連城，史孝廉之女也，深識文字，並工刺繡，出所刺之「倦繡圖」徵詩，意在擇婿。喬生獻詩：

慵鬟高髻綠婆娑，早向蘭窗繡碧荷，刺到鴛鴦魂欲斷，暗停針線蹙雙蛾。

復又讚其刺繡之美：

繡線挑來似寫生，幅中花鳥自天成，當年織錦非長技，倖把迴文感聖明。

據清呂湛恩註云：第一首出自江湖紀事；終日刺鴛鴦，懶把雙蛾掃，且歸水雲鄉，百年可偕老。第二首：織錦迴文係出晉烈女傳，竇滔與其妻蘇蕙之故事。

公孫九娘(卷六)：九娘與萊陽生人鬼聯姻，追述于七案，白剄經過，而占七絕兩首：

昔日羅裳化作塵，空將業果恨前身，十年露冷楓林月，此夜初逢畫閣春。

白楊風雨遶孤墳，誰想陽臺更作雲，忽啓鏤金箱裏看，血腥猶染舊羅裙。

第二首鏤金箱之「鏤」字在三會本校正爲「縷」字，係依鑄雪齋抄本而改之，據呂註：「縷金箱」出自太原妓贈歐陽詹之詩：自從別後減容光，半是思郎半恨郎，欲識舊時雲髻樣，愛奴開取「縷」金箱。通行本係依青柯亭刻本而刊印，「鏤」字爲雕刻鏤空也，青本改「鏤」字不知其用意何在，恐係誤認此「縷」字爲蒲氏原稿之筆誤而擅改之，苟若如是，則繆矣！

田子成(卷十二)：田子成過洞庭，覆舟而沒，爲好心人收葬於湖邊，其妻杜氏聞訊後，仰藥殉情，而葬於宅外竹橋西端，其子良耜後仕漢陽，路過洞庭，一夕見三人(鬼魂)於湖濱茅屋中飲酒吟詩，其中盧十兄(田子成)吟七絕一首：

滿江風月冷淒淒，瘦草零花化作泥，千里雲山飛不到、夢魂夜夜竹橋西。

此詩哀豔纏綿，頗有玉谿生李商隱之遺風，讀後令人有蕩氣迴腸之感矣。

細侯(卷十六)：浙江昌化滿生，舌耕於餘杭，一日閒步於市，見一憑欄皺妓，探知其爲倡樓賈氏女細侯，次日湊足纏頭資而赴之，作一夕之歡，於枕上占七絕一首：

膏膩銅盤夜未央，床頭小語麝蘭香，新鬟明日重妝鳳，無復行雲夢楚王。

滿生無限繾綣之情，流露其間，第一句出自杜甫詩：「銅盤燒燭光吐日，夜如何其促膝談」。第四句出自宋玉高唐賦：神女會襄王。

丐仙(卷十五)：隴州金城，高玉成，善針灸，不擇貧富，不計脈金均醫之，里中來一丐，生惡瘡，膿血狼藉，臭不可近。高某憐其苦而醫之，後丐治癒後，復索飲食無麼，高均與之。一夕，丐酬高某，筵席極豐，水陸橫陳，席中幻化麗人以娛之，並作歌曰：

連翩笑語踏芳叢，低亞花枝拂面紅，曲折不知金鈿落，更隨蝴蝶過籬東。

此首頗爲香艷，頗有小杜寄楊州韓綽判官之詩，「二十四橋明月夜，玉人何處不吹簫」之韻味耳。

蔣太史(卷十六)：蔣起，字虎臣，江蘇金壇人，順治丁亥探花，自記前世爲僧，老年書偈云：

倏然猿鶴自來親，老衲無端墮業塵，妄向鑊湯求避熱，那從大海去翻身。功名傀儡場中物，妻子骷髏隊裡人，只有君親無報答，生生常自祝能仁。

呂註：『偈者，佛教詩詞也。』所謂偈者，係宏揚佛法教義謂之。尤以禪宗爲甚，稱之「悟」。如五祖弘忍傳法時，神秀作偈曰：『身是菩提樹，心是明鏡臺，時時勤拂拭，莫使有塵埃。』慧能作偈曰：『菩提本非樹，明鏡亦非臺，本來無一物，何處染塵埃。』故五祖傳法予慧能爲六祖。紅樓夢第二十回，曹雪芹爲賈寶玉作偈云：『你證我證，心證意證，是無有證，斯可云證，無可云證，是立足境。』此類文字，含有玄意，有超塵拔俗之感，則謂之偈也。蔣太史所云僅可謂之詩，因其未能摒棄七情六慾，「功名、妻子」姑且不言，「場中物、隊裡人」略有出世之感。然其「君親無報答」純係儒家思想之「天地君親師」之謂也。未能四大皆空，尚有罣礙，「君親」等之俗念牢記不忘，何能謂之偈，此蒲氏敗筆之處。池北偶談卷八亦有此一則，則名爲「蔣虎臣」，則稱之爲詩。此則之詩恐非蒲氏所撰，爲佚事記載而已矣。

林四娘（卷三）：青州道陳公，夜坐官廨，有女鬼搴簾而入，自言名林四娘，相處三年，後四娘於投生之前，而作七言古詩一首：

靜鎖深宮十七年，誰將故國問青天。閒看殿宇封喬木，泣望君王化杜鵑。
海國波濤斜夕照，漢家簫鼓靜烽煙。紅顏力弱難為厲，蕙質心悲只問禪。
日誦菩提千百句，閒看貝葉兩三篇。高唱梨園歌代哭，請君獨聽亦潸然。

此詩恐亦非蒲氏所作，而係筆記之記載，池北偶談卷二十一亦有林四娘一則，中有七律一首，較爲工整。

靜鎖深宮憶往年，樓臺簫鼓遍烽煙，紅顏力弱難為厲，黑海心悲只學禪。
細讀蓮花千百偈，閒看貝葉兩三篇。梨園高唱昇平曲，君試聽之亦惘然。

此二則兩首詩，或係其他筆記所記，尤以林四娘一則，志異原文最後並註云：『詩中重複脫節，疑傳者錯誤。』苟若真爲蒲氏所撰，池北偶談則有剽竊之嫌。因志異撰成時，王士禎按篇索閱並加評註，對林四娘一則之詩，重行整理平仄對仗耳。另林西仲亦撰有林四娘記一則，內中未附有詩。

褚生（卷十一）：順天陳孝廉幼時從熟師讀於寺中，與褚生（鬼魂）同窗共硯，相處有詞：

總角之好。後將入邑庠，陳慮不能終幅，褚以化身代陳應試，陳生則被騙帶至李皇親園飲酒，招女鬼李過雲作陪。鬼吟〈浣溪紗〉一曲：

淚眼盈盈對鏡臺，開簾忽見小姑來，低頭轉側看弓鞋。

強解綠娥開笑靨，頻將紅袖拭香腮，小心猶恐被人猜。

但評：此曲可泣可歌，如畫如話，以死鬼而歌艷曲，亦是淡處求濃，枯處求榮法。

此則故事，較爲嚴肅，討論讀書及科舉之艱難，卻未如〈賈奉雉〉等則尖銳批評科舉制度黑暗。將科舉榮辱歸之於宿命，而不討論人之資質良莠，此乃前人之通病。而以考試期間，招妓飲酒作樂，亦表示人生如浮雲，功名如幻夢，今朝有酒姑先醉矣，特穿插此艷曲，遊戲人生，確使文章增輝不少。

浣溪紗之詞牌又名之，小庭花、滿院春、東風寒、醉木犀，霜菊黃、廣寒枝，試香羅、清和風、怨啼鵑等名。除第四句不用韻外，六句共用五韻，均用平韻，易填又易討好，蒲氏頗喜此調。

宦娘（卷九）：溫如春，秦人，少嗜琴，客晉時，偶於古剎中，得布衲道人之真傳，其琴藝乃成廣陵絕響。後歸秦途中，夜遇暴雨，見道傍小宅，不容慎擇，遽入借宿，室中僅老嫗及宦娘二人，溫乃坐於室中，撫琴度盡長宵而歸去。歸家，因琴韻而結識葛部郎，葛有女名良工，負有艷名，即善詩詞，又喜琴箏。良工聞溫之琴聲而心喜之。溫知良工之才藝而向葛氏求親未遂，即疏遠之。宦娘（女鬼）喜琴而善箏，慕溫之琴藝，而以〈惜餘春〉一詞爲溫與良工撮合之：

因恨成癡，轉思作想，日日為情顚倒。海棠帶醉，楊柳傷春，同是一般懷抱。甚得新愁舊愁，剷盡還生，便如春草。自別離，只在奈何天裏，度將昏曉。今日箇麼損春山，望穿秋水，道棄已拚棄了。芳衾妒夢，玉漏驚魂，要睡何能睡好？漫說長宵似年，儂視一年，比更猶少。過三更已是三年，更有何人不老。

此則故事，以琴爲經，以詞爲緯，經緯交織，故事曲折婉轉，扣人心絃。宦娘爲酬師傳琴藝之勞，煞費若心，以《惜餘春》一詞爲撮合，誠用心良苦耳。可謂知音不獨於人世，黃泉路上亦有之。宦娘得溫之琴藝，而將箏之技巧傳於良工，可謂投桃報李也。三會本卷四羅剎海市記載：稿本無名氏評語：『志異全書以羅剎海市爲第一，逼似唐人小說矣！』此評語未必恰當，見仁見智，各有不同，此則故事曲折，惜餘春艷麗，文字鑑鏘，足媲美唐人傳奇，有過之無不及耳。

惜餘春：依詞譜稱爲《惜餘春慢》，宮調中應屬慢曲，蒲松齡全集中，亦稱爲惜餘春慢，此則中稱惜餘春，不知何故，三會本對缺「慢」字，未作勘正。此調本名爲《選冠子》又稱選宦子。轉調選冠子、蘇武慢，仄調過秦樓等等。此調爲變體，依御製詞譜卷三十五註：周邦彥所填之一百十一字爲正體。

本則《惜餘春》在三會本卷七。但評：如抽繭，如剝蕉，曲折纏綿，如泣如訴。又評：惜餘春詞委婉纏綿，迴環往復，一字一轉，一字一波。想奈何天裡，顛倒情懷，青草如愁，良宵似歲。海棠楊柳，與儂共訴相思；秋水春山，到此空勞盼望。至於魂驚玉漏，夢妒芳衾。人老三更，春歸四月。前本因恨成癡，今則因癡而益恨矣！愁腸雜遝，憑誰辨新與舊哉？宦娘雖假此以作蹇修，而飲恨重泉，傷心薄命，借題目以撼懷抱，情見乎辭矣。（按：惜餘春曲折婉轉，敘盡情懷之苦。尤以最後五句；年比更少，韶華不再，青春易老，情天難補，恨海何堪，有情又何堪？「今朝美酒我先醉，明日黃花蝶也愁。」）

續女（卷十一）：費生以重金賄老嫗，欲見續女（神女），續女設簾以見之，先見顏貌，國色天香，令人傾倒。復又欲其金蓮，纖如玉筍，而如願以償。費生迷其艷麗而題〈南鄉子〉一闋於壁上：

隱約畫簾前，三寸凌波玉筍尖，點地分明蓮瓣落纖纖，再著重臺更可憐。花襯鳳頭彎，入握應知軟似綿，但願化為蝴蝶去裙邊，一嗅餘香死亦甜。

此曲爲描述古代女子纏足之美，寫盡費生迷其艷麗而拜倒石榴裙下之態，僅僅五十六字，今人盪氣迴腸，似嫌猥褻，應非上品。然此調亦屬變調，第三句本七字，第四句二字，三句四句中讀之，而此調將第三句第四句呵成一氣，但平仄合譜。

後人評〈惜餘春〉〈南鄉子〉兩闋爲淫詞，非也。僅可稱之爲「俚詞」。宦娘一則，蒲氏已言明爲俚詞，致多言爲艷詞而已。詩經關雎篇：『窈窕淑女，君子好逑。參差荇菜，左右流之，窈窕淑女，寤寐求之。求之不得，寤寐思服，悠哉悠哉，輾轉反側。……』孔子刪詩經，此篇未予刪除，並排於詩經首篇。又如何解釋之矣？古代男女求情以歌唱爲之。今日文化落後地區民族亦復如是，此兩闋尚不堪稱之淫詞。若談淫穢文字，則試錄數段之：

元人王實甫所撰列爲第六才子書，〈西廂記〉第四本一折，仙呂宮勝葫蘆一闋：

《勝葫蘆》軟玉溫香抱滿懷，呀！劉阮到天臺，春至人間花弄色，柳腰輕擺，花心輕折，露滴牡丹開。

《么篇》蘸著些兒麻上來，魚水得和諧，嫩枝嬌香蝶恣採，半推半就，又驚又愛，擅口搵香腮。

以上元曲西廂記，流傳至廣，膾炙人口，列爲才子之書，論其淫穢，則較《惜餘春、南鄉子》有過之矣。

明代青藤老人徐渭之《四聲猿》。第二篇「玉禪師碧鄉一夢」第一齣：（江水兒一闋）：

《江水兒》：數點菩提水，傾向兩瓣蓮。……

道白中有詩一首：

水月禪僧號玉通，多時不下竹林峰，可憐數滴菩提水，傾入紅蓮兩瓣中。

此曲係根據張邦畿之侍兒小名錄拾遺所撰。其故事內容：高僧至聰修道數十年，自以道行深厚，下山後，途中遇蕩婦紅蓮而破色戒。後附七絕一首：

有道山僧號至聰，十年不下祝融峰，腰間所積菩提水，瀉向紅蓮一葉中。

此則文字，其淫穢程度不亞於西廂記。

另清代曹雪芹之鉅著《紅樓夢》第二十八回：賈寶玉，蔣玉菡，雲兒，薛蟠四人所作酒令。錄薛蟠所作：

女兒悲：嫁了個男人是烏龜。女兒愁：繡房鑽出個大馬猴。女兒喜：洞房花燭朝慵起。女兒樂：一根××往裡戳。

此乃出自一代文豪曹雪芹之手筆，其不獨淫穢，且粗俗不堪，固屬描寫薛蟠粗俗下流，實已過之。今人研究紅樓夢之衆，多如過江之鯽，蒲氏兩闋詞，實瞠乎甚後矣。

酒令：

田子成（卷十二）：田良耜遇父後（其中有三鬼魂，內容於其段已述），賓主等四人各作酒令一則，以擲骰子點數爲準，再加以典故：

主人叟擲得么二三，曰：『三加么二點相同，雞黍三年約范公，朋友喜相逢。』呂註：後漢書，范式傳；范與張劭爲友，二人皆告歸故里，范對張言，二年後當還，拜見尊親，至期張劭設饌候之，張母言：二年之約，何可信之矣。屆期范式果如約而至。

杜野侯擲雙二單四，曰：『四加雙二點相同，四人聚義古城中，兄弟喜相逢。』呂註：三國演義第十四回：劉備、關羽、張飛兄弟離散後，復聚於河南古城。

盧十兒擲雙么單二，曰：『二加雙么點相同，呂向雙手抱老翁，父子喜相逢。』呂註：孝苑：唐時呂向，其父久客在外未歸，累訪未遇，一日下朝歸來，見一老翁問之，果父也，雙手抱而慟號之。

田良耜擲雙么單二，曰：『二加雙么點相同，茅容二簋款林宗，主客喜相逢。』呂註：後漢書：茅容傳；茅容與郭林宗善，留於寓宿，次日，容殺雞爲饌，林宗以爲款己，既而容以雞侍母，而與客進餐，則用蔬菜，林宗起而拜之曰：卿賢乎哉！

四則酒令含意極深，典故嵌入至為恰當，朋友，父子，兄弟，主客均嵌入之，父子相逢曲折婉轉，而不流於庸俗，文雖盡而意無窮矣。

鬼令（卷十五）：學官展生，才華蓋世，灑脫不羈，嗜酒如命，醉歸騎馬上殿，誤觸庭樹而死，死前仍自我解嘲，曰：『子路怒我無禮，擊腦破矣。』後一夕被人發現展生與四人（鬼魂）在古剎中飲酒行令，四人各云：

田字不透風，十字在當中，十字推上去，古字贏一鍾。

回字不透風　口字在當中，口字推上去，呂字贏一鍾。

囹字不透風　令字在當中，令字推上去　含字贏一鍾。

困字不透風　木字在當中　木字推上去．杏字贏一鍾。

輪到展生，久思不得，乃曰：

曰字不透風，一字在當中，一字推上去，眾問曰，一字推上去是何字？展續曰：一口一大鍾。眾乃大笑。

此則頗富風趣，寫盡貪杯之態。然字典中，口（圍）字部首中，除此四字外，已無第五字可尋。至於回字也頗牽強，回字本字為「囘」。回字為俗體字耳。另曾閱隨筆筆記中亦見有類似此酒令，略有不同，特志之：

田字四四方，十字在中央，十字推上去，古字好風光。

回字四四方，口字在中央　口字推上去，呂字好風光。

困字四四方，木字在中央，木字推上去，杏字好風光。
囹字四四方，令字在中央，令字推上去，含字好風光。
曰字四四方，一字在中央，一字推上去，一口好風光。

此乃後人假蒲氏所撰而纂改之。實無新奇之感。

鴞鳥(三會本卷十二，通行本未刊此則)，長山縣令，楊某性奇貪佞，西塞回民作亂，楊某假朝廷命令，大肆投括，以飽私囊。山西有一商人因牲畜被楊某掠奪，求救於萊蕪縣令范某，新城縣令孫某、益都縣令黃某代爲緩頰，楊某不從，治具款待，並行酒令，以天地人爲題。

楊某倡言：『天上有月輪，地下有崑崙，有一古人劉伯倫，手持酒杯，道是酒杯之外不須提。』

范令接言：『天上有廣寒宮，地下有乾清宮，有一古人姜太公，手執釣魚竿，道是願者上鈎。』

孫令接言：『天上有天河，地下有黃河，有一古人是蕭何，手持一本大清律，道是贓官贓吏。』

楊某面有慚色，又復續言：『天上有靈山，地下有泰山，有一古人是寒山，手持一帚，道是各人自掃門前雪。』衆皆面面相覷，無言以對。忽一少年，傲岸而入，笑曰：『諸公雅興，願以獻醜。』便接曰：『天上有玉帝，地下有皇帝，有一古人洪武朱皇帝，手持三尺劍，道是貪官剝皮。』貪墨剝皮，前文皮場廟已述。(按：長山縣爲淄川鄰縣。西塞用兵指噶爾丹之役，此役起於康熙二十九年至三十五年，清初喜展武功，蹂躪黎民，再加貪官，民實不堪其苦矣！）

志異中詩詞未若唐人傳奇之普遍，僅寥寥幾則中加有詩詞，使讀之有意猶未盡之感。唐人傳奇幾乎每則均有詩一首或數首之穿插之。假書中人之口而道出，使故事增色不少，如鶯鶯傳一篇除前所提五絕一首外，崔鶯鶯與張生絕情時，又寫一首七絕斷腸詩：『自從消瘦減容光，萬轉千迴懶下床，不爲傍人羞不起，爲郎憔悴卻羞郎。』道盡了絕情之苦，哀怨如泣，令人盪氣迴腸。在志異書成之後。曹雪芹所著紅樓夢前八十回善用詩詞，故較後四十回爲生動感人，如第七十回所填柳絮詞，不獨增添故事情節，更使書中人個性及命運均有突出之顯示，各人以後之遭遇，先下註腳：

賈寶玉之南柯子(僅上闋)：一往東西南北各分離。

李紈續下闋：總是明年再是隔年期。

林黛玉之唐多令：飄泊亦如人命薄，空繾綣，說風流。

薛寶釵之臨江仙：白玉堂前春解舞，東風捲得均勻。

以柳絮爲題，而表現四人之性格及以後之遭遇均不吻合。另寶玉在二十八回中唱一首紅豆詞。今日流行藝術歌曲《紅豆詞》，係出自曹雪芹之手筆，世人卻茫然不知，曹雪芹泉下有知，應含笑瞑目矣！

蒲氏詩詞造詣之佳，世所共知，蒲松齡全集中，詩不下千餘首，詞在百闋以上，然於志異中，詩僅十餘首，詞僅三闋，頗爲遺憾，志異一書流傳數百年之久，非蒲氏所能逆料也，而將詩詞藏於全集中，暗無天日矣。

笑林

笑林文字，若以現代名詞解釋，應包括滑稽、戲謔、詼諧、幽默、諷刺等諸項文字。於我國小說中，甚少有笑林體材之小說，絕大多數小說體材均較爲嚴肅，或受歷代提倡儒學之故，論語學而，子曰：『君子不重則不威，學則不固。』因此小說中均表示忠孝節義爲主旨。尤以宋代以後，不論話本或章回小說，以至元曲，無不是忠臣孝子，加冠晉爵，才子佳人大團圓。千篇一律，一個模式，即使我國較具笑林形式之文字，《笑林廣記》，其中各則文字，未必均爲笑料，博君一粲耳！笑林文字也絕非打科插渾之一派胡言亂語，逗君一笑，則是含有可笑、可卑、可憎、可惡、可恥等雜入其中，使讀後能有所回味，莞爾一笑，而不致興趣索然，更可於茶餘酒後作爲話題之價值。志異中各則文字，仍步古人小說之後塵，體材均較爲嚴肅，其中笑林文字，僅寥寥幾篇而已。例如《鬼令》一則，展生酒令無法應對時，乃曰『一口一大鍾』。乖乖認輸，喝下一杯酒，此一口一大鍾，引人發噱。此則文字，並不多見，其他以諷刺文字，尚有幾則，至於滑稽幽默文字，則並不多見之。

戲謔：

仙人島（卷八）：王勉，字黽齋，年少才華過人，頗爲自負，因遭海浪飄至仙人島，島上主人桓公善待之。召鄉黨齒德二三人作陪，宴中，論及詩文，慨然誦吟七律一首，顧盼自雄，其中有句：

一身剩有鬚眉在，小飲能令塊磊消。

孰知被桓公長女芳雲戲謔解釋爲：上句是「孫行者離火雲洞」；下句是「豬八戒過子母河」。一座鼓掌大笑。

王又誦水鳥詩云：「瀦頭鳴格磔」。忽忘下句，桓公次女綠雲即代續之云：「狗腚響弸巴」。又惹得哄堂大笑，王生始有慚色。

王生復以八股文炫耀之：文題《孝哉閔子騫》。係爲童子試，冠軍之作，其宗師批曰：『字字痛切。』卻被芳雲戲曰：『宜將切字刪去，羯鼓四撾，不通又不通也。』

桓公爲王生緩頰，乃出一對，上聯：「王子身邊，無有一點不似玉」。其意在歌頌王生之才華，孰知綠雲應聲而對之曰：『黽翁頭上，再著半夕即成龜』係指王生之字「黽齋」而言。合座又粲然。（按：瀦頭：水停聚之處。格磔：鳥鳴聲。腚：臀部也）。

詼諧：

狐諧（卷五）：萬福，雖爲儒生，未中童子試，復因家貧，無力完稅，而充勞役，萬生逃役而至濟南，於逆旅中結識狐女，發生趣談一段：

萬生好友孫得言者，性善俳達，狐女故戲之，特述有關狐典一則：『昔某村旅舍，有狐常祟旅客，旅客相戒不往投宿，未幾門可羅雀，主人諱言有狐，一日忽有客前來投宿，好事者告之有狐，客懼欲遷去，主人力言其妄，午夜有群鼠竄出於床下，客大聲呼之有狐，主人急問其狀，客告之，所見細細小樣，不是狐兒，必當是「狐孫子」。合座均爲之粲然。

一日，孫與陳氏兄弟，所聞、所見二人連袂來訪。共設酒宴，萬坐於主人席，孫與陳氏兄弟分坐兩側，狐女不善飲酒，特說故事一則：『紅毛國王見中原使臣，頭戴狐腋冠，國王奇之，問狐爲何物？狐字何寫？使臣答之，「狐」字，左邊爲一小犬，右邊則一大瓜。』眾皆譁然。又曰：『國王見使臣騎騾子一匹，不識爲何物，使臣告之曰：『騾爲馬所生，馬生騾，騾生駒。馬生騾是「臣所見」。騾生駒是「臣所聞」。』眾又鬨堂。眾知不敵，孫生仍不服輸，欲出一對以難狐女。乃曰：『妓女去門訪情人，來是萬福，去是萬福。』狐女接口對之曰：『龍王下詔求直諫，龜也得言，鱉也得言。』實令人捧腹不已。

志異中鮮有如此輕鬆詼諧文字，故事雖屬俚俗，但俗不傷雅。最後之對聯，卻實妙趣橫生，但對仗不甚工整。「情人」對「直諫」，以人對言談欠妥。「來是、去是」對「龜也、鱉也」。以行動對動物，也欠妥矣。

幽默：

狐聯（卷六）：焦生讀於園中，午夜有兩絕色美女來訪，心知是狐，正色拒之曰：『僕生平不敢二色。』一女曰：『君名士也，有一對，請代對之，對成則自去，云：「戊戌同科，腹中只欠一點」。』焦生凝思甚久未得下聯。另一女曰：『我可代之歟？「己巳一體，足下何不雙挑」。』對後二女哂笑而去。此對聯，上聯爲男女有別，下聯爲一箭雙雕耳。焦生豈是名士耶？而是迂夫子，苟若以俚俗字眼形容之，可言是一頭標準大笨牛，或爲呆頭鵝。而不知享齊人之福，況且是狐而非人矣！尚無有喪道德廉恥可言哉。

姬生（卷五）：（本則附則青本未刻，故通行本未刊之，三會本卷十二），特錄附則於下：

康熙甲戌年，竊盜某生，因狗盜而入囹圄，刑滿後再加墨刑，於面部刺字訖，例應開釋。縣令認為「窃」為簡筆字，非官板正字，乃命刮去重刺，候創愈後再刺之時，盜占七絕一首：『手持菱花仔細看，淋漓鮮血舊痕斑，早知面上重為苦，竊物先防識字官。』禁卒笑曰；詩人不求功名何以淪為盜矣。盜又占七絕答之：『少年學道志功名，只為家貧誤一生，冀得貲財權子母，囊遊燕市博恩榮。』書生為盜，實為可恥。某生為盜，竊取錢財，乃求囊豐再至燕京博取功名。明清時代，文場弊案，屢出不窮，紅案銀陋規為數頗鉅，非一般窮書生所能為之。蒲氏家境不裕，屢試不第，此乃借題發揮也。今日考試極為公平，謀事亦易，而有受高等教育之輩，淪為狗盜，可恥至極也。

　張貢士（卷九）：（本則如《姬生》一則相似，附則未刊，三會本卷九。池北偶談卷二十六。附則係依《高西園》所言而錄之。按：高西園，名鳳翰，號南阜山人，膠州人，官至歙縣縣令。）

　高西園云：安丘張卯君，當病起，心頭出小人唱崑曲，所記尚無一字遺漏，其詞云：『詩云子曰都休講，不過是都都平丈。』相傳某塾師訓童子讀論語，字多訛謬。其尤堪笑者，讀「郁郁乎文哉」為「都都平丈我」。（按論語之八佾篇：孔子曰：『周監於二代，郁郁乎文哉，吾從周。』清末另一本隨筆亦記有此則，塾師授生時讀為「都都平丈我」。其友人來訪而予糾正之，應為「郁郁乎文哉」數月後友人再訪時，一堂學生皆散矣！詫而問之，塾師曰：『都都平丈我，學生滿堂坐。』友歎曰：『郁郁乎文哉，一個也不來。』

諷刺：

　嘉平公子（卷三）：女鬼溫姬，生時為娼，慕嘉平公子之儀表丰采而從之。一日聽窗外風雨不止，頗感淒涼而吟曰：『淒風冷雨滿紅城。』求公子續之，公子辭以不解，女曰：『公子璧人何乃不解風雅，使妾情興消矣。』某日書字示僕，其中別字連篇；將花椒之「椒」寫成「菽」字。如生薑之「薑」字寫成「江」字。可恨之「恨」字寫成「浪」字。溫姬見之，隨即書曰：『何事可浪(恨)，花菽(椒)生江(薑)，有婿若此，不如爲娼。』隨之倒地而沒。異史氏曰：『溫姬可見，翩翩公子，何乃甘其中之所有哉！遂至悔不如娼，則其妻妾羞泣矣。……』公子翩翩丰采於外，誠如明代劉基之賣柑者言：『金玉其外，敗絮其中也。』以貌取人，本嫌草率，所幸公子僅是「繡花枕頭」而已。若是中山狼又當若何？以貌取人，非爲溫姬耳。今日社交公開，男女相悅，皆以貌取人，公子雖不學無術，品德尚未有差弛，未若今日之登徒子等，包藏禍心，將少女拐騙賣入娼寮者，實不勝枚舉矣。

另溫姬所吟「淒風冷雨滿紅城」，志異書中未續之，筆者願代續之：

淒風冷雨滿紅城，丰采豈可為壁人，花菽生江原是浪，溫姬自應回娼門。（下三句筆者代續之）。

本則三會本卷十一附有兩段別字，錄於後：

道傍設漿者，榜云：『施恭結緣』，其中「恭」字，乃是「漿」字，漿者茶也。「恭」字乃是「糞便」也。施漿結緣，一字之誤，失之千里也。

有故家子，家道中落，而售古窯器，榜曰：『賣古淫器，有要買宣淫，定淫者，大小有之，入內看物議價。』將「窯」訛寫成「淫」字，何其謬矣！何其謬矣！

沂水秀才(卷十四)：某秀才課業中夜，有兩美人進入，含笑不言，一人以綾巾作書，秀才未審其書，另一人置白金一錠，秀才藏於袖內，二人握手含笑而去，誚曰：『俗不可耐！』秀才摸袖中之金，則烏有矣。

美人在側，未能以親芳澤，則有負憐香惜玉之情，苟若矜持如柳下惠坐懷不亂，自屬上品，竟貪白金一錠，豈止俗不可耐，誠如志異所載「乞兒相也」。孟子曰：『貧賤不能移。』秀才者，讀書人也。真如持正不阿，崇禮尚義，不戀女色，則不應竊取白金。即竊白金之恥，又故作態不近女色，何可言之風雅？何云爲文人雅士矣。即貪白金一錠而竊之，秀才人品喪失殆盡，假設一旦中舉而任高官貴爵，其貪佞行徑，豈不是置小民於水火之中也。

本則三會本卷七並於後，附記描述讀書人無品，貪佞下流之態，通行本未刊，特錄之：

對酸俗客，市井人作文語。富貴態狀，秀才裝名士，旁觀諂態，信口謊言不倦，揖坐苦讓上下，歪詩文強人觀聽。財奴哭窮，醉人歪纏，作滿洲調，體氣若逼人語。市井惡謔，任憨兒登筵抓肴果，假人餘威裝模樣，歪科甲談詩文，語次頻稱貴戚。

盜戶（卷十二）：清順治年間，滕嶧地區，盜匪猖獗，官不能剿，而收撫之，唯恐其叛，官府上下無不曲意庇護。凡有大小涉訟事件，互相皆認盜戶，雙方均攻訐對方爲僞。主事者先審其是否盜戶，再審其案件。後該地區某官，有女被狐祟，請術士以符咒捉入瓶中，焚而殺之，狐猶於瓶中大呼之，吾盜戶也。聞者無不匿笑之！

清初滿人統治尚未鞏固，假以科舉取士，飽學之士，固然有之，顢頇貪佞之徒，爲數不少。豈是唯恐盜戶謀叛，主事者實爲自保官爵，而豐囊橐，以致善良子民反先受其害耳！狐猶在瓶中，大呼「吾爲盜戶」，真是令人噴飯，官吏不知作何感受，何致惛憒如此耳。

異史氏曰：『今有明火劫人者，官不以爲盜，而以爲姦；踰牆行淫者，每不自認姦而自認爲盜，世局又一變矣，設今日官署有狐，亦必大呼曰：吾盜戶無疑也。』

三會本卷八附一則有關山東章丘稅賦苛民之事，民不聊生，產生諸多冤獄，與冒充盜戶無異，特錄之(通行本未刊之。)

章丘漕糧徭役，以及徵收火耗，小民常數倍於紳衿，故有田者爭求託焉，雖於國課無傷，而實於官橐有損。邑令鍾，牒請釐弊，得可。初使自首，既而奸民以此要上，數十年鬻去之產，皆誣託詭挂，以訟售主。令悉左袒之，故良懦多喪其產。有李生為某甲所訟，同赴質審。甲呼之秀才，李厲聲爭辯，不居秀才之名，喧不已。令詰左右，共指為眞秀才。令問：『何故不承』？李曰：秀才且置高閣，待爭地後，再作之未晚也。噫！以盜之名，則冒爭之；秀才之名，則爭辯之；變異矣哉！

司訓(卷十三)：某教官耳聾，與狐善，賴狐傳以耳語方能聽之。數年後，狐離別而去，囑之曰：『君如傀儡，與其以聾取罪，不如早去而顯清高也。』某貪戀祿位，不能從狐言，每於公務問，所答非所問，乖舛百出。學使每欲逐之，復求顯要爲之關說。一次，執事試場後，各教官均自靴中取出名冊向學使關說，獨某未有，學使詫而問之，某仍茫然不解，在座同僚以手入靴示之，某自靴中取出房中「僞器」以進，並言以八錢銀子者爲最佳。

此則文字諷刺至極。

(一)學官不肆夫子之道，竟然授售房中淫器，不獨斯文掃地，可言無恥至極。

(二)學官重聽，賴狐傳言，不克執行公務，如此尸位素餐，蠹食官囊，宦場何至腐敗如此耳。

(三)文場考試應以公正廉明，各學官竟然自靴中取出名冊而公然關說，考試何公平之有？朝廷又何能拔擢賢能之士？朝政又何能修明？無怪清代政治之腐敗矣！

王子安(卷十六)：王子安者，東昌名士，屢試不第，又一次入闈後，期盼甚殷，放榜期近，醉後而臥，爲狐奚落，誤報高中金榜，大呼高賞報喜人賞錢十千，如是者三，實尚未放榜矣！由此可見，當年士子熱中科舉之形態，一躍龍門，不獨身價百倍，且可榮華富貴。此非狐之奚落，鬼之揶揄，而是士人迷戀科舉之心態所致耳！三會本卷九附評如下。

何奇正評曰：『子安弋獲心切，故狐戲之，然當其心滿意足時，何知爲戲？齊量等觀，則詞林諸公，安非出於造物者之戲也。世事種種色色，不必認真。』

但明倫評曰：『幻想所結，得意齊來，報馬長班，無妨以不甚愛惜之虛名，暫令措大醉中一快心耳。乃欲出耀鄉里，認假作真，狐亦怒而去之矣。……』

公孫夏(卷十二)：保定國學生某，將入都納資捐官，欲謀縣令一職，正擬啓程時而染重病，月餘不起。忽有客至，自稱爲公孫夏皇子之坐客也，告其壽盡，已註死籍，命其多燒冥紙，代謀冥中城隍一缺。遂與妻小訣別，市中冥紙楮錠被搜購一空，並雜於芻靈鬼馬，日夜焚之，灰高如山。三日後，客果來導之去，上任之時，車服炫耀，以求震懾曹屬。途中恰遇關武帝，關聖叱其張狂，某心虛，身體暴縮，僅如六七歲兒童之高，又令其姓名年籍，字不成形，且錯謬百出，其與客二人各被笞刑五十。

志異一書，對明清之際，宦場黑暗，賣官鬻爵，百般醜態，描述得無不淋漓盡致，祇礙於文字獄，故不敢明目張膽，公然指名道姓而已，卻假鬼狐之口，暢然諷刺之。「關老爺」於其職掌中，未列懲治貪瀆一項。惟其在世之時，為人處事正直，後人對其無限敬仰，崇拜為神。凡受貪瀆之害者，無不望再有包文拯再世，以挽頹風，以正官箴。異史氏曰：『……吾鄉郭華野先生，傳有一事，與此頗類。……適有新令赴任，道與相值，駝車二十餘乘，前驅數十騎，騶從百餘計，先生亦不知何官。……至一巨鎮，兩俱休止，乃使人潛訪之，則一國學生加納，赴任湖南者也。乃遣一价召之使來，……悚懼無以為地，冠帶匐伏而前，先生問：『汝即某縣縣尹耶？』答曰：『然。』先生曰：『蕞爾一邑，何能養如此騶從？履任則一方塗炭矣，不可使殃民社，可以旋歸勿前矣。……』

牢騷：

司文郎(卷十二)：平陽王平子，赴試北闈，登州宋生(鬼魂)二人性情頗投，同賃居於報國寺內，寺內尚居餘杭某生，性情傲慢，與王生等頗不能容，一日，同與寺中盲僧論文，僧歎曰：『僕雖盲於目，未盲於鼻，簾中人目鼻均盲矣。』(錄原文)：

俄餘杭生至，意氣頗舒。曰：『盲和尚汝亦啖人水角耶？今意如何？』僧笑曰：『我所論者文耳，不謀與君論命，君試尋諸試官之文，各取一首焚之，我便知孰為爾師？』生與王並搜之，止得八九人。……生焚之，每一首都言非是，至六篇，忽向壁大嘔，下氣如雷，眾皆粲然。僧拭目向生曰：『此眞汝師也，初不知而驟嗅之，刺於鼻，棘於腹，膀胱所不能容，眞自下部出矣。』生大怒去。……乃知即其門生也。

盲僧者：目不盲，鼻不盲，心更不盲也。而假盲僧之口，痛飭諂媚文字之可恥，有其師者必有其徒也。臭味相投，師生之誼，恩師主考，門生高中金榜，又有何可怪之處耶？文章本應有骨氣及傲氣，但未必適宜。太史公因文章有傲氣而受宮刑，韓愈因文章有骨氣而貶謫至潮州。蒲氏文章有骨氣，未若太史公等因文章而招禍，該屬萬幸。而假盲僧之口，以舒忿懣。蒲氏豈是爲一吐爲快耳！實爲帶淚而笑。誠如是：簾中人，目盲、鼻盲、心更盲矣！文章雖可蓋世，半數猶聽天命，考試不公，人神共憤，豈止埋沒賢能之士，反使貪佞之徒揚眉吐氣，傷天害理，荼毒生民耶？

笑林文字本爲博君一笑，我國滑稽文字，流傳甚早，史記中滑稽列傳等等。戲謔文字偶或有之，惟幽默文字，少之又少，近代幽默大師林語堂先生大力倡導幽默文字，大師逝世後，後繼乏人，詼諧文字，在各類筆記小說中，均有刊載，多爲墨客騷士爲之，其中均雜有詩，詞或對聯等，文字較爲深奧，非飽學之士，難能窺其堂奧。即使《笑林廣記》亦無法大眾化，實爲憾事。至於諷刺文字，則是源遠流長，自古迄今，不論左傳，史記等雖有諸類文字，但亦不普及大眾。清人吳敬梓之《儒林外史》把官宦儒子諷刺得體無完膚。《金瓶梅》一書，蘭陵笑笑生把有錢勢之土豪劣紳之卑劣行徑，罵得一無是處，但均不是一部笑林文字，志異一書是諷刺詼諧文字亦僅幾則而已。《考弊司》（

卷十六）：鬼王受賕枉法，割人髀肉。然堂廡楹間板雕翠字一聯，云：『曰校曰序日庠，兩字德行教陰化。上士中士下士，一堂禮樂鬼門生。』言行相悖，令人齒冷。至於三朝元老（前文已敘）等等諷刺文字，均是假鬼神之口而言云。

異史氏

史記於本紀或列傳每篇結尾後，太史公司馬遷或以其官職加上一段補充文字，名爲之「太史公曰」。太史公對每篇史實加以補敘評論，而使所記載史實，更爲完整，更爲充實，如管晏列傳等篇加以補敘。志異中於結尾時，間或加上一段「異史氏曰」，異史氏在我國歷代小說中亙古罕有之。異史氏雖有類似仿效史記之「太史公曰」之形式，然「異史氏曰」「太史公曰」之內容則迥然不同。異史氏之文字有論述性，評論性，攻訐性，婉惜性，褒揚性，哲理性等不一而足，尙有故事描述未能盡興時，異史氏卻附有一篇文辭並茂之駢文文章等而補述之。「異史氏曰」在小說中，可以說是創舉，不論唐人傳奇，宋人話本及以後章回小說均未見有之。在異史氏以後，長白浩歌子所著之螢窗異草一書後加有外史氏曰。夜雨秋燈錄爲宣鼎所著，後加有懊儂氏曰等等，兩書文章及情節均較志異一書爲遜色，而「外史氏」「懊儂氏」兩者之評述亦未能踰越「異史氏」之文章，頗有效顰之感。

論述：

鴉頭(卷七)：異史氏曰：『妓盡狐也，不謂有狐而妓者，至狐而鴇，則獸而禽矣，滅理傷倫，其何足怪，而百折千磨，之死靡他，此人類所難，而乃於狐也得之乎？唐君謂魏徵更饒狐媚，吾於鴉頭亦云。』(鴉頭拒不爲妓。)何評：鴉頭爲「貞狐」。狐未必盡妓也，如「鴉頭」者是。妓亦來必盡狐也。其實世間未必有狐可以化人，北方雖有此訛傳，皆爲杜撰而已。在蒲氏生花筆下更爲生動，如紅玉、蓮香、青鳳等均可列爲閨範。至於妓盡狐也。即爲妓女，本以賣身謀錢，何有真情實意可言，其所以「狐媚」乃爲博取纏頭之資而已，況其身後尚有一把辛酸淚耳，白居易之琵琶行所言，待暮去朝來，門前冷落之時，又當若何？再者尚有老鴇於其身後剝削之。

唐太宗謂魏徵之「狐媚」，係指魏徵忠貞不二，守正不阿之謂也，魏徵爲相，早朝論政常與唐太宗遇事爭執，相持不下，皆爲治國之大計也。蒲氏評鴉頭亦貞潔不二也，誠威武不屈也。

王十（卷十三）：異史氏曰：『鹽之一道，朝廷之所謂私，乃不從乎公者也。官與商之所謂私，乃不從乎其私者也。……嗚呼，冤哉！漏數萬之稅非私，而負升斗之鹽則私之。本境售諸他境非私，而本境買諸本境則私之。冤哉！律中鹽法最嚴，而獨於貧難軍民，背負易食者，不之禁，今則一切不禁，而專殺此貧難軍民，且夫貧難軍民，妻子嗷嗷，上守法而不盜，下知恥而不娼，不得已，而揭十母求一子。使邑盡此民，即夜不閉戶可也。非天下之良民乎哉。……』（王十販賣私鹽。）

竊鉤者誅，竊國者侯。自古依然，漏數金萬之稅非私，負升斗之鹽則私之。明清兩代，以鹽稅爲國課之大宗，是故查緝私鹽，極爲嚴厲，升斗小民負私鹽販賣，以博蠅頭之利，法所不許，而官商蛀食國庫，理所當然。所苦者升斗小民，上守法而不爲盜，下知恥而不爲娼，妻子嗷嗷待哺熟能憐之。異史氏因不滿朝廷對販賣私鹽之升斗小民，科以重刑，而侃侃陳詞，徒表憤慨而已矣！

禽俠（卷十六）：異史氏曰：『次年復至，蓋不料其禍之復也。三年而巢不移，則復讎之計已決，三日不返，其去作秦庭之哭可知矣。大鳥必羽族之劍仙也，飆然而來，一擊而去，妙手空空兒何以加此？』（鸛鳥築巢於殿角，每年育雛將成之時，有巨蛇吞食淨盡，如是三年，眾料將不復築巢矣，豈知次年如舊，鶵成時，巨蛇復來，鸛鳥悲鳴，直沖雲宵，俄有巨鳥凌空而下，擊蛇立斃之。）

噬子之仇，實難忍之，再捨一年骨肉之情，終雪三年喪子之恨矣！忍哉！鸛鳥也。巨鳥之來，爲同類除害，俠骨丹心，令人欽佩耳。《紅玉》一則，無名氏俠士爲馮相如報仇雪恨，如出一轍，只是人與禽之別矣，蛇貪口福，吞食人子，貪而無厭，以致喪生。蛇爲嘴喪生，人爲財身亡，亦復如是，故不可不鑑之。

申氏（卷四）：異史氏曰：『人不患貧，患無行耳。其行端者，雖餓不死，不爲人憐，亦神鬼祐也。世之貧者，利所在忘義，食所在忘恥，人且不敢以一文相託，而何以見諒於鬼神也。』（申氏，士人也。家貧終日不能舉火。其妻忿曰：『子欲活而惡辱耶？世不田而食者，止有兩途，汝既不能盜，我無寧爲娼耳。』）

孟子曰：『貧賤不能移。』士人之志也。故君子不飲盜泉之水，以求清白矣。反顧；今日學校，摒棄孔孟學說，五四運動，打倒孔家店，孔孟學說不再爲傳授學生，教師學生上下交征利。課業於課堂裡不認真傳授而課後補習，收取費用，美其名爲「輔導費」。只講功利，不講仁義，以致世風日下，高學養之讀書人，不甘淡泊自守，寧爲盜賊、勒贖、詐騙等等無不爲之。醫師不以歧黃濟世，販賣私生棄嬰。即使在校學生，尚未弱冠及笄，男爲盜，偷竊搶奪，殺人綁票，公然爲之。女爲娼，穿著制服，身背書包，竟然涉足風化場所賣笑。禮義廉恥，國之四維，四維不張，國乃滅亡。今之士人鮮顧廉恥，唯財是問，唯利是圖。若與申氏相比，自應無地自容耳。

評訐：

王子安（卷十六）：異史氏曰：『秀才入闈，有七似焉：初入時，白足提籃，似丐。

唱名時，官呵吏罵，似囚，其歸號舍也，孔孔伸頭，房房露腳，似秋末之冷蜂。其出闈場也，神情惝怳，天地異色，似出籠之病鳥。迨望報也，草木皆驚，夢想已幻，時作一得志想，則頃刻而樓閣俱成；作一失意想，則瞬息而骸骨已朽。此際行坐難安，則似被縶之猱。忽然而飛騎傳人，報條無我，此時神情猝變，嗒然若死，則似餌毒之蠅，弄之亦不覺也。初失志，心灰意敗，大罵司衡無目，筆墨無靈，勢必舉案頭物而盡炬之；炬之不已，而碎踏之；踏之不已，而投之濁流。從此披髮入山，面向石壁，再有以且夫嘗謂之文進我者，定當操戈逐之。無何，日漸遠，氣漸平，技又漸癢，遂似破卵鳩，只得銜木營巢，從新另抱矣。

假王子安之落第，異史氏將秀才入闈擬作七似，實為蒲氏自身之寫照，蒲氏進出闈場十數次之多，終未能以展雄風，皆為鎩羽。曾作歷下吟五首以解嘲，述盡考場百態，道盡考生之苦，蒲氏撰寫此則時，對金榜之望已絕矣。苟若，《賈奉雉》一則所言諂諛文字，令人汗顏，不屑為之，曲高和寡，失敗原因，業已自知，自不應再有冷諷熱嘲之語。苟若奢求金榜，文字則需切合時宜，歌功頌德，否則徒有高風傲骨，則如賈奉雉退隱山林。持其志勿暴其氣，為人定勝天之要訣也。

曾友于（卷三）：異史氏曰：『天下惟禽獸止知母而不知父，奈何詩書之家，往往而蹈之也！夫門內之行，其漸漬子孫者，直入骨髓。古云：其父盜，子必行劫，其流弊然也。孝雖不仁，其報亦慘，而卒能自知乏德，託子於弟，宜其有操心慮患之子也。——若論果報猶迂也。』（曾氏兄弟八人，父死後，兄弟鬩牆，纏門多年，一門乖舛，罹禍甚慘，不孝不悌，令人齒冷。）（註：通行本為其禍已慘，三會本將「已」字勘正為「亦」字。）

但明倫評曰：『止知母而不知父，奈何以詩書故家而蹈禽獸之行。以余所見，正惟詩書家乃多蹈之。農商猶鮮也。習俗錮蔽，不幾謂詩書不足以化人耶？毋以學者自誤其趨，專以詩書爲文辭之具，而不求諸實行耶？』但氏所評亦未必盡然耳！讀書人未必不行之孝悌，農商者亦未必不兄弟鬩牆！一言以蔽之，孔方兄作祟，苟若終日竈冷，炊煙不繼，四壁皆空，兄弟自然和衷共濟，同謀溫飽，則鮮少鬩牆之舉。反之，先人遺留厚產，日進斗金，倉廩累實，手足之情，尚可共處，而妯娌之間，必不相容，各爲其利，銖錙必較，鬩牆之禍，勢不免矣！苟爲利害，不知有父，何知有母，手足之情，更遑論之。人必自侮，而又侮人，則人亦侮之也。應篤信之。（註：通行本：古云：其父殺人報讎，子必行劫。三會本：「其父盜」，子必行劫，特註之。）

黑獸（卷十四）：異史氏曰：『獸不知何名，然問其形，殊不大於虎，而何延頸受死，懼之如此其甚哉？凡物各有所制，理不可解。如獮最畏狨；遙見之，則百十成群，羅而跪，無敢遁者。凝睛定息，聽狨至，以爪遍揣其肥瘠，肥者則以石片誌顛頂，獮戴石而伏，悚若木雞，惟恐墮落，狨揣誌已，乃次第按石取食，餘始鬨散。余嘗謂貪吏似狨，亦且揣民之肥瘠而志之，而裂食之，而民之戢耳聽食，莫敢喘息，蚩蚩之情，亦猶是也。可哀也夫！』（瀋陽山區，虎啣死鹿埋於地下，引黑獸來時，卻失鹿，虎悚懼不敢少動，獸怒其誑，以爪擊虎，虎立斃。）

貪吏擇肥而噬，自古依然，不足爲怪，而民戢耳聽食，不敢稍違，乃畏其權勢也，故不得不逆來順受之，更可懼者，畏其官官相護耳。《夢狼》一則，異史氏曰：『官虎而吏狼，比比也。即官不爲虎，而吏且將爲狼，況有猛於虎耶？』官虎吏狼已足於殘民，況尚有爲虎作倀之刁民，穿針引線，勾結官吏，欺壓善良，爲政者，豈能不知，而不能禁，何也？黑獸也。（黑獸者？何守正註為駮，詳山海經。）

補充：

續黃粱（卷五）：異史氏曰：『福善禍淫，天之常道，聞作宰相而忻然於中者，必非喜其鞠躬盡瘁可知矣。是時方寸中，宮室妻妾，無所不有。然而夢固為妄，想亦非真，彼以虛作，神以幻報，黃粱將熟，此夢在所必有，當以附之邯鄲之後。』（曾孝廉，高捷南宮，遨遊毘盧禪寺，忽遇驟雨，酣然一夢，位極人臣，蟒袍玉帶，富貴榮華。然其作孽多端，輪迴之苦，豁然悟之。頗似黃粱一夢。）

富貴榮華，本是過眼煙雲，人生苦短，轉瞬即逝，在世無幾，又何多求。故老僧所云：『修德行仁，火坑中有青蓮也。……』處世立身，本應修德行仁，積善納福留於後世，此論業已陳腐迂闊，非為今日所取，善惡未必有報，然一本助人為快樂之本意念，豈不是心安神定歟？火坑之中有青蓮，迷津寶筏為警世渡人，應信奉而力行之。（註：法苑珠林：佛圖澄妙通玄術，取缽盛水，燒香咒之，須臾缽中生青蓮花也。）

按：黃粱夢原名枕中記，又名邯鄲記。為唐人傳奇小說沈既濟所撰，言盧生於邯鄲道上逆旅中，遇呂仙求賜富貴，呂仙自囊中取枕與之，盧生就枕時，旅店主人正炊黃粱（粟，又名小米。）富貴一夢，出將入相，榮華五十年。一夕卒，乃寤，呂仙在旁，主人所炊黃粱尚未熟之。兩篇情節所差無幾，然本則多一輪迴再世等情，亦較為感人。修德行仁，火坑中有青蓮也。另本則中蒲氏為龍圖閣大學士包拯代擬上疏奏摺一封，駢文共四百餘字，文辭並茂，倘若熟讀，實有裨益。

細柳（卷九）：異史氏曰：『黑心符出，蘆花變生，古與今如一丘之貉，良可哀也！或有避其謗者，又每矯枉過正，至坐視兒女之放縱而不一置問，其視虐遇者幾何哉？獨是日撻所生。而人不以爲暴，施之異腹兒，則指摘從之矣。夫細柳固非獨忍於前子也，然使所出賢，亦何能出此心以自白於天下？而乃不引嫌，不辭謗，卒使二子一貴一富，表表於世，此無論閨闥，當亦丈夫之錚錚者也。』（細柳爲高生之續弦，高生墜馬而卒，細柳撫前妻所生福兒及己出長怙，兄弟二人皆不肖，經細柳嚴加管束，一貴一富均成大業耳。）

繼母本難爲之，嚴也不是，寬也不是，細柳屢遭誹謗而不怨，非不怨也，實爲忍也。甘冒不韙，暴虐之名，忍辱負重非一弱女子，所能爲之。苟非兄弟二人一貴一富，何能使其自白矣，異史氏特補述之。

註：黑心符出自清異錄；萊州長史于義方著黑心符一卷。心符者，繼婦之德名也。談苑：羌人以心順爲心白人，心逆爲心黑人。黑心符乃指繼婦之惡名也。蘆花爲指閔子騫爲後母所虐，冬衣以蘆花爲之。

因果：

樂仲（卷三）：異史氏曰：『斷葷戒酒，佛之似也。爛熳天真，佛之真也。樂仲對麗人真視之爲香潔道伴，不作溫柔鄉觀也。寢處三十年，若有情，若無情，此爲菩薩真面目，世中人烏得而測之哉？』（樂仲禮佛虔誠，事親至孝，至南海朝拜，不戒酒辛，並攜妓瓊華同行，爲同伴共棄之。然樂仲與瓊華寢處三十年，坦然以共，純爲禮佛道伴耳，未有不潔不淨之處。）

佛門雖廣，不度無緣之人。禮佛在於虔誠，而不在於行戒。佛教五戒；旨在規勸凡夫俗子，而係約束其修德行仁之意念。是故善男信女，應無眼、耳、口、鼻、味、觸之感。色不異空，空不異色。色即是空，空即是色。不生不滅，不垢不淨，不增不減之意識。普渡眾生，博濟塵寰也。宗教哲理是勸人爲善，而塑造和諧安樂之境地，宜共信其道，不必迷信其教哉。試觀？佛教發源於印度，印度近千年來與回教爭奪不已，打打殺殺，殘害眾生，不知幾何？近百年內又亡於英國，受英國蹂躪，民不聊生。基督教發源於猶太，猶太人亡國兩千餘年，受盡了無國籍之苦，第二次世界大戰，被納粹德國屠殺了五六百萬人之多。戰後以色列雖已復國，這四十餘年飽受戰禍摧殘，無一日敢忘卻亡國之痛。再言回教，中古時期，鄂圖曼帝國，土耳其帝國以及非洲回教之興亡，近日伊朗與伊拉克之爭，伊拉克併吞科威特，兄弟鬩牆，而遭美國等猛烈炮火，殃及無辜。試問？佛祖，基督，真主等法力何在？尚不能保祐其子民，何況他人歟？宗教之目的在於教人爲善也。因果：上天堂，下地獄，只是宗教徒編造的故事而已矣！儒家思想，博愛濟世，孟子曰：『老吾老以及人之老；幼吾幼以及人之幼。』推己及人，善莫大焉。

僧孽（卷十二）：異史氏曰：『鬼獄渺茫，惡人每以自解，而不知昭昭之禍，印冥冥之罰也，可勿懼哉！』（張某爲僧，廣募金錢，悉供淫賭，乃股間生瘡，膿血潰爛，掛足於壁，稍減其苦，與其弟於冥間所見相同。後戒葷酒，虔誠修行，痛改前非。）

放下屠刀，立地成佛，力革前非，善莫大焉，冥中報應，固不可信，輪迴果報之說，始於明清，於唐人傳奇小說尚未見之。志異中則屢見不鮮，如《李信言、續黃粱，拆樓人》等。然假鬼神教人爲善，此本宗教之基本原則。今科學昌明，破除神鬼之說，法律即無約束人之行爲能力，宗教又無力約束人之心靈，以致作姦犯科，視爲常態，不以爲怪，亦不以爲恥。教育更不能導正人心，以致社會動亂不安，人人自危，幾成鬼域。我國如此，世界依然。宗教哲理固不可深信，然有其約束人之心靈作用，現被科學否定，亦可悲也。但明倫評曰：『生時痛苦，即是陰罰，焉得見者而告之。使孽海眾生，翻然而登彼岸。』知過必改，善莫大焉，雖非宗教哲理；苦海無邊，回頭是岸，乃爲人生之幸福耳，切勿以迷信視之，宗教可信道而不迷其教，實有莫大裨益耳。

諷刺：

柳生(卷八)：異史氏曰：『月老可以賄囑，無怪媒妁之同於牙儈矣。乃盜也有是，女耶？培塿無私楣，此鄙人之論耳。婦人女子猶失之，況以相天下士哉！』(周生年少喪偶，家室蕭條。好友柳生得異人之傳，代覓佳偶，以術求月老繫赤繩之。)

原文：『……適在內作小術，求月老繫赤繩耳。』馮鎮巒評曰：『精相術耳，卻另有異術，乃能分月下老人之權。』但明倫評曰：『作用甚奇，如果有術可求，則月老赤繩可以繫，可以解，何能作准。』蓋月下老人一說：專司天下之婚姻，而爲有緣男女繫以紅繩，使天下有情人終成眷屬，結爲連理。係出自唐人傳奇小說，續玄怪錄；李復言之《定婚店》一篇。小說中之杜撰人物奉作爲神，杭州建有月老祠，荒唐，荒唐。臺北市北投區爲牛郎織女建情人祠，七夕定爲情人節，有情人每年僅有一面之緣，荒唐，荒唐。小說中杜撰人物，豈可奉作爲神耶？誠是戲弄鄉愚耳。而鄉愚執迷不悟，公然膜拜。愚蠢！可笑！怪哉！

異史氏公然諷刺月下老人，斗膽也。蒲氏元配劉太孺人甚爲嫻淑，月老照拂非淺矣！不識蒲氏有無賄賂之。苟是蒲氏先賄賂而後過河拆橋，來生未必能再娶淑女，勢必如「江城」之流，如疽附骨，痛苦一生，蒲氏有無顧及此點矣！媒妁本屬牙儈之流，三姑六婆本爲姦妄之輩，何足掛齒，應敬鬼神而遠之爲上策也。

夏雪(卷十五)：異史氏曰：『世風之變也！下者益諂，上者益驕。即康熙四十餘年中，稱謂之不古，甚可笑也。舉人稱爺，二十年始；進士稱老爺，三十年始；司、院稱大老爺，二十五年始。昔者大令謁中丞，亦不過老大人而止；今則此稱久廢矣。即有君子，亦素諂媚行乎諂媚，莫敢有異詞也。若縉紳之妻呼太太，裁數年耳。昔維縉紳之母，始有此稱；以妻而得此稱者，惟淫史中有林喬耳，他未見之也。唐時，上欲加張說大學士，說辭曰：『學士從無大名，臣不敢稱。』今之大，誰大之？初由於小人之諂，而因得貴倨者之悅，居之不疑，而紛紛者遂徧天下矣。竊意數年以後，稱爺者必進而老，稱老者必進而大，但不知大上造何尊稱？匪夷所思已！』原文：『丁亥年，七月初六日，蘇州大雪，百姓皇駭，共禱諸大王之廟。大王忽附人而言曰：『如今稱老爺者，皆增一大字，其以我神爲小，消不得一大字也。』眾悚然，齊呼太老爺，雪立止，由此觀之，神亦喜諂，宜呼治下部者之得車多矣。

《論語》子貢曰：『貧而無諂，富而無驕，何如？』子曰：『未若貧而樂，富而好禮者也。』嗟夫！人喜諂而惡直，自古依然。下者雖官卑位小，對上司應秉之於禮，上者位高爵尊，對僚屬應禮賢下士。然適得其反，下屬卑躬下曲，盡諂諛之能事；上司高倨侈逸，傲謾驕縱。知恥乎？孰不知恥乎？古之如此，今猶甚之，凡爲官者吏者皆讀聖賢書，而不行聖賢事，吮癰舐痔者，何其多矣！莊周若在世應長歎三聲矣。

警世：

畫皮(卷一)：異史氏曰：『愚哉世人！明明妖也，而以爲美。迷哉愚人！明明忠也，而以爲妄。然愛人之色而漁之，妻亦將食人之唾而甘之矣。天道好還，但愚而迷者不悟耳。可哀也！』(王生晨行遇一女郎，殊麗。貪其色而攜至家中密室藏之，後遇道士告之，王生返家發現女郎爲厲鬼欲絕之，厲鬼呑食王生之心而去，王生妻陳氏復求道人，食其唾以救其夫。)

馮鎮巒評曰：『人見呼佳人，我見如獰鬼，人人如我眼，便是魯男子，此心即枯木，聖賢仙佛矣；不然心眼迷，北邙山下土。』但明倫評曰：『明明麗人也，而乃翠面鋸齒，徒披彩繪之人皮者乎。世之以妖冶惑人者，固日日鋪人皮，執彩筆而繪也。吁可畏矣！』馮氏但氏所評，尚未入木三分，麗人者，無不是厲鬼也。世間男子，無不喜新厭舊，貪戀漁色，家中黃面婆置之不顧，在外另結新歡，新歡女了，多出自於風塵爲最，明知紅粉骷髏，仍如蠅附膻，執迷不悟，男貪女色，女蝕男財，銷骨吸髓，以致身敗名裂，傾家蕩產，家破人亡，屆時醒悟，爲時已晚，後悔莫及。異史氏之原意，女色不可漁獵耳！馮氏但氏均未深解異史氏之原意也。

錢卜巫（卷十六）：異史氏曰：『汰侈已甚，王侯不免況庶人乎！生暴天物，死無飯含，可哀矣哉！幸而鳥死鳴哀，子能幹蠱，窮敗七十年，卒以中興，不然，父孽累子，子復累孫，不至乞丐相傳不止矣。何物老巫，遂宣天之祕？嗚呼！怪哉！』（河間夏某，生前奢侈無度，家產敗盡，老年幾乎凍餓以斃。其子儉樸自給，貧困無已，一日經巫者行卜，巫告之曰：『先人有善，其福未盡，則後人享之；先人有不善，其禍未盡，則後人亦受了。』夏某所造之孽，其子雖勤儉半世而不能發跡，受先人之累也。）

但明倫評曰：『此特以警天下之爲人父者耳。若人子者而言；如有福方來，則當曰：此先人積善之所遺也，我何德焉；如此禍未已，則當曰：此我作孽之所致也，先人何其焉。』嗟夫！勤能補拙，儉以養廉，勤儉致富，國人之圭臬也。舉凡奉行不輟者，無不成家立業。國人常言之諺語：富不過三代，考其原因，第一代，克勤克儉，創業成家，以傳後代。第二代，鑒於先人創業艱辛，兢兢業業，創業不足，守成有餘。第三代；自幼受先人之寵愛，養成奢侈安逸之惰性，無力克苦奮鬥，坐享先人餘蔭，酒色財氣，無所不爲，以致坐吃山空，家業殆盡。正如原文所言；先人有善，其福未盡，則後人享之。先人不善，其禍未盡，則後人見亦受之。先人有善，勤儉治家，後人見而效之；先人有禍，奢侈淫逸，後人見而習之，耳濡目染，禍福自當承之，餘慶餘殃，何尤之有。

先論：

念秧（卷十五）：異史氏曰：『人情鬼蜮，所在皆然，南北衝衢，其害尤烈，如強弓怒馬，禦人於國門之外者，夫人而知之矣；或有劙囊刺橐，攫貨於市，行人回首，財貨已空，此非鬼域之尤者耶？乃又有萍水相逢，甘言如醴，其來也漸，其入也深，誤認傾蓋之交，遂罹喪資之禍，隨機設阱，情況不一，俗以其言浸潤，名曰「念秧」。今北途多有之，遭其害者尤眾。』（念秧者：以故事內容可分爲兩類，若以今日之名詞稱之「金光黨」「仙人跳」二者是也。專攻世人貪財好色之弱點，而以騙術詐取他人之錢財，單身旅客，懾於歹徒人多勢眾，只得忍氣吞聲，自認晦氣矣！

馮鎮巒評曰：『摹倣史記，先論後敘，篇末不用贊語，又一體也。』志異一書，所有各則，異史氏均言於後，僅有此則異史氏評論於前，將世態險惡，人心奸詐，述之於先，使讀者先有概念，而後瞭解故事內容，實別於其他各則之體也。此則雖穿插有狐友一人，但與他則鬼狐情節不同。本則實爲詐欺案件所發生經過之紀錄而已，異史氏所云亦可作現代新聞報導之導言之解釋。本則故事不論爲真實或虛構，其情節並無可圈可點之處，亦無驚人之筆，僅將念秧詐騙之經過平舖直敘描述而已。詐欺一事古代有之，今世亦有之，不獨有之，且更甚之，然因其異史氏言之在前特志之。（按：「傾蓋」爲孔子之郯，遇程子於途，傾蓋而語終日。本則引用爲歹徒故作一見如故之熟識耳，使受害人認識爲至知而受騙耳。）

漏刻：

通行本漏刻公孫九娘及何仙等則之異史氏曰，未識其因，張景樵先生於聊齋志異與原本之考證中曾提到，稿本與抄本中王漁洋之評論有部分跡已「模糊不清」。異史氏曰是否也有模糊不清之現象。特依三會本將兩則之異史氏曰一段補錄之。至於樂仲一則，據三會本所記載，抄本無異史氏曰一段，而今通行本有之(已敘於前)，以此推想青柯亭本刻版時，尚有其他抄本爲依據。

公孫九娘(卷六)：異史氏曰：『香草沉羅，血滿胸臆，東山佩玦，淚漬泥沙，古有孝子忠臣，至死不諒於君父者，公孫九娘豈以負骸骨之託，而怨懟不釋於中耶？脾鬲間物，不能掬以相示，冤乎哉！』(清初順治十八年十月于七之亂，連坐數百人，以棲霞萊陽爲最，其後萊陽某生前往祭祀，公孫九娘亦自剄之，遂以相識，而人鬼聯姻，婚後九娘託生將骸骨遷葬，萊陽生離去時，九娘未將墳塋葬處告之，生亦未問之，而負九娘之託。)

何評：『此亦幽婚也，不以葬處相示，彼此都疏，乃獨歸咎於萊陽，此異史氏所以有冤哉之歎也。』梓園評曰：『誌表乃第一要緊事，當先問之，此九娘所以恨也，烏得言冤。』夫受人之託，忠人之事；唯請託於人，先應交待清楚。多年荒塚，又無墓誌可識，未先以告之，其錯九娘亦應分擔之。生於離別之時，其情也楚，悽愴心情，疏以問之，尚可諒道。豈可深責，況生於月黑風高返往尋索，九娘怒目以待，何不恕人矣！(三會本卷四)

何仙(卷十五)：異史氏曰：『幕中多此輩客，無怪京都醜婦巷中，至夕無閒床也。』

嗚呼！』（樂陵李生才華出，卜乩，闈場簾官，公事旁午，委諸幕客代為閱卷，幕客皆餓鬼遊魂，乞食四方者也。故使李生文章與命運不相符也，而遭黜之。

此則為蒲氏悲忿文字，字裡行間，指摘簾官無能，貽誤天下蒼生學子。三會本本則末後，何守正特舉一例：『惠鰼門學使，督學廣東，嘗自言幕中諸友，非聘金五六百者，不敢使之閱卷；其餘落卷，必親自翻閱，故時無棄才，人思自奮。至今粵東人言遊學使之賢者，以鰼門為最。「鰼」字，康熙字典未能查獲。（三會本卷十）

異史氏雖有仿效司馬遷於史記中所用「太史公」之意，然以「異史」別於正史，亦有別於正文之補充。另頗有將志異一書列為野史，少數幾則亦有記載清初朝政或滿人等荒淫奢逸之事，視作稗官野史。特自名之為「異史氏」也。然異史氏所云，亦因各則有別，並非一味品論正文，可謂蒲氏撰竣一則後，興猶未盡，再以「異史氏」補述一段，以暢紓胸懷。如《八大王》一則（卷七），痛罵酗酒之人，醒時猶人，醉時如鱉。將醉鬼罵得體無完膚。復以駢文撰《酒人賦》一篇。洋洋灑灑達數百字，亟盡嬉笑謾罵，醒時讀之，幾要噴飯；醉時讀之，該當若何？特錄最後一段：『婉言以警，倍益眩瞑，此名酒凶，不可救拯。惟有一術，可以解酩，厥術為何？抵須一梃，縶其手足，與斬豕等，止困其臀，勿傷其頂，捶至百餘，豁然頓醒。』醉鬼較鱉猶甚矣。此術解酩，尚未有人試之，誠有效否。又如《馬介甫》一則（卷十）：異史氏撰《懼內賦》一篇駢文千餘字，引經據典，實可觀也。《聶政》（卷八）：不獨讚揚聶政之俠義膽識，並歌頌豫讓，鱄諸，荊軻等刺客之肝膽照人，視死如歸之俠義作風。另對《鳳仙》（卷十一）、紅玉（卷三）、青梅（卷六）等則均加褒獎之。如鳳仙一則異史氏云：『……少不努力，老大徒悲，惜無好勝佳人，作鏡影悲笑耳。……』姬生（卷五）。佟客（卷十一）。等為規勸世人之語。至於〈顛道人〉（卷十五）：異史氏所云，似有文不切題之感。顛道人裝瘋作顛，實非顛也，遊戲人間而已。僅以術戲人，無傷大雅，然異史氏所云有關惡謔，係指畢際有之妹夫殷文屏爲人玩世不恭，而惡意戲弄羞辱章邱周生，殷生之爲故使他人難堪，非顛道人之作術，亦非君子之風也。殷生作爲是否仗畢司農之勢而欺人，異史氏是否有此涵意，難以遽斷之。關於〈蓮香〉〈阿寶〉（均卷二），異史氏所言，似對本則故事情節無所裨益，可有可無，使讀後頗有畫蛇添足之感。〈促織〉一則（卷七）：異史氏所云：公然詆譭明末皇帝擾民之事，影射清廷，青柯亭刻版時刪去前段（前文已敘）。〈王者〉（卷三）：對貪官污吏所作不法之舉，不爲人知，亦爲神知，鼓勵爲官宦者需有漢代楊震之「四知」格言等等，異史氏所云均有其獨到之處耳。先予讀之，再予研之。其中可笑、可憎、可卑、可恥、可歎，無所不包，無所不涵。其文字洗鍊，非研讀不得其深邃矣。

寓言

何謂寓言：爲將具有真誠意義之事理，透過故事之敘述，而不作正面表達，使讀者自行會心領悟其真諦。換言之：表面上敘述某些事物，實質透過這某事物而表達真實事理，並含有教誨之意義。如《鷸蚌相爭，漁翁得利》等故事。國人不擅幽默，自古即對寓言專冊書籍頗少，偶或散佚在笑林書籍內。莊周著述可列爲我國最少有寓言文字，然較西洋文學，實爲遜色矣！如《伊索寓言》等書籍。志異中亦有數則具有寓言格調之文字，但不甚醒目，使人讀之，較難領悟其真諦，即使能予領悟，亦有霧裡看花之感，甚難窺得其全貌也。

勞山道士（卷一）：王生慕道，至勞山拜師學藝，師恐其畏苦，而不能忍受，先予告之。王生自稱能受而留下，終日隨眾入山採樵月餘，疲憊不堪，欲離去，復又慕其術而不忍棄之。如是又留兩三月之久，實不堪其苦，乃以辭去。求師授予小技，以可炫燿鄉里，請師授穿牆之術，師授之。待返家後，試之不靈，頭觸硬壁而踣，額碰壁而起一瘤，如巨卵之大耳。

嗟夫！天下之事，豈有不勞而獲之理，即畏其苦，而欲坐享其成，繆矣！古代如此，今人亦復如此。凡事不能痛下決心，不求奠定基礎，只求一步登天，以遇挫折，心灰意冷，中途而廢，不獨無益而有害之。孟子曰：緣木求魚，豈可得之矣。異史氏曰：『聞此事，未有不大笑者，而不知世之爲王生者，正復不少。……紿之曰，執此術也以往，可以橫行而無礙，初試，未嘗不少效，遂謂天地之大，舉可以如是行矣，勢不至觸硬壁而顛蹶，不止也。』世人應戒之。

（池北偶談有勞山道士一則，內容迥異。）

趙城虎（卷二）：山東趙城老嫗，只一子，入山採樵，爲虎所噬，嫗訴之於官，捕虎到案後，官判虎養老嫗終身，虎頷而受之。每以攫殺鹿等野獸而供養之，直待老嫗死後方止，復至墓前拜之。鄉人立義虎祠。

此則故事，雖屬無稽之談，幾不可思議，然可發人深省者，虎者，獸也。因噬其子，經官判定待其母而領受，有始有終，守信講義爲處世立身之本也。人負於我，當忘不念，我負於人，當念不忘，並求報之，以贖內疚。今人則不然，佔人便宜，次復一次，貪而無饜，需索無度，不以爲恥，反沾沾自喜，笑人愚蠢，誠不如獸也，得意不宜再往，古之遺訓，殊不知也。

彭海秋（卷八）：萊州邱生，是該邑名士，素有隱惡，人常惡之，經常攀附高雅，動輒取辱。中秋月夜，同邑彭好古招與共酌賞月。突有不速之客彭海秋造訪，邱屢攀談，海秋傲不爲禮，好古代爲慚愧。酒興方酣，海秋邀二人同遊西湖，直待月色西斜，盡興而散。好古正愁路遙難歸，海秋牽馬一匹，供好古返回萊州，返回後將馬繫於櫪下，方恐邱生去向不明，家僮報之，邱生以草韁繫於櫪邊，蓋馬爲海秋將邱生變之矣。

自古諂諛之徒倍出，趨炎附勢，攀權依貴，往往自取其辱，反沾沾自喜，誠不知恥耳。志異假鬼狐之手，痛擊猥褻之徒，異史氏曰：『馬而人，必其爲人而馬者也，使爲馬，正恨其不爲人耳。……』海秋將邱生變爲馬，尙未若《濰水狐》（卷十三）一則：將邑令比之爲驢，異史氏評之曰：『驢之一物龐然也，一怒則踶趹嘷嘶，眼大如盎，氣粗如牛，不惟聲難聞，狀亦難見，倘若束芻而誘之，則帖耳戢首，喜受羈勒也。……』故但明倫評曰：『人而馬，馬而人，馬渺而邱繫。……　一能言，故態復作，即馬齒加長，依然張脈僨興，外強中乾耳。』夫之世人，明知諂諛不可爲，而仍爲之。他人哀之，而不鑑之，故使他人又哀他人也。

（註：踶ㄉ一・趹ㄐㄩㄝ・馬用蹄踢也。盎：康熙字典：烏浪切，說文盆也。）

黎氏（卷十五）：謝中條者，佻㒓無行，三十喪偶，遺有子女，勞苦甚累，暫僱孤媼，看顧子女。一日漫步山間，見一獨行少婦，乃勾搭之，強行野合，並要攜回同居，女以外洩爲由，使謝遣去老媼，女與同歸。某日謝因事外出，返回時扣門不應，門扉緊閉，呼之不應，不得已，排撞而入，室中渺無一人，忽見一匹巨狼衝出，子女全被狼噬，僅剩頭顱而已，返身追狼，狼已竄去。

噫！引狼入室，屢見不鮮，勾引不當，家破人亡。「狼」者，豈可專指女性而言之。世人常將好友邀回家中，往往妻女被拐，包藏禍心，比比皆是，以致妻離子散。女色固應戒之，交友亦不可不慎也。異史氏曰：『士則無行，報尸慘矣。再娶者，皆引狼入室。況將於野合逃竄中求賢婦哉！』異史氏所云：士則無行，所報之慘。然未若但明倫所評中肯；「再娶者」皆引狼入室。「喪偶者」，應不可再續絃矣。《細柳》（卷九）一則：細柳爲高生繼室，細柳若何？高生前妻之子長福又若何？蒲氏於兩則中自相矛盾，誠喪偶者不可再娶繼室矣！但氏所評之言：『佻㒓無行，取禍必矣！然不及其身，轉憐子女無辜。』自作孽，不可活，禍延子女，實可悲也。但氏又評曰：『凡欲肆其狼毒者，必先翦其羽翼，除其心腹，未有不思之爛熟者，獨怪惑之者甘心從之而不惜。家國一轍，終古如茲，曷勝浩歎。』人被惑者，而不自覺，不必爲怪。善言相勸，而不自省，反而白眼以待，忠言逆耳哉。被蠱惑者，應及時以戒之，另《畫皮》（卷一）一則，亦爲引狼入室，而遭殺身之禍。情節雖異，寓言意義相同。

狼(卷十五)：(三則：評其第二則)屠戶夜歸，途遇兩狼，擔中肉盡，屠戶投之以骨，兩狼輪番相隨，骨投盡後，兩狼仍緊不捨。屠戶大窘，避入麥場，倚麥堆而坐，持刀以待，狼不敢上前。少時，一狼逕去，一狼仍守於前，久之，前狼瞑目似眠，屠戶暴起，刀劈狼首而斃之。欲離去時，轉身見離去之狼鑽入麥堆之中。後臀尙露於外，又斃之。乃悟前狼假寐爲欺敵，以待其怠，後狼自後攻其不備，狼亦黠矣！禽獸亦有其機詐哉。

夫前狼苟若怒目以對，虎視眈眈，屠戶則必嚴警以待，後狼足可自後攻其不備，計得逞矣。孰知，前狼輕敵假寐，以誘屠戶懈警，而備後狼攻之，反因其鬆懈誘敵，使屠戶有機可乘，以致身亡。唉！人之爲人處事，不可掉以輕心，否則坐失良機，而對方則有可乘之機，出手反擊，一切基業，毀之一旦，臨深履薄，不可不愼也。

另如《河間生》(卷十五)一則，寓之：爲人須居心正直，意志堅定，交友謹愼，方不致被損友所誤，幾遭身敗名裂之禍。物必先腐而後蟲生之。狐者；損友也，然因先起邪念，而隨狐之邪行也。《海公子》(卷十三)一則：登州張生遊於孤島，頗感孤寂，忽見麗人前來，召之爲伴，幾爲巨蛇所噬。寓之；守正不阿，毋爲女色所惑，幾遭殺身之禍。《采薇翁》(卷十六)一則：寓之：處世之道，應需含蓄，雖有絕技在身，不可鋒芒畢露，更不可樹敵太多，足遭小人之嫉，輕則而敗其事，重則殺身之禍。

寓言一詞，出自史記《莊周傳》：『著言十餘萬言，大抵率寓言也。』凡事觀其動，宜觀其靜，觀其正，更宜觀其背。是故寓言者，以簡潔扼要情節，公諸於世，其原義所在，發人深省。真正意義，在於導人爲善，暗示不得爲惡。佛教謂之「慧悟」。儒家謂之「寓教」。使人易知又易行而已矣。

小同

志異一書，牛鬼蛇神，五花八門，無所不包，無所不含，通行本共四三一則（含附則五則），三會本共四九一則。成書時間約耗二十年之久，始爲脫稿。據鄒弢之《三借廬筆談》（卷十）之記載：

蒲留仙先生聊齋志異，用筆精簡，寓意處全無跡相，蓋脫胎於諸子，非僅抗乎于左史，龍門也。相傳先生居鄉里，落拓無偶，性尤怪僻，為村中童子師，食貧自給，不求於人。作此書時，每臨晨，攜一大磁罌，中貯苦茗，具淡巴菰一包，置行大道旁，下陳蘆襯，坐於上，煙茗置身畔，見行道者過，必強執與語，搜奇說異，隨人所知。渴則飲以茗，或奉以煙，必令暢談乃已。偶聞一事，歸而粉飾之。如是二十餘寒暑，此書方告蕆，故筆法超絕。……

蒲氏於《聊齋自誌》中曾提及：『才非干寶，雅愛搜神；情類黃州，喜人談鬼。聞則命筆，遂以成編。久之，四方同人，又以郵筒相寄，因而物以好聚，所積益夥。……』蒲氏又言，三修其稿，乃成古今小說之鉅著，然近五百篇文章，依蒲才華尙不致有雷同相似文章發生，然大異小同之處，或有不免，試略舉數則：

一、回饋情節相似：道士、丐仙、寒月芙蕖等等；其內容結構頗爲接近。敘述或僧或道等皆爲地仙化身，先受人接濟款待外，並叨擾多次，最後受接濟以仙境幻術邀宴償還，筵席極爲豐盛，景色極爲燦爛，席終人散，故事亦就此結束，當然文字亦極爲華麗。白于玉，余德兩篇雖未接受接濟，彼此邀宴款待，回餽大方，總是豐盛豪華。另羅剎海市，仙人島兩則中招待落難者，筵席豐盛，擺設堂皇，以上各則之相似之處：

道士(卷三)：韓生好客，座中常滿，道士托缽強入，嗣後韓生家中宴客，道士則不請自到，且能豪飲，不知幾次，某日道士設宴還席：節錄原文。

……陳設華麗，世家所無，二人肅然起敬。甫坐，行酒下食，皆二八狡童，錦衣朱履，酒饌方美，備極豐渥，飯已，另有小進，珍果多不可名，貯以水晶玉石之器，光照几榻，酌以玻璃琖，圍尺許。道士曰：『喚石家姊妹來。』童去少時，二美人入。一細長，如弱柳，一身短，齒尚稚，媚曼雙絕。道士使歌以侑酒，少者拍板而歌，長者和以洞簫，其聲清細，既闋，道士懸爵促釂，又命酌，顧問美人：『久不舞，尚能之否？』遂有僮僕，展氍毹於筵下，兩女對舞，長衣亂拂，香塵四散。舞罷，斜倚畫屏。……

丐仙(卷十五)：高玉成，善針灸，不擇貧富皆醫之，里來一丐，脛生惡瘡，高憐而醫之。丐少愈，先索湯餅，漸索酒肉，頗有馮緩彈鋏之味，高亦供之，丐痊癒後，某日於園中設宴邀高，時方寒冬，高慮園中苦寒，丐言不妨，節錄原文：

……乃從如園中，覺氣候頓暖，似三月初，又至亭中，益暖，異鳥成群，亂哢清味，彷彿暮春時。亭中几案，皆鑲以瑙玉，有一水晶屏，瑩徹可鑑，中有花樹搖曳，開落不一；又有白禽似雪，往來句輈於其上。……見鸜鵒棲架上，呼曰：『茶來』，俄見朝陽丹鳳，啣一赤玉盤，上有玻璃盞二，盛香茗，伸頸屹立。……『酒來』，即有青鸞黃鶴，翩翩自日中來，啣壺啣杯，紛置案上。頃之，則諸鳥進饌，往來無停翅，珍錯雜陳，瞬息滿案，肴香酒洌，都非常品。……巨蝶，蝶大於雁，兩翼綽約，文采燦麗，亟加贊歎。陳喚曰：『蝶子勸酒』，蝶展然一飛，化為麗人，繡衣翩躚，前而進酒。……

丐仙一則後段中所撰高某避禍於西山，而避死亡之禍，墜入仙窟，此段情節其他言情小說，已屢見不鮮矣！

寒月芙蕖(卷十四)：濟南道人常以幻術戲人，當地縉紳聞其異狀，每招之共飲，一日，道士出柬邀官宰縉紳至水面亭飲之。時正寒冬，窗外蕭瑟，亭內雖陳設滿庭，極盡奢麗，旨酒散馥，熱炙騰薰，亭外卻無綠意，一官偶歎曰：『此日佳景，可惜無蓮花點綴！』頃刻，青衣報之荷花滿塘矣！滿座皆驚。節錄原文：

推窗眺矚，果見彌望青蔥，間以菡萏，轉瞬間，萬枝千朵，一齊都開，朔風吹來，荷香沁腦，群以為異，遣入蕩舟采蓮，遙見吏人入花深處，少間，返掉白手來見，官詰之，吏曰：『小人乘舟去，見花在遠際，漸至北岸，又轉遙遙在南蕩中。』道人笑曰：『此幻夢之空花耳。』無何，酒闌，荷已凋謝，北風驟起，摧折荷盡，無復矣。……

白于玉(卷五)：吳青菴，年少多才，名蓋鄉里，後結識白于玉，白導吳入仙境，先邀至廣寒宮一遊，吳生頓悟，厭倦凡塵，遁世修道。節錄吳生至廣寒宮一段：

僮導入廣寒宮，內以水晶為階，行人如在鏡中，桂樹兩章，參空合抱，花氣隨風，香無斷際，亭宇皆紅窗，時有美人出入，冶容秀骨，曠世並無其儔。……簷外清水白沙，涓涓流溢，玉砌雕欄，殆擬桂闕。甫坐，二八妖鬟，來薦香茗。少間，命酌，有四麗人，斂衽鳴璫，給事左右。

余德（卷七）：尹南圖，名士也。有別第，租以秀才居之。雙方甚少往來。一日，偶見室內麗姝，花石服玩，均非其所經，投刺拜訪，次日回拜，特予邀宴。節錄尹赴宴時所見原文：

見屋壁以明光紙裱，潔如鏡，金狻猊，爇異香，一碧玉瓶，插鳳尾孔雀羽各二，長二尺餘，一水晶瓶，浸粉花一樹，不知何名，亦高二尺許，垂枝覆几外，含苞未吐，花狀似溼蝶斂翼，蒂即如鬚。筵間不過八簋，而豐美異常。既命童子擊鼓催花為令，鼓聲既動，則瓶中花顫顫欲折，俄而蝶翅漸長，既而鼓歇，淵然一聲，蒂鬚頓落，即為一蝶，飛落尹身。

另羅剎海市（卷六）與仙人島（卷八）兩則；馬生與王生落難後，墜入海中，受龍宮禮遇款待。並配以龍女招爲附馬。其富麗堂皇，款待豐盛，一如前諸則耳。

二、復仇情節相似：九山王與遵化署狐兩則，爲狐復仇，狐本無害人之意，而慘遭滅門之禍。將心比心，與情不忍，狐不得不報之也。害人者人恒害之，且因自身不正，自蹈法網，有隙爲狐所乘，而自食其果，何怨之尤，另庚娘與商三官等兩則，皆爲報血海深仇，復仇手法，如出一轍，先以酒灌醉仇人，以手刃之，最後自裁等情。

九山王(卷十三)：曹州李某家園後宅甚廣，任其荒蕪。狐前來租賃之，數日後李某受狐邀宴，始知爲狐，起殺意，返回後，每次入市，搜購硫磺硝石等易燃物品，達數百斤之多，暗布園中，待布滿後，驟火焚之，狐之滿門葬身火窟。狐翁自外返回，見狀亟表忿怒，聲言必報之。後狐翁教唆李某叛逆，自立爲「九山王」，黃袍加身，自稱爲王，亦同遭滅門之禍耳。節錄原文：

……燄亙霄漢，如墨靈芝，燔臭灰眯不可近，但聞鳴啼嗥動之聲，嘈雜聒耳。既熄，入視，則死狐滿地，焦頭爛額，不可勝計。

遵化官狐(本則通行本未刊，三會本卷二)：遵化官署，署中多狐，最後一樓，族而居之，佔以爲家，時出祟人，驅之更熾，歷任官吏均不敢迕之。丘公任遵化道時，狐畏懼其剛烈，乃化老嫗告其家人，勿相仇視，寬容三日，自行遷出讓之。次日，公閱兵後，以巨砲轟之，而滅其族。兩年後，狐翁向上級喊冤，訐公剋扣軍糧，賄緣當路，公以致身敗名裂，而罹禍之，雖知爲狐所報，爲時已晚矣。節錄原文：

……數仞之樓，頃刻摧為平地，革肉毛血，自天雨而下，但見濃塵毒霧之中，有白氣一縷，冒煙沖空而去，眾望之曰：『逃一狐矣。』而署中自此平安。

異史氏曰：『狐之祟人，可誅甚矣。然服而舍之，亦以全吾仁。公可云疾之已甚者

小同

矣。抑使關西為此，豈百狐所能仇哉！』

庚娘（卷六）：金大用為避流寇之亂，奉雙親及妻庚娘攜家南遷，途遇少年王十八者，亦偕妻南行，乃殷勤代覓巨舟同往。某夜，船入險地，王十八將金氏一家，推入水中溺斃，僅留庚娘一人，以圖霸佔之，庚娘虛與委蛇，直至金陵王十八家中，當晚二人對飲，王漸醉，辭不飲，庚娘用大碗強勸飲之，於是酣醉。庚娘而手刃之，大仇已報乃自經而死。節錄原文：

……具酒對酌，庚娘執爵，勸酬慇懃，王漸醉，辭不飲，庚娘引巨碗強媚勸之，王不忍拒，又飲之，於是酣醉。庚娘撤器滅燭，託言溲溺，出房以刀入，暗中以手索王項，王猶捉臂作呢聲，庚娘力切之，不死，號而起，又揮之，始殪。媼彷彿有聞，趨問之，女亦殺之，王弟十九覺焉，庚娘知不免，急自刎。……

異史氏曰：『手刃仇讎，千古烈丈夫中豈可匹儔哉？誰謂女子遂不可比蹤彥雲也！』（按：彥雲者，魏將王淩之字，正始初為征東將軍。）

商三官（卷十四）：士人商士禹，酒後戲謔土豪，土豪唆使其家奴將商毆成重傷，歸家即斃，其子累訟不直，其女三官憤然曰：『人被殺而不理，時事可知也，天將為汝兄弟專生一閻羅包老耶？……』三官待其父葬後，即離家出走，投入梨園學戲，而扮男裝，以矇世人。後土豪生辰，款待賀壽賓客，三官隨戲班而混入演出之。土豪認為狡童，而留宿之。節錄原文：（三官於戲班中化名李玉。）

酒闌人散，留與同寢，玉代豪拂榻解履，殷勤周至，豪益惑之，盡遣諸僕去，獨留玉，玉待諸僕出，闔扉下鍵焉。諸僕就別室飲，移時，聞廳事中格格有聲，一僕往覘之，見室內冥黑，寂不聞聲，行將旋踵，忽聞響氣甚厲，如重物而斷其索，亟問之，並無應者。呼眾排闥入則主人身首兩斷，玉自經死，繩絕墮地上，梁間頸際，殘綆儼然。

異史氏曰：『家有女豫讓而不知，則兄之為丈夫者而知矣。然三官之為人，即蕭蕭易水，亦將羞而不流，況碌碌與世浮沉者耶！願天下閨中人，買絲繡之，其功德當不滅於奉壯繆也。』（按：豫讓；戰國時代晉人為智伯刺趙襄子無卹。壯繆：武聖關羽之謚也。）

三、果報情節相似：三生共有兩則（卷十，卷十三各一則），汪可受，此三則撰指能指前生之事，因其孽債而受果報，因果循環，勸世之文而已。另柳氏子，四十千，蹇償債，係指前生欠債未清，來生討債還債等因果報情事。

三生（卷十）：湖南某生能記三世，第一世為令尹，於考場任監考官，有名士興某被某黜落，憤懣不平而卒，至陰司執卷訟之，同類情事先後被黜者而鬱悶以卒者，數以千計，推興為首共訟之。某被攝去陰司對質，興某等要求剜目以報，責其無明，閻羅不准，共噪之，被罰剖心，以解眾怨。第二世；輪迴投生於陜西，生於庶人之家，二十餘年後，土寇大亂，某陷入賊中，官府出兵平亂後，俘擄甚眾，眾俘皆釋，某獨被斬首，巡兵道則為興某之轉世也。某被斬後至陰司訟之，興以草菅人命定罪，均罰作畜。第三世；二人輪迴皆投胎爲犬，某爲大犬，興爲小犬，一日兩犬相遇街道中，仇人見面，互齕不讓，雙雙皆斃之。二人復又至陰司訟之，閻羅曰：『冤冤相報，何時可了。』，二人復投生爲人，成爲翁婿，但仍不相容。

異史氏曰：『一被黜，三世不解，怨毒之甚至此哉。……？』

三生(卷十三)：劉孝廉能記前身之事，第一世爲縉紳，行爲玷污，六十餘歲而歿，至陰司，冥王以茶待之，劉見茶混濁，知有迷魂藥，乘冥王不備傾之而未飲，因前生惡蹟昭彰罰作馬。四五年後，身體壯偉，常受鞭撻，主人騎時，鞍下墊有氈毯，尚不甚苦，奴僕圉人乘之，不加鞍韉，兩踝夾擊，痛徹肺腑，乃憤恨不食，三日尋斃。冥王見其罰限未滿而斃，顯有規避冥罰，怒甚，又罰作犬，意極懊喪，終投胎爲犬。經年長成，常憤恨欲死，主人又呵護不肯戮之。一日故嚙主人下股，主人怒杖殺之。復回陰司，冥王怒其暴戾，笞之數百，再罰作蛇，自念已作惡多端，矢志不再殘生。年餘，欲自經死，又恐難脫規避之責，欲害人死，又恐再添罪孽，欲求一善死而不能也。一日正於路傍草叢中，聞有車聲，遽出被車輾斃，冥王憐其無罪而被殺，准其再投生爲人。

汪可受(卷十三)：湖北黃梅縣汪可受，自言能記三生之事，第一世爲秀才，寄讀寺廟，廟中牝馬產騾，愛而奪之，死後冥王查其生前行軌，怒其貪婪，罰償騾債，投生該廟爲騾以償其債，僧頗愛護之。待長成後，每思投之澗谷，以結殘生，又恐負豢養之恩，陰思罰之更甚，故忍之。數年孽債滿後自斃，轉世投胎一農家，落地即可言語，父母以爲不祥，乃撲殺之。復投胎至汪秀才家中，生憶前生之事，歷歷如繪，但不敢言，人皆以爲啞。

另前生欠債未有償還者，亦錄三則如下：

柳氏子(卷十五)：膠州柳西川四十餘歲方生一子，寵愛倍至，即長，蕩侈淫逸，柳某溺愛縱任，不敢稍拂其意，積蓄爲空，後罹疾而死，柳某傷感不已。數年後，鄉人登泰山，見柳某之子乘騾而過，後同至逆旅，鄉人談及其父柳某思念甚切，何不歸省，柳子尚驚問何人？眾以柳告之，柳仔乃約定四月七日相見之。柳某如期先至，逆旅主人告之，其子神態冷寞，用心難測，先伏於櫝中，察其辭色，而後見之。柳某從其言而藏之。柳子來時，未見柳某乃潑口大罵，並言之。節錄原文：

子盛氣罵曰：『老畜產，那便不來？』主人驚曰：『何罵父？』答曰：『彼是我何父？初與結義為客侶，不圖包藏禍心，隱我血資，悍不還，今願得而甘心，何父之有？』言已，出門曰：『便宜他。』

四十千(卷十三)：新城某，午夜夢一人奔入，告之曰：『汝欠四十千，今宜還矣！』某問之不答，逕入內去。既醒，妻生一男，悟之夙孽，遂以四十千錢，另置一處，凡兒之衣食醫藥各類開支，均以四十千內付之。三四年後，僅乘七白錢，一日向兒戲之曰：『四十千將盡，汝可去矣。』言訖，兒顏色劇變，撫之氣已絕矣。乃以七百錢治喪具及葬費恰好。此爲負債者戒矣。節錄原文：

……昔有老而無子者，問諸高僧，僧曰：『汝不欠人者，人又不欠汝者，烏得子？』蓋生佳兒，所以報我之緣；生頑兒，所以取我之債，生者勿喜，死者勿悲也。

蹇償債(卷十三)：鄉人某受傭於李公著明家，某赤貧，性又疏懶，常無炊煙，每向李公貸之升斗以度日。一日，某向李公貸綠豆一石爲本，以求生利。年餘，本利蕩然無存。一夜，李公夢某來告之曰：小人負主人豆值，今來投償。言訖竟去，公甚詫異，家人報之，牝驢產一牡騾，乃悟騾爲投生也。後騾與雄馬同槽，爲馬齕折脛骨，爲牛醫牽回醫之，治癒後售之所得之款，與所欠相同。無端之債，此不可不鑑也。節錄原文：

牛醫謂公曰：『乞以駒付小人，朝夕療養，需以歲月，萬一得痊，得值與公剖分之。』公如所請。後數月，牛醫售驢，得錢千八百，以半獻公，公受錢，頓悟，其數適符豆價也。噫！昭昭之債，而冥冥之債，此足以勸矣。(按：三會本註：售「驢」，原為駒字，稿本將「駒」圈去改為驢字，應是「騾」字。)

四、求神情節相似：柳秀才、白秋練、小梅等則：敘述於危難之時，經告之，於途中求助於神而救之。

柳秀才(卷十四)：明末蝗蟲爲害，殘食稼禾，發生於山東青兗縣間，蔓延至沂縣，縣令憂之不已。入夜夢一秀才來謁，高冠綠衣，自詡有禦蝗之策。告之曰：『明日縣之南方途中有一貴婦騎驢而過，攔下請求可免於禍。』縣令如其指示，次日設香案酒筵於道傍以待之，不久果有一貴婦高髻褐帔騎騾緩緩而來，令迎拜於左，獻酒捉騾不放，哀求之。節錄原文：

婦曰：『可恨柳秀才饒舌，洩吾密機，當即以其身受，不損禾稼可耳。』乃盡三卮，瞥不復見。後蝗來，飛蔽天日，不落禾田，但集楊柳，過處柳葉都盡，方悟秀才，柳神也。

白秋練（卷四）：直隸慕生，聰慧過人，手不釋卷，父嫌士迂腐，令其業商，從父至楚漢貿易，閒時輒吟誦詩書，一日至武昌，逆旅中，其父外出，生即高聲朗讀，窗外似有人竊聽之，過數日，載貨北返，泊於湖濱，父適他往，有媼進入，責生殺其女矣。生驚問之，媼云：其女頗愛詩文，仰慕生之才，聽其吟誦後，而病之將夭，請附婚姻，生弗許，媼擁砂淤舟，舟不能行，生乃留之，而聯婚媾，後三四年，生與自北返回楚時，女尋其母不見，知母被洞庭主放逐於南濱置於死地。令生求真君可免，生慮真君不可得見。節錄原文：

女曰：『明日未刻，眞君當至，見有跛道士，急拜之，入水亦從之，眞君喜文士必合憐允。』乃出魚腹綾一方，曰：『如問所求，即出此，求書一免字。』生如言候之，果有道士蹩躠而至，生伏拜之，道士急走，生從其後，道士以杖投水，躍登其上，生竟從之而登，則非杖也。又拜之，道士問何求。生出羅求書……遂出筆草書免字，如符形，返舟令下，則見道士踏杖浮行，頃刻即渺。

小梅（卷十一）：蒙陰王慕貞少年喪偶，其妻生平好佛不茹葷酒，供奉觀音，其病篤之際，告之，菩薩遣其婢女小梅前來照拂，勸王生納之續絃，小梅後生一子，彌月後，門外有馬車來接小梅歸寧，小梅抱子登車，要王生相送一程，至二三十里後，小梅停車告之，妾視君晦將至，此兒留於家中恐不育，故借歸寧，解兒厄運。又告之：家中發現死口時，可求神救之。數年後，四鄉瘟疫流行，王生家中一婢死，王頓悟小梅之言，惜當晚飲酒過量而誤時機，以致家破人亡。節錄原文：

君記取家有死口時，當於晨雞初唱時，詣西河堤上，見有挑葵花燈來者，遮道苦求，可免於難。……是日，與客飲，大醉而睡，既醒，聞雞鳴，急起至堤頭，見燈火閃爍，適已過去，急追之，步隔百步許，益追益遠，漸不可見，懊恨而返，數日，尋卒。

以上三則；柳秀才，白秋練等因其虔誠，能得神祐，而小梅一則因王生貪杯，坐失良機，以致未能與小梅重聚之，另神女（卷九）一則，則是反之，神求於人也。神女告米生曰：『實告君，妾非人，乃神女也。家君為南岳都理司，偶失禮於地官，將達帝聽，非本地都人官印信不可解也，君不忘舊義，以黃紙一幅，為妾求之。』

五、冤魂附身情節相似：冤獄、李司鑑、庫將軍等則，皆言為惡之人，雖可欺騙世人，逃避王法制裁，終於被冤魂纏身，神志頓失，身不由己，侃侃而言，自行陳述其罪孽，以待王法處之，或以自裁等。

冤獄（卷九）：陽穀朱生，為人佻達不羈，喜詼諧，少年喪偶，為求續絃，往訪媒妁，見其鄰人之妻甚美，託媼物色以鄰人之妻為準。媼亦戲言：『請殺其男子，我為君圖之。』後鄰人果被殺於途，共疑朱所為，經捕朱到堂，搒掠取供，秋決處死。一日，縣令點查囚犯，一人公然上堂，大聲喊之，自承為殺人者。節錄原文：

其人曰：『殺人者，乃宮標也，於朱某何與之？』言已倒氣若絕，少頃而醒，面無人色，及問其名，則宮標也。搒之，盡服其罪。

李司鑑(卷三)：李司鑑，舉人也，於康熙四年九月二十八日打死其妻，未於審訊前，李某忽至肉案前，攜屠刀奔入城隍廟前戲臺上，自跪於神前，述其不法之事。節錄原文：

自言：『神責我不應聽信奸人，在鄉黨顛倒是非，著我割耳。』遂將左耳割落，拋臺下。又言：『神責我不應騙人銀錢，著我剁指。』遂將左指剁去。又言：『神責我不應姦淫婦女，使我割腎。』遂自閹，昏迷僵仆。

庫將軍(卷十一)：漢中庫大有，以武舉隸屬祖述舜麾下，祖厚待之，屢加拔擢，後局勢變遷，覺大勢將去，遂潛叛之，以殺祖某而篡也。後庫某夢至冥司，冥王責其不義，命鬼以沸油澆其足。節錄原文：

既醒，足痛不可忍，後腫潰，指責脫，又益之瘧，輒呼曰：『我誠負義！我誠負義！』遂死。

以上三則，並非冤魂附身作祟，依今日科學觀點論之：實作不義之事，與心有愧，精神恍惚不安，輾轉歉疚，以致導成精神崩潰而自責之。李司鑑一則，況爲真人真事，並有年代，前人迷信鬼神，而加以冤魂附身之論調。

考城隍(卷一)、李伯言(卷五)、閻王薨(卷十五)等三則均述在世之人，爲人鯁直，守正不阿，以到陰司，攝審判之職。

泥書生(卷十三)、土偶(卷十五)兩則，皆爲男性之鬼魅姦淫女子之事。惟其不同，上則男鬼魅姦淫他人之婦。下則爲其已死，返回與妻同宿並生子。

庫官(卷十四)、王者(卷三)兩則；皆言爲官貪墨，超出應得之分，鬼神申言，福祿有定分，不可強求，兩則所不同之處；上則貪官南巡，已得其應得之分，原存之分，陰司移作遼陽軍餉。下則爲貪官娶其不應得之分，強取之，爲陰司取去。

魯公女(卷三)、梅女(卷七)兩則；張生與封生皆先識女鬼，相共甚洽，後女鬼轉世投胎，而後數年再千里迢迢趕去成親。所略不相同之處；魯公女於投胎前夕與張生約定之，十餘年後張生前往去娶之。梅女業已投胎於延安，待大仇雪後，由封生攜其鬼魂，前往而成親之。

封三娘(卷八)、青梅(卷六)兩則：封三娘爲范十一娘代媒孟生；青梅爲阿喜謀嫁張生。孟生、張生二人均清寒書生，品賢篤學。其結局所不同之處。范十一娘爲報封三娘之情，擬求二人一夫，壓弓上弦，封女黯然而去。青娥幾番週折，先自甘其苦，嫁予張生，後阿喜落難，偶然相見，再撮合阿喜，終爲二人一夫。其結局悲喜不同而已。另陳雲棲(卷三)一則；雲眠、雲棲亦二人事一夫。

小翠(卷九)、小梅(卷十一)：兩則皆爲狐母報恩之事。小翠之母，狐也。爲避雷劫，而伏於王大常身下而避之，後將其女小翠嫁予王某之智商不足子元豐以報之。小梅之母，狐也。爲報蒙陰王慕貞代其夫之嫡子脫解死罪，而將小梅爲王慕貞續絃。其相異之處，亦在結局，王元豐智商不足，小翠嫁後，任勞任怨，將元豐治好，後遭遣責黯然離去。小梅嫁王慕貞後，亦任勞任怨，爲王生生子理家，王生遭瘟疫去世後，再返回收拾破碎家庭。兩則均浪打鴛鴦而未能白頭偕老矣。

蓮香(卷二)、小謝(卷十)兩則：均言借屍還魂而鴛夢成真。蓮香一則中李氏，假章姓燕兒還魂而結鴛盟。小謝一則，秋容急呑道士之符，得假郝氏之女屍體而還魂，小謝雖未及呑符，復賴道士於百里之外攝取蔡氏之女屍體而復活。章氏郝氏蔡氏三姓皆富室，並成秦晉。將所不同，李氏則爲明媒正娶，秋容與小謝則未有之。另蓮香爲狐而夭，復轉世投胎，十四年後復與桑生共續殘篇，兩則四女，均爲少女，標緻過人，又復二人一夫之俗套也。長清僧(卷一)一則：山東長清縣高僧，圓寂之後，不慎與河南故紳之子屍體相值而復合，漸蘇清醒，始悟借屍也。仍持續修戒，不爲財色所動。與上兩則迥然不同耳。

僧孽(卷十三)、閻王(卷十五)：兩則情節如出一轍，僅男女之別耳。僧孽：張姓僧人，平生廣募金錢，涉足淫賭，作孽多端，人雖未死，冥司已罰之，扎其下股穿以繩索而倒懸之，號痛欲絕。爲其弟於冥中見，弟甦後，即往探兄，入寺，未見其人先聞其聲，見其兄惡瘡生於股間，雙足掛於壁上，與陰司所見無二致，乃告其兄，速以懺悔之。閻王一則：李某一日入冥司，在未入冥司之前，其嫂臂生惡疽經年，年餘不能下床行走，於冥間時見其嫂手足釘於扉上，痛苦不堪，經冥司告之，其嫂陰毒異常，於其妾生產時，陰以針刺其腸，使妾終年疼痛。返陽後，乃告其嫂，使之懺悔，待妾再次生產時，將針除去之。兩則意旨不外；人不該作惡，作惡冥司已罰之，均爲其弟所見，勸其懺悔，而免痛苦。

青鳳(卷一)、長亭(卷十一)：耿生納青鳳爲妾，其叔(老狐)反對之，並舉家遷徙以避，後老狐遭爲耿生之友莫三郎所獵獲，耿生受託救之，未致罹難，使青鳳一家叔姪團聚，耿生報之以義。長亭一則：石生爲長亭全家驅鬼，長亭之父(老狐)不得已將長亭許配之，後又反婚，欲置石生於死地。遂經成婚，常留長亭不使其返回夫家，老狐後爲石生之師王赤城所縶之，石生受託而往救之，得免於難，唯石生釋老狐之時，則報之於怨。所同者；皆附婚姻，皆爲老狐受難，皆爲其婿救之。所異者；耿生報之以德，翁婿一團和氣；石生報之以怨，翁婿仍如水火也。

辛十四娘（卷五）、嫦娥（卷十一）：兩則均爲欲修正果，而擺脫其夫婚姻塵世俗累，而求去之。辛十四娘以詐死之法而離去之。嫦娥以盜劫之法而離去之，故宗生千方百計而尋獲嫦娥，夫妻重溫鴛夢，嫦娥之計未若辛十四娘灑脫也。

另如宮夢弼（卷六）、柳生（卷八）、邢子儀（卷十一）、二商（卷八）等等均埋金窖銀於地下，此乃舊時農業社會無銀行設置儲蓄之舊習也。又「雹神」共兩則，分於卷十二及卷十六。皆言李左車之事，然情節不雷同。（按李左車記載於史記淮陰侯傳；李左車：行唐人，初仕趙王成安君，封爲唐武君，趙王敗，韓信收之，用其計，下燕齊諸城。其爲雹神，未知始於何時。）

蒲氏之智慧才華，學識素養，皆不容置疑，其於四百九十一則中，其小同大異自所不免。又侷促於封建社會思想，傳統環境所影響，其構思論調與今日之觀點，自有其矛盾之處。如受佛教思想，陷於因果循環，輪迴報應之影響者；如考城隍（卷一）、花姑子（卷八）、孫必振（卷十三）、張不量（卷十三）等等果報之說，已深植人心矣。又如畫皮（卷一）、鞏仙（卷七）、丐僧（卷四）、僧術（卷六）、楊大洪（卷十五）、顛道人（卷十五）等等僧道皆有異術，此乃無稽之談耳，但當時舊社會卻深信不疑之。再當時封建社會中，男子除娶妻外，納妾蓄婢，理所當然，不以爲忤矣。如羅剎海市（卷六）：龍女對馬生於離別前夕所言：『……倘慮中饋乏人，納婢可也。』婦女思想亦復如此，倘限此類思想之下，四百九十一則中，僅有「小同」而已，誠非易事。況皆爲道聽途說，歸來粉飾之，穿插附會，時或有之。再言者未必不雷同耳。於《聊齋自誌》中亦曾提及：『聞則命筆，遂以成編，久之，四方同人，又以郵筒相寄，因而物以好聚，所積益夥。』是故，稍有雷同者，勢所不免矣！豈可苛求歟？

俚曲

蒲氏在文學上不論何種方面，造詣極高，是不可否認之，而今之學者，能與其相仿者，爲數實不多矣。其對元曲一項亦不例外，蒲松齡全集所刊三套散曲，（雙調：北曲及南北合曲各一套，南呂宮：九轉貨郎兒一套等。）其餘以俚曲爲大宗，洋洋灑灑共十四篇等。據大陸學者。路大荒（蒲松齡全集編輯者）於全集編訂後記中，特別提到：俚曲只有《琴瑟樂》一篇未有見到。另有一種《閨怨秦聲》據說是琴瑟樂，但無依據，難以考訂是否蒲氏作品，且其內容頗爲黃色未刊入，特作以上之說明。（按：蒲氏喜寫黃色文字，例如三會本中之天宮等則，均有黃色文字羼入，通行本在青本刻版中予以刪除之。尚有草木傳，又名藥性梆子腔，其內容雖爲講解中藥藥性及治病方法，但文字亦頗黃色；如第二回：僧陀戲姑內粗俗不堪。）

俚曲共十四篇，其中僅有六篇是以志異故事爲體裁而撰寫之，計十四篇如下：

一、牆頭記。二、姑婦記（珊瑚）。三、慈悲記（張誠）。四、翻魘殃（仇大娘）。五、寒森曲（商三官）。六、蓬萊宴。七、俊夜叉。八、窮漢詞。九、快曲。十、醜俊巴。十一、禳妒咒（江城）。十二、富貴神仙（張鴻漸）。十三、磨難曲（張鴻漸）。十四、增補幸雲曲等。

富貴神仙與磨難曲同以《張鴻漸》一則爲體裁編之。可以解釋磨難曲爲富貴神仙之修訂本。將富貴神仙之十四回增添至磨難曲之三十六回。另陳香先生所撰《聊齋志研究》第一篇中提到俚曲有《守株曲》一篇，於其他有關書籍中未見有刊載。特附記之。

俚曲一詞：據路大荒先生解釋：『通俗俚曲，所用之文字較爲通俗之。』俚曲，不但文字通俗，蒲氏更用齊魯一帶方言撰寫之，未若傳奇所用「風花雪月」之流，文字爲體裁，講求文字優美，詞藻富麗，華而不實。俚曲則講求樸實，套一句現代論調，爲「鄉土文學」。如寒森曲（商三官）第一回第二曲耍孩兒前腔，（錄原文）：

大儉年沒奈何，刮人肉來下鍋，不吃難忍肚子餓，員外開倉救鄰里，叫花登門日日多，一瓢半碗無空過，打掃打掃的糧淨盡，一莊人俱得存活。

其中「儉年」爲乾旱荒年，農產欠收。「瓢」爲舊時農家所用水杓，係葫蘆長老後，剖開爲二，用於取水之用。「叫花」係乞丐。「刮人肉來下鍋，不吃難忍肚子餓」均爲一般口頭俚語而撰之。誠鄉土文學也。

再舉《牆頭記》第一回第一曲，耍孩兒。鄉錄原文：

一個母一個公，不怕雨不避風，為兒為女死活的掙。給他治下宅子地，還愁後日過的窮。掙錢來何曾自己用？到老來無人奉養，就合那牛馬相同。

此闋中「掙」字，是標準魯北土語，賺錢也。一個母一個公，夫妻也。均爲普通俚語，也表現鄉愚爲子女之親情流露，十足鄉土風味鄉土情。

蒲氏所撰俚曲，除用通俗俚語及地方方言外，尙有三個特色，與元曲規律不同，不同之處特述之。

一、每一回，在北曲稱之爲折，南曲稱之爲齣，平劇亦沿用爲齣，俚曲各篇稱爲「回」，回字爲章回小說所用之。此亦爲蒲氏之創意。每一套曲所用曲牌順序不按曲譜規定爲之，爲其最大特色。雖然南曲套曲之規律限制未若北曲之嚴格，但首曲引子及尾曲尾聲或代曲，均有一定規格，即如王季烈先生之螾廬曲談第三章所提之譜曲規定，先用慢拍，再用急拍，順序不可紊亂。但俚曲各篇之中，均未引用各宮調之引子，亦未見沿用尾聲，僅偶或以清江引一曲而代之。其最常用之曲牌爲《耍孩兒》一曲，於牆頭記及姑婦記等除常用耍孩兒一曲外，其次常用尙有劈破玉、倒板槳、跌落金錢、銀紐絲、疊斷橋、房四娘、對玉環、清江引等少數幾支曲牌譜之。尾聲偶用清江引一曲代之。更常用一支曲牌譜成一組套曲(即一回)。如富貴神仙一篇：第二回：張生逃難，共二十八曲，以耍孩兒一曲譜之。第四回：佳人出獄，共四十一曲，以疊斷橋一曲譜之。第六回：劈破玉。第七回：平西歌。第八回：皀羅袍。磨難曲；第六回：耍孩兒。第七回：銀鈕絲等等均僅用一支曲牌到底譜成一套曲，未用首曲，亦未用尾聲。再如寒森曲一篇共八回，除第八回尾曲用清江引代之外，其餘一至七回，均用耍孩兒一支曲牌譜成之。此爲元曲之雜劇傳奇未有的現象，亦爲絕無僅有之規律也。

二、於元曲中，不論雜劇或傳奇，不論北曲或南曲，不論劇曲或套曲，均以一韻譜之。在蒲松齡全集中所刊三支套曲，除《鬧窨》(北曲)，《鍾妹慶壽》(南北合套)係以一韻譜之外，另一套曲《九轉貨郎兒》，每一轉則用另一韻，此爲元曲未有之現象，俚曲亦復如是，不論各篇各回雖用同一支曲牌，都均未遵一韻譜到底之規格，如是僅可視爲特殊之變格。(南曲套曲前一曲用某曲牌，次一曲用同一曲牌，謂之「前腔」，必須用同一韻譜之。北曲么篇則同於前曲，但與前腔不同。)然俚曲則否。如牆頭記一篇中第一回，以耍孩兒一支曲牌譜之，共三十曲，均爲不同韻譜之。第一曲用「東、冬」韻；第二曲用「元、寒」韻；第三曲用「支、齊」韻；第四曲用「蕭、爻」韻、最後一曲用「先、仙」韻等等。其他各篇各回亦復如此，均雷同之。此與元曲之規律，顯有相悖，不應視爲傳奇，僅可視爲地方戲曲而已。

三、快曲一篇中，第四聯：燒耳。黃泥調共有七支曲子。另加四支「梆子腔」。梆子腔爲山東地方戲曲一種（山東梆子；河南墜子，即豫劇，均爲地方戲曲），不屬於元曲之類也。梆子腔是七個字一句，頗似唐代「樂府」之類型，且句數不限。如第一曲、第二曲，皆二十八句，第三曲則有三十二句，第四曲更增爲四十句，偶或使用墊字（此與樂府格律不同）。窮漢詞僅有一套，只可視爲套曲而已。醜俊巴一曲，僅有《山坡羊》兩支曲子，餘爲插科打諢。據路大荒先生整理蒲松齡全集時，下註（全稿至此完，似是未定稿。）總之蒲氏才氣縱橫，自成一家，自成一格，不墨守成規，與雜劇傳奇各項規律均不吻合，特名之爲「俚曲」，極爲恰當。

蒲氏除撰十四篇俚曲，三闋套曲外，尚撰《草木傳》一篇（前文已提），共十回，開演並加一段楔子（北曲規格），以本草爲體，而雜以情節，妙趣橫生，略舉兩段：

第一回：梔子鬥嘴：

……所生一女，名喚菊花，曾許金石斛為妻，（旦）奴家甘菊花，不知前吵鬧所為何事？待奴上前去問。……（生）女兒那裡曉得，逐水寨出了海藻、大戟、甘遂、芫花四大賊寇，送來玉盆繡帳，要聘吾兒成親，方才被我搶白去了，（旦）不好了！奴家本是貞節性，去風明目，到如今忽聽的有災禍！霜枝難傲。他好像茯苓皮治奴腫脹，麻黃兒治的我汗出不解，還有些氣不順須用木香。……（生）吾想那半夏、瓜蔞、貝母、白芨、白蘞與烏頭，不合那諸蔘、牽、芍與藜蘆紛紛相爭，叫我時刻提防，恐遭毒禍；今又有大戟，甘遂、芫花，海澡與吾相反，要娶我女兒成親，眞乃可畏人也。

第十回：甘草和國：

（生）女兒那曉。我賢婿占鰲頭軍前書到，番鱉子不投降教我心驚。我想那番鱉子有何作用？草茯苓治蟲疳也算有功。他本是巨藤子大補精血，用鎖陽養精血補陰益精。他竟敢瀉肝火要吃龍膽，要他的龍腦香諸竅能通。若得那乾地龍下消行熱，纔叫那趴山虎治兩腿痛。（旦）爹爹呀！你今日年高邁精神短少，豈像大力子能治喉疼，豈像那茺蔚子明目有用，豈像那土螻蛄耳可不聾？他就是有藜蘆吐到，該使那青麻仁吸他骨精。勸爹爹和西番已屬不可，為什麼使君子也去殺蟲。

草木傳共十回，約兩萬字左右，雖用本草藥名爲體，極爲逗趣，尤以第二回僧陀戲姑更甚之，但黃色文字太多，故不錄之。

逃學傳一篇：體裁頗似俚曲，爲蒲氏舌耕濟南之時，排遣時光而撰之，對讀書功名極盡諷刺之能事，開場白即一首七律打油詩：

文章相沿幾千秋，令人一見皺眉頭，世界萬般皆上品，惟有讀書是下流。

並錄二曲如下

是何人造書作字，成就了多少書籍，至今日誣了子弟，弄的俺不男不女，不僧不俗，大處不成，小處不濟，每日裡道也德也，仁兮義兮，酸溜溜的折人牙根，臭閧閧的令人掩鼻。

最可恨，一字兩音難分曉，即如說說朝朝，己已樂樂，大大少少，亡亡暴暴，長長告告，惡惡好好，這就弄不清了。又打上子曰詩云，不住的打擾，之乎者也，常常嘮叨，弄的顛顛倒倒，無倚無靠，這也是不好，那也是不好，聖賢爺，你叫俺照著那個音兒念去才是好？

（按：以上破音字，並非字兩讀，多至四音，如下。）

說：1.ㄕㄨㄛ；說話。2.ㄕㄨㄟ；說服。3.ㄩㄝ；詩經邶風擊鼓：『與子成說』。與「悅」通。4.ㄊㄨㄛ易蒙：『用說桎梏』，可通「脫」字。

朝：ㄓㄠ；朝夕。ㄔㄠ朝拜。

己：此字非破音字，只是筆畫不同而已。現少數字典印刊未明。已：一；可以。

己：ㄐㄧ；自己。巳：ㄙ；地支，辰巳午未之巳，代表十二生肖之蛇也。

樂：ㄌㄜ；快樂。ㄩㄝ；音樂。ㄧㄠ；喜愛。ㄌㄠ；地名，如山東樂陵縣（今博興縣）

大：ㄉㄚ；大小。ㄉㄞ；大夫。ㄊㄞ；通「太」字。

少：ㄕㄠ；多少。ㄕㄠ：少年。
亡：ㄨㄤ；流亡。ㄨ：同「無」字，詩經：何有何無。
暴：ㄅㄠ；暴力。ㄆㄨ：通「曝」字，暴露。
長：ㄓㄤ；生長。ㄔㄤ：長短。ㄓㄤ：多餘。
告：ㄍㄠ；告訴。ㄍㄨ：稟告。
惡：ㄜ；凶惡。ㄨ：羞惡。ㄨ：歎息。ㄜ：惡心。
好：ㄏㄠ；好壞。ㄏㄠ：愛好。

學究自嘲一篇：名符其實，自我嘲笑，亦屬俚曲，亦同逃學記，亦可屬爲梆子腔，雖以南曲疊斷橋曲牌譜之，多處與韻律不合，非正規元曲，內容以一年十二個月中私塾景象，多烘先生之窘態，與前篇逃學記相映成輝，妙趣横生，令人發噱。開場白即有一首歌及七律一首：

四民士農工商，獨學究堪嗟，憑三寸不爛舌，單講詩云子曰，舉動一步三搖，滿口之乎者也。

暑往寒來冬復秋，悠悠白了少年頭；半飢半飽清閒客，無鎖無枷自在囚。
課少東家嫌懶惰，工多子弟結冤仇。有時隨我生平願，早把五湖泛輕舟。

(按：「輕」字不合平仄，此字應仄韻，輕字屬平聲於青韻，此首詩有欠規律。)

另錄三月一曲：

三月清明到，三月清明到，先生館中暗計較，黃邊錢想必得兩三吊。心中樂陶陶，心中樂陶陶，打算糴米又治燒，早叮嚀務必都湊到。神思徒勞，神思徒勞，海底明月實難撈，顧體面怎肯開口要？滿腹心焦，滿腹心焦，東家說是寬寬著，無奈何只得乾陪笑！

另最後尚有一首打油詩，道盡冬烘先生辛酸矣！

墨染一身黑，風吹鬍子黃，但有一線路，不作孩子王。

(按：有，子二字，均應用平聲，不合韻則稱打油詩，然此詩更增情趣，若果合韻律，未必逗趣也)。

富貴神仙與磨難曲等二曲均以張鴻漸一則為體裁撰之(前已提)，富貴神仙在先，磨難曲在後，磨難曲為富貴神仙之增訂本，兩篇中每回題名雷同者，有十回，如富貴神仙第五回；磨難曲第十二回，同題名為「聞唱思家」等等，尤以富貴神仙第十一回及磨難曲第二十二回之凶信訛傳中，富貴神仙之哭皇天及磨難曲之憨頭郎兩曲中同有十二月歌大同小異。但富貴神仙共十四回，磨難曲共三十六回，題名亦同為「八仙慶壽」。除題名相同外，甚之兩篇中之曲子內容一字不改均之，試錄三曲以下：

富貴神仙第二回：張生逃難，要孩兒第四曲：

罵聲狗生員，欠錢糧不待完，一人就要壩住堰！梗令的狗才眞該死！一行罵著就丟下簽。皂隸就往地下按，把秀才三十大板，一霎時命喪黃泉。

磨難曲第二回，貪官比較，要孩兒第六曲完全一樣。

富貴神仙第三回：中途逢仙，銀紐絲第八曲：

病懨懨只把眼兒也磨合，身子好像在油鍋。怎奈何！白黑昏迷在被窩，水米不沾牙，待了一月多，唓哼哼只在床頭臥，離家已是受折磨，又著俺在外染沉我的天呀！禍彌天，眞是彌天禍。

磨難曲第七回：旅店臥病；銀紐絲第四曲完全一樣。

富貴神仙第十四回：八仙慶壽，桂枝香第一曲：

久不相晤，知君思慕，今遇著壽誕良辰，我約下群仙賜顧。將客舍全鋪，十二席圍裙坐褥，我帶著佳肴美菜，甘脆香酥。一罇仙酒儘堪用，不必塵世酒店沽。

前腔：仙姑微笑，稽首稱道，蒙妹妹囑咐叮嚀，已約下群仙俱到。八洞煩勞我，先來登堂相告。添福添壽，世世金貂。你為五載恩情重，我為千秋姊妹交。

磨難曲第三十六回：八仙慶壽，桂枝香第一曲相似，僅改數字而已；其中「知君」改爲「慕君」。「美菜」改爲「美草」。塵世之「世」字，改爲「凡」字，「世與「凡」兩字平仄不同，俚曲本不苛求韻律，改與不改均可。其前腔中「你爲五載恩情重」，在磨難曲改爲「你爲數載夫妻意」，餘均相同。

富貴神仙第八回與磨難曲第十六回：題名同爲「閨中教子」其中皂羅袍一曲牌，五恨五勸自歎等十三回雷同，除自歎三曲少改一兩字外，完全一樣。

富貴神仙第九回與磨難曲第十九回；題名同爲「再會重逃」楚江秋五曲，從一更到五更等訴苦，一字不改，呀呀油一曲中有三支前腔幾乎一樣。

富貴神仙第十一回與磨難曲第二十二回；題名同爲「凶信訛傳」其哭皇天與憨頭郎二曲後梆子腔，從一至十二月等十二曲，在磨難曲之憨頭郎附曲，除刪去「咳！我的哥哥！咳咳！我的皇天哥哥喋！」等墊句外，前五句均相雷同。

富貴神仙第十二回與磨難曲第二十五回；題名同爲「春闈認父」，平西歌一曲，在磨難曲中刪除疊句「日頭不高，及一去，十里遙」兩句外，餘均同。

以上足可證之，將富貴神仙一曲擴充之而成磨難曲，可言之爲增訂本，亦可言之爲修訂本。然增加一倍以之曲牌，誠非易事，故雷同之處，勢所難免。

富貴神仙與磨難曲兩篇與張鴻漸一則之情節稍變更及增添，套一句現代編劇術語，不忠於原著作。情節變更之處，摘述於下：

一、張鴻漸原文與兩曲中首先變更之處，張生改名爲「張逵」，字鴻漸。後因殺死「甲」，在押解之時經舜華相救，逃至太原，改名爲宮子遷，兩曲變更爲「宮陞」並父同科，均高中進士。原文張生並未參與京試，後因子而貴，並無兩曲中之「春闈認父，父子錦歸」等情節。

二、張生因捉刀控告盧龍縣令，縣令緝拿而逃亡。兩曲中增添張妻方氏被捉拿入獄，押妻追夫，方式在過堂時大罵贓官一節，又添方氏之兄方仲起之營救等情節，而增添「佳人出獄」一回，此爲原著所未有之。

三、原文，盧龍縣令姓趙，貪暴，有范生被杖斃等情，兩曲中改變爲姓馬，因范秀才欠錢糧，馬某因貪虐，催逼欠稅而將范生杖斃，後經上級查問並繩之以法，故增添「貪官拿問」之畫蛇添足等回情節。（富曲中無之。）

四原文：無賴「甲」，無名姓。在兩曲中，甲改爲「李鴨子」因張生返家被「甲」知道後而勒索，張生將甲殺死，特增添甲母李氏上門問罪之「潑婦罵門」一回。

張鴻漸一則在志異中，情節偏重於狐女「舜華」之愛情輾轉爲重心，其妻方氏只是陪襯而已。而兩曲中方氏反爲主角，舜華倒被冷落，忽視舜華與張生之痴情繾綣，實與蒲氏在《聊齋自誌》中所言有悖。自誌首開明義：『才非干寶，雅愛搜神，情類黃州，喜人談鬼。』上項宗旨而被摒棄，有失志異之本意。熟知蒲氏憤恨當時貪官惡吏也。志異一書可作俚曲體裁者，多之又多，何獨以張鴻漸一則撰成富貴神仙後，意猶未盡，再增訂而成磨難曲。其原意蒲氏痛斥清代貪瀆暴政，各級官吏皆殘暴不仁，貪瀆之風，屢見不鮮，如《夢狼，席方平》等則無不咒罵「官虎吏狼耳」無處不在荼毒黎民之情事。如富貴神仙第二回：張生逃難中要孩兒第三曲（前腔）：

打強盜小板撩，打錢糧大板叨，無錢還把夾棍套。一群衙役如猛虎，但只是過的就喫了敲，打官司就是財神到。合縣裡愁生怕死，以遭著賊打火燒。

磨難曲第一回：百姓逃亡，更開門見山指出，耍孩兒第十一曲（前腔）更爲明顯之：

前遇著大儉年，萬歲爺動愛憐，發了漕米百萬石。賑濟賑的是衙役家狗，賑濟賑的是州縣官。飢民餓死了勾千千萬，若是遇著洪武皇帝，剝的皮堆積有如山。

（皮廟場前文已提，三會本《鴞鳥》一則亦提之。明太祖朱洪武懲治貪瀆，將貪官剝皮示眾之舉。）蒲氏特以此則撰成俚曲，以假街坊之口而擴散之，而洩其憤也。此則中，張鴻漸在捉刀寫狀之初，方氏曾進忠言，諫曰：『大凡秀才作事，可以共勝，而不可以共敗，勝則人人貪天功，一敗則紛然瓦解，不能成聚。今勢力世界，曲直難以理定，君又孤，脫有翻覆，急難者誰也？』方氏之言，一針見血。雖爲女流，深明大局，非關當時，古今社會豈有不如此耳。諺云：『秀才造反，三年不成。』之謂也。窮不跟富門，民不跟官門，自古依然耳。

此則文字最大遺憾，最後結局，子貴父榮大團圓，不脫章回小說之詬病。兩曲更甚之，最後尚有八仙慶壽，八仙真有如此空閒，管此閒事。一場是非皆張鴻漸所惹之。

醒世姻緣依江城一則而撰寫，江城亦因醒世姻緣而成名，於志異中較爲突出之一則，悍婦江城亦因此而揚名四海，蒲氏再依此而撰成《禳咒曲》。此篇頗忠於原文，因劇本撰寫需要，將主角高蕃又取了一個乳名「長命」。江城二姐於原文中本爲無名者，曲中取名叫「樊滿城」。江城之凶悍程度，描述得淋漓盡至，略錄五曲，以表江城之悍，更甚於原文：

第一回：開場。調寄山坡羊第二曲：

殺了人放了火，十萬銀子包裹裹，一直送到撫院堂，情管即時開了鎖，惟獨這娘子人起了火，沒處藏沒處躲，這個衙門罷了我。

第九回：閨戲。耍孩兒第十一曲、十二曲：

罵了姐又罵娘，好眉好眼不賢良，我也沒氣合你強。有心待要照著他，又不知待鬧幾場，終朝須是常打仗。只得是存心忍耐，低著頭上了書房。罵了聲小囚根，說出話來氣殺人，罵了幾句還不忿。以後惱了我這個性，我只是狠掘他那親，著他睜眼把我認。到晚上把門關了，我看他那裏安身。下附七律一首：

枉惹奴家氣滿懷，強人休進繡房來。晚間早把門關上，不叫親娘門不開。

第十回：退婚。鬧五更第三曲：

滿家老少俱是瞎子丁，看不見終日氣的我肚子疼。長命兒你裏邊聽，我在外邊聽，你待自家怎生？要把奴怎生？有的是我，逃了不成！合家兒，都在一塊兒喊喊插插，看看我江城！

第十七回：中傷。銀紐絲第一曲：

床頭上不是個女嬌也麼嬌，分明臥著個母夜叉，見了他，渾身筋軟骨也麻！進了娘娘廟，娘娘貌如花，教人拜倒寒毛乍。心裏不知是什麼，到他跟前百事差。我的天，高罵人，他將人高罵。

以上五曲將江城之悍，描述得淋漓盡至，供人嚼味。

志異書成經青柯亭刊出後，隨之即有各作家戲曲出現，以志異故事改編成雜劇或傳奇，估計不下二十餘部，經大陸學者，關德棟、車錫倫蒐集，現存共有八位作家計十四篇，即製專輯。據知散佚者，尚有陸和鈞之《如夢緣》，唐詠裳之《名場債》，夏大觀之《陸判記》，無名氏之《恆娘記、盍簪報》等等，因未見其傳本，除依其題目可知故事內容外，餘如《名場債》等，則不能推斷依何則故事而撰成之。至於蔣士銓之《雪中人》爲大力將軍(卷五)而撰之。楊思壽之《姽嫿封》則爲林四娘(卷三)而撰之，然此兩則故事，當時已見他書(前文已提)，未必係依志異而改撰之，未見傳本，難予卻定。現將已存八位作者之劇作，略簡述介紹於下：

一、錢惟喬，字樹參，號竹初，別署林棲居士，陽湖人(今江蘇武進)，乾隆壬午年舉人。作傳奇三劇，其中《鸚鵡媒》一篇取材於志異《阿寶》(卷二)一則。孫子楚與王阿寶之生死戀爲體，孫生情癡而化作鸚鵡去會阿寶等情節。除加插觀音大士爲二人撮合婚姻外，餘均算忠於原著，加插神與佛是一般小說或戲曲之通病，適應當時農業社會鄉愚所需要，故劇作家不得不如此耳。本劇於青本刻本問世後二年，即以隨之問世，亦係以志異故事爲體裁戲曲最早之一篇，全劇共四十齣，南北曲合體撰之，情節，結構，文詞均美，實不亞於湯顯祖之牡丹亭及阮大鋮之燕子箋等傳奇。但文藝氣習太濃，適宜欣賞，頗不適宜演唱，應視爲案頭之物。另與《碧落緣》及《乞食圖》等三編，合稱之《竹初樂府》。清梁廷枏於曲話(卷三)評之：『不及蔣士銓之爽豁，蔣士銓不及其清麗也。』亦因其過於清麗，非一般世俗所能接受之。特錄二曲於下：

第一齣：夢讖；　《駐馬聽》：疏柳橫天，半角雕甍雲際遠。夕陽低院。幾行粉垛樹中連。湖山約略展痕穿，這般佳構何曾見？(原來是人家一所園亭、蓋得好不幽勝！）料則主人賢，做個到門看竹從吾便。（北曲雙調）。

第十二齣：神遘：《下山虎》，則這瑤釵斜墮，繡被橫加，嬌斂星眸處，越增韻煞。一種香和，沁出枕函膩髮，薄霧多情最護花。他轉鶯簧清夢遐，我驚破春魂應受打，耐定神兒化，已是仙津幸達，待看煞桃源一縷霞。（南曲越調）

二、陸繼輅，字祈孫，別署小元池居士，修平居士，江蘇陽湖人，嘉慶庚申年舉人。因家境不裕，奔波於四處爲幕賓，然於此二十年之久，赴京大比，終遭敗北，直至嘉慶二十四年始選爲安徽訓導，因參與安徽通志編修辛勞，酬庸選派江西省貴溪縣知縣，到任不及三年即因病老辭官，未幾謝世。其著作有《崇白藥齋文集》一種。傳奇除《洞庭緣》一種。尙與莊逵吉合撰秣陵秋，又爲吳喈續成護花幡。至於碧桃記一篇爲吳蘭雪等所撰，陸繼輅僅爲潤飾而已，爲其所撰，係爲誤傳。

洞庭緣係依志異之《西湖主》（卷八）與《織成》（卷三）兩則湊編爲一劇，陳弼教、柳生、西湖主，織成等四人共組成雙生雙旦，陳弼教與西湖主（改爲洞庭君之公主），柳生與織成（改爲洞庭君妃之婢女），四人分別結合，雖忠於原著之精神，然將兩則故事後段精彩情節刪除之，實弄巧成拙，不智之舉也。後至光緒年間，經後人陳子方改編爲平劇，名之《富貴神仙》曾風行一時。其不獨對文學造詣頗深，且對樂理亦爲精通，用墊字更爲大膽，其於此曲完成後，又以七絕題了八首贊頌之辭。分錄於下：

第十三齣：璧合。《北水仙子》：你你你你那繡帳中，定定定定是箇翠娟鵷鳳。念念念念渴相如未飲瓊漿，又又又又何必關瞧別詠。請請請請雙雙貯玉籠，是是是是你把藍田親種。幸幸幸幸杜女張郎特地逢，願願願願年年穩住桃花洞，這這這這纔是風鬟一賦巧奪天工。（以上連四疊字皆埶字。）

豪絲激竹動春潮，樂府新傳海上謠。我亦歌聲出金石，樽前吹裂小紅簫。（附錄其中第八首。）

三、李文瀚，字雲生，號蓮舫，別署訊鏡詞人，安徽宣城人，道光戊子舉人，先後曾於鄂縣、岐山等知縣十餘年，後至四川夔州知府。共撰傳奇四種，除《臙脂舄》爲志異中臙脂（卷十四）一則，餘尚有紫荊花，銀漢槎，鳳飛樓等傳奇，合稱《味塵軒四種》，或稱《風笛樓四種曲》。均於陝西任期所撰之，另有《味塵軒詩集》。

臙脂舄共分上下兩卷，計十六齣，除第十二齣：《哭監》爲杜撰外，餘均爲忠於原著。哭監一齣，描述禁卒之殘橫惡毒，監犯之受虐苦楚，淋漓盡至。無怪漢代周亞夫曾言：『不願爲六部卿相，願爲獄卒。』劇中人「鄂秋隼」被屈打成招，聊城縣令原著未示姓名，劇中則命名爲「胡圖」，射影爲「胡塗」。並以丑角扮之。另濟南知府吳南岱，學政施愚山，均有其人，三次判案均有特色。臆測本案是否果有其事，頗難定論。與前《雙槐歲鈔》陳御史斷獄，兩文頗有相似之處。施愚山爲蒲氏之恩師，故借此則故事以宣揚其恩師之公正廉明，亦未可知。在傳奇最後結局將一宗嚴肅正直昭雪冤獄故事，鄂生在洞房花燭夜卻去偷情，而成爲風花雪月之低級品味，其是不倫不類，令人扼腕不已。特將哭監中錄二曲於下：

第十二齣：哭監。《牧羊關》：猛聽聲驚駭，氣喘吁，急忙的木籠裡抓起瘦身軀。止覺的手足如麻，肌膚似腐，你也憐我棒瘡痂未結，潰爛血尤污。可嘆你狠心人猛如虎，作踐我斷頭人輕似鼠。

《菩薩梁州》：你則爲搜索青蚨，便橫施夏楚，欺凌腐儒，作踐囚徒。遍身周匝鍊繩拘，鐵床尖硬如刀鋸，頭顱緊嵌難回顧，禁不起再鞭扑，你怎的毒極還加腦後箍？頓教俺痛煞難呼。

四，黃燮清，原名憲清，字韻珊，別署吟香詩舫主人，浙江海鹽人，道光乙未舉人，咸豐二年議敘縣令，派湖北省，此時太平天國已攻佔大江南北，托病而未赴任。後太平天國佔領海鹽，轉往上海而赴湖北，任宜都，松滋等縣令。同治三年告病辭官，未幾謝世。著有《倚晴樓詩集、倚晴樓詩餘》，并選刊《詞綜續編》。作傳奇九篇，其中《茂陵弦、帝女花、鴛鴦鏡、桃谿雪、凌波影》等五種合稱爲《韻珊外集》或《拙宜園樂府》；光緒七年其婿馮肇曾增刊《脊令原．居官鑑》二曲，合稱《倚晴樓七種曲》，另《玉臺秋》爲單行本；《絳綃記》未刊。

脊令原一曲係依《曾友于》（卷二）一則改編，故事爲曾氏兄弟、叔侄、妯娌等鬩牆勃谿等錯綜複雜情節，作者力求頭緒單純，然治絲益棼，以致劇情發展稍遜，乏善可陳。但在爭服、撓殯、懷歸、撻弟等齣之文字，頗爲雋永，可言文字優於劇情。此則在原著志異中，已嫌凌亂絞雜有交待不清之感，選此則改編戲曲，實爲吃力不討好之感也。特錄兩曲於下：

第九齣：撻弟。《啄木兒》：爐香冷，蕙帳飄，縞素臨門增痛悼。講恩情豈在同胞，論名分依然兄嫂。你諸孤在堂誰照料？鰥夫在室誰偕老？那個把教子持家一擔挑？

第十八齣：依叔。《普天賞芙蓉》：碧粼粼波痕細，綠濛濛村煙膩。種花門畫鷁輕移，采蘅洲野鷺驚飛。一家人只是爭閑氣，全不似親生的兄弟。惜惺惺全仗扶持，要叔叔諸般料理，因此上別爹娘，向明窗絳帳緊跟誰。

絳綃記亦係依《西湖主》（卷八）一則改編。較陸繼輅之洞庭緣爲佳，文藻華麗，令人激賞，將陳弼教返鄉一節刪去，加進楚南討賊，陳生任參軍，敗後由西湖主等解救之。本曲係依作者手稿本而輯之，原稿第六齣「諢筵」刪除，從改撰「玩巾」一齣以補之。諢筵一齣，把蝦兵蟹將罵得體無完膚，時太平天國佔據長江流域，滿清八旗軍不堪一擊，此齣頗有影射滿兵低劣之意，而自行刪去。滿清晚年，文字獄雖未如康雍乾時代嚴峻酷毒，以此齣文字，足可惹上殺身之禍，故有自知之明，自行刪改，《黃鶯兒》四闋尚存於手稿中，此篇未經刊印之因，恐亦在此。特將黃鶯兒四闋錄於下：

《黃鶯兒》：活現一遭，魚腹兒中，有甚書，居然也把參謀作，但逍遙江與湖，但浮沉藻與蒲，隨波逐浪把軍期誤。眼模糊，難分皀白，偏要混明珠。

《前腔》：酒鱉一團團，大規模，局面寬，相君之背莫非賤，氣昂昂甲冑堅，暗昏昏泥土鑽，龜頭縮進何曾見，出滿珊，旗開玄武，也要學登壇。

《前腔》：一個蝦跳，晃明盔兩刃刀，戟鬚風弄旗竿裊。岸灘邊伏的牢，水波中迸的高，賊兵未到先跑了，墨青袍，隋時卸去，長腳最能逃。

《前腔》：醃蟹酒猶醒，本無腸要横行，兩邊戈甲排齊整。冒餘糧稻一莖，戀微光火一星，有何顏面充軍政？可憐生，沙場廓索，猶恐月兒明。

五、許善長，字季仁，號栩園，別署玉泉樵子，又署西湖長，浙江仁和（今杭州市）人，咸豐壬子進士，旋入京任內閣中書，官至建昌、信州知府。共撰傳奇《瘞雲岩、風雲會、茯苓仙、臙脂獄》等四篇。雜劇則有《神山引、靈媧石》等二篇則共稱《碧聲吟館叢書》。

臙脂獄一篇亦依據臙脂一則改編之。因李文瀚已撰寫《臙脂舄》在前，兩篇自有比較，兩劇同爲十六齣，內容結構均可相埒，不分仲伯，惟《臙脂舄》中之《廟判》則較《臙脂獄》中之《廟訊》爲詳盡、生動而有趣。本劇於最後一齣《判圓》，將志異中之駢文判詞分作三段，抄入劇中，鄂秋隼部分列入青玉案一闋之後，毛大部分列於泣顏回一闋之後，臙脂部分列於前腔之後。顯拘泥於原著，皆由小生一角演唱一齣，似嫌呆板。唱唸皆由一角爲之，未若平劇法門寺中之賈桂唸宋巧姣狀子精彩。且有淨角劉謹從中插科打諢。惟本劇最後忠於原著，鄂秋隼與卞臙脂共結連理，非如《臙脂舄》於結局時，將一本莊重嚴肅雪冤戲曲而變成風月鬧劇，首尾不相銜接。本劇符合志異中原判所云：『……怨摽梅而思吉士，遂離倩女之魂。爲因一線纏縈，致使群魔交至。爭婦女之顏色，恐失臙脂，若驚鳥之紛飛，並名秋隼。』此爲本劇可取之處也。（按：摽字 ㄆㄧㄠ，摽者落也。摽梅者，女子惟恐誤其嫁期也。詩經召南：摽有梅，又附心貌。詩經邶風：寤辟有摽。）特錄第十六齣最後兩闋：

第十六齣：判圓。《駐馬聽》：喜氣盈門，頒到河陽滿縣春。洵是文章魁首，仕女班頭，合結朱陳。看幾番磨鍊顯松筠，一朝歡合調琴軫。種深情荼薺能甘，笑荒淫薪櫪同焚。

《尾聲》：辦蓮巧合諧秦晉，作成我風流令尹，還仗他判筆生花簇斬新。

神山引一篇係依《粉蝶》(卷十二)一則改編之。原著此則故事雖爲艷麗，但情節較爲單純。故改編此劇已較簡單，且易討好，全劇僅八齣，內容極忠於原著，第二齣增加南海龍王之水判官及第五齣粉蝶遣後，原著小童改爲大漢外，無不與原著雷同。即使粉蝶有思凡之念，晏生認其緣塵未泯，不可收錄之。且欲鞭笞三百，十娘代爲緩頰，言陽生前聘已醮，特以粉蝶遣之。陽生祖母(即十娘之母，沉疴已久。於第三齣敘姻及第五齣粉謫中，插科時表示之，等諸項無不吻合。改編戲曲，忠於原著，少之又少，未如此篇矣！然第七齣藥餌爲北曲雙調一齣，有套用馬東籬之秋思散套之陳句，特錄於下：

《夜行船》：百歲光陰一夢蝶，憑屈指事事堪嗟。掌上珠沉，階前蘭謝，似幻相雨中泡滅。

《慶宣和》：猝至仙源與世別，境界奇絕。夢入莊周遇蝴蝶，頓教人兩跌蹩躠。

其「百歲光陰一夢蝶」，「莊周蝴蝶」等均爲馬東籬之句，套用前人之句，不足爲怪，如王實甫之西廂記第四折端正好：碧雲天，黃葉地，西風緊，北雁南飛，等係套用宋范仲淹之蘇幕遮(詞)：碧雲天，黃葉天，秋色連波，波上寒煙翠。本就是千古文章一大抄，只是技巧而已。當然也可謂白玉有瑕耳。

六、陳烺，字叔明，號潛翁，別署雲石山人，又名玉獅老人，江蘇陽湖人。一生科舉仕途均鬱鬱不得志，晚歲定居杭州。其詩文傳世計有《雲石山房賸稿》(稿本)等，戲曲計有《玉獅堂傳奇十種》分上下兩集(因所刻版年代先後之分)。上集有《仙緣記、蜀錦袍、燕子樓、海遊記、梅喜緣》等五篇，下集有《同亭宴、迴流記、海雪吟、負薪記、錯姻緣》等五篇。其中《梅喜緣、負薪記、錯姻緣》自志異中改編之。梅喜緣爲青梅(卷六)一則爲青梅阿喜二人同嫁張生之故事，本劇將情節略作修改，青梅之父未死，遠出四川爲幕賓，後返回認阿喜爲義女一節。另阿喜貧不能自立，更無法營葬雙親，原著嫁於李郎爲妾，劇中變爲《富有才》。但被悍室趕出，最後青梅阿喜二人一夫則忠於原著，是符合舊倫理道德觀念而已矣。於阿喜賣身爲之時，所描述文字，不見潑辣有勁，且嫌呆滯，特錄兩闋於下：

第十二齣：賣身。《字字雙前腔》：淺淺烏雲禿且光，合蓮三寸側邊量，放樣。男子貪心愛宿娼，技癢。渾身鑽進陷人坑，活葬。

《孝枝南前腔》：男兒漢，心盡喪，迷花醉蝶著意狂。終日的待月到西廂，眠香宿花巷。還要說短論長，作勢裝腔，做出那端方模樣。還說我獅吼河東慣吃油鹽醬。這惡名，怎可當！試看咱，無情棒。

負薪記爲張誠(卷二)一則改編之。志異撰寫張誠一則時含有歷史背景：將清兵入關以前之掠奪行爲爲故事背景，青柯亭刻版時改爲明成祖靖難之變，避免文字獄耳。本劇撰寫時以青本爲範本，故未有清兵入關前之掠奪行爲，僅限放後母之潑悍，兄弟之友悌，故發展不開，侷限一隅頗有滯挫之感，惟此劇頗忠於原著。即連觀音大士楊枝灑水，普渡衆生，均未改變之。惟當時吳縣俞廷瑛序中加以讚賞：『……吾知此劇一出，黎園小部必且競相肆習。而一唱三歎，使人友于之愛，油然而生。』陳烺潦倒一生，對世態炎涼認識已清，於第六齣《尋弟》中，張誠淪爲乞丐時，丐頭自稱：『我這小小衙門，倒有個大大規矩。』這自然非單指乞丐而已。其遭遇應與蒲氏類似，憤世嫉俗，不合時宜也。

錯姻緣一篇爲姊妹易嫁(卷三)改編，此則恐非蒲氏創作，或拾前人牙慧之嫌，此劇亦無新鮮之感。嫌窮愛富，古今依然，何獨苛求一弱女子呢？本劇之主題，應是嫌窮，卻未予發揮，在第三齣：悔婚。第四齣：代嫁。均曲文甚於劇情，文字雖美，未能表達原意，頗爲遺憾，俞樾爲此劇作序，亦只符合志異之種豆得豆，種瓜得瓜之果報，未紓予特殊見解。錄其部分如下

……然以一念之差，成終身之誤。鳳誥鸞章，讓之小妹，晨鐘暮鼓，了此餘生。清夜自思，能不悽然淚下？可為婦女鑒者一。……

總之：三篇戲曲，曲文韻律均爲優美，戲劇情節倒是平平耳，未如原著情節扣人。可見劇作者刻意求工，以爲演出時之完美，忽視劇情發展，以至本末倒置矣。

七、劉清韻，女，原名淑曾，號古香，小字觀音。江蘇海州人，其父劉蘊堂爲二品鹽官，自幼即受良好教育。十八歲出嫁，後家鄉遭洪水淹沒、流落江南，窮困潦倒，

而靠接濟爲生。作品有《小蓬萊仙館傳奇十種》。計傳於後世有《黃碧簽、丹青副、炎涼券、鴛鴦夢、氤氳劍、英雄配、天風引、飛虹嘯、鏡中圓、千秋淚》等。據俞樾序中提及共作劇二十四種之多，可謂在中國戲劇史上唯一之多產女作家。除劇作外，尚有《小蓬萊仙館曲稿、小蓬萊仙館詩稿、瓣香閣詞》等。其文學造詣，不亞於李清照及朱淑貞二位，但名氣未若二位，惜之哉。其以志異改撰亦共有三篇：《丹青副》、《天風引》、《飛虹嘯》等。

丹青副爲田七郎(卷六)一則改寫，內容爲獵戶田七郎家境貧困，屢受武承休之接濟，後捨身殺死仇家，接濟之初，其母反對，因受人以財，則報人以義，不欲其子赴義等情，頗似戰國時代吳王闔閭厚待專諸刺王僚之故事。本劇本忠於原著，最後僅將七郎之子，因其父殺人後而逃於登，改姓佟，發跡後始返回尋父墓，與武承休相會，劇中改爲田豹耳。本則曲文與他則迥然不同，鏗鏘有力，不似軟綿綿之花月文字，特錄二闋如下：

第三齣：訪夢。《懶畫眉前腔》：彪軀凜凜恁昂藏，如電雙瞳爛有光，頤方口闊劍眉剛。聲音洪亮如鐘撞，縱懦夫一見能教意氣揚。

第八齣：赴義。《金菊香》：權把這杈枒老樹當作惡人的顱，利刃輕揮演習諸，憑著俺膽雄氣雄力莽粗，刀閃處誰敢當吾？渾不費些兒氣力，直易似那拉朽摧枯。

天風引爲羅剎海市(卷六)一則改編之，羅剎海市一則有諷刺清初之社會形態，俊醜顛倒，善惡不分，如夜叉國等情節類似。本劇尚能符合原著精神，惟最後依然不脫章回小說窠臼，才子佳人大團圓。原著馬驥改爲馬俊，在第十齣養圓，馬生將其父母接至龍宮團聚。依現代觀點而言實在太庸俗之。未若原著，龍女曰「情緣盡矣」。最後龍女探視其女，馬生聞之而入，執手啜泣，俄頃，疾雷破屋，女已無矣。如是：文雖完，而情未盡矣。原著中俊醜及宦海情事，劇中則較爲露骨，錄兩闋如下：

第四齣：歌酬。《香羅帶》：浮萍一葉身，飄然無盡。望家鄉何處愴心魂，悽迷只剩一沾巾也。只與妖作侶，怪為鄰，不知自醜翻醜人。也裝鬼頭鬼腦有精神，權當做扮演登場串戲文。

第五齣：具擲。《金井水紅花》：試看名場客，無非假面皮，上下互相欺，概如斯滔滔一例。直是司空見慣，習久自安之，有誰個說非宜也囉？不獨文成繡虎，不足為奇；縱使技擅屠龍，也歸無濟。但得形同魑魅，榜頭便題；跡鄰魍魎，官班便躋。論選政倒光明正大，不用些兒賄。

飛虹嘯爲庚娘（卷六）一則改編之。此篇爲一弱女子，而替翁姑及夫復仇故事，最後跳河自殺，以表貞烈，且臨危不亂，手刃仇人，誠非易事，此劇頗忠於原著，除庚娘以酒灌醉王十八外，劇中加了蒙汗藥一節，不獨增加戲劇性，且有可信性。原著庚娘託言溲溺，出房攜刀入，劇中改爲青萍劍，無賴家中竟有青萍寶劍，除增加戲劇性外，實無可取之處，作者爲女性，對庚娘之貞烈竭力表揚之，特錄兩闋如下：

第五齣：快刺。《快活三》：把青鋒只一標。已身首兩處拋。也送伊一併去赴陰曹。這也是你教子無方招來的惡報。(王十八之第十九在原文係追殺庚娘，庚娘迫於無路而投水自殺，劇中係先被庚娘以藥酒蒙倒，稍有不同之處。王母同時被殺，與原文同。)

《朝天子》：你避兵氛寇罿，遇凶殘劫盜，葬黃泉一去無音耗。奴今手刃仇讎，奴身事了，少不得也借龍泉尋歸著。這海樣深仇，何人得曉？把根由一一的分明表。看冰輪正高，聽人聲靜悄。俺也算夫唱婦隨，早向那中流跳。(劇中庚娘以血將冤仇寫於牆，是原文未有。)

劉清韻雖爲女流，然其文字卻擲地有聲，較前數位劇作之風花雪月文字，反獨樹一幟。

八、西泠詞客，姓名，里籍不詳，依「西泠」兩字而言，應是浙江杭州人。既非杭州人，亦寄籍杭州，應無問題。作品爲《點金丹》，此劇係依十四娘(卷五)一則改編之，全劇共二十四齣，分上下兩卷，爲一部鉅著。文詞並茂，劇情曲折，亦頗忠於原著，實爲不可多見之戲曲。惟馮生被誣毆斃楚家婢女，後借屍還魂爲愛英(原文無名)，而代替十四娘所蓄之祿兒，顯示果報之說，最後第二十四齣：夢圓，十四娘修道成仙，昇天後於雲中與馮生等相會，真是狗尾續貂，庸俗不堪。野狐參禪，修成正果，依舊小說觀念，亦不過地仙而已。未若原著，十四娘託蒼頭轉話問候馮生意境之高耳。其曲文頗爲優美，其勸馮誣招殺人一曲，頗爲逼真，特錄兩闋於下：

第四齣：追豔。《懶針線》：冷裴航玉杵已拚捐，怎遠遠霞彩金光耀眼前！分明是個美嬋娟。傍垂楊小步臨風顫，看果否天如人願？恨我方纔思卿無路行殊蹇，望你此際憐我追塵步少延。人非遠，石欄橋畔，剛落照並影齊肩。（上曲共有懶畫眉與針線箱兩闋合併之。）

第十二齣：探夫。《北沽美酒帶太平令》：則要你耐心情待凶宿過，則要你耐心待凶宿過，牢獄底不廢吟哦。俯首含冤任彼科。你囹圄高枕臥，且免受碎刑苛。雖然是報答你半年恩寵，也不過完繳我萬丈情魔。他探驪領深機狠惡，我學倩女離魂活潑。我呵，泣秦關訴他，浼他，留著你青山一座，定指日金雞劈鎖。

慈悲記（俚曲）與負薪記（傳奇）之比較：

張誠一則；俚曲名爲慈悲劇，乃以觀青大士灑仙水普渡地獄中狐魂野鬼一節而名之。傳奇負薪記乃以張誠爲其兄張訥刈樵負薪一節而名之。俚曲文字較爲生動有力，將劇中人描述得無不恰當，即使原文亦瞠乎其後，仍拘泥於文詞之間。陳烺撰負薪記以青本爲範本，未提及清兵入關前之暴行，並非因畏懼文字獄爲其主要原因，陳烺是否閱過原稿本或抄本，尙屬疑問，果以書坊刻本爲範本而撰寫，未提清兵暴行則是必然之事耳。俚曲則毫不諱言「韃子」一詞（與三會本所刊相同），蒲氏因憤慨而言之。傳奇一劇自不可同日而語也。如俚曲第六段是悲中喜一齣中，疊斷橋第三曲：

嫡母如何，嫡母如何，韃子虜去浪漳河。後娶我生身母，又遭了塌天禍。僅得存活，僅得存沽，家父陝西去時多，不娶了張誠娘，就在那邊過。（按，嫡母不夠俚俗，非不識字張訥所能言之，此爲敗筆。）

蒲氏毫不避諱「韃子」二子，傳奇限於刪改過之青本文字，劇情發展不免有所拘束，未若俚曲生動放縱。另俚曲之中，多了一位「趙大姑」。張納之姑母，張訥不堪其後母虐待(原文爲牛氏，俚曲爲李氏)。逃至趙大姑家避之(此時張納全家已遷至陝西，趙大姑在山東？抑或同時遷陝西，劇情不吻合之處。)，第二段是逃命計中之呀呀油一闋：

沒娘孩，沒娘孩，一跑跑到他姑家來，這也不是趙家莊，分明就是三界外。好不成材，給一個孩子作不下主來，見了人休要作揖，原只該拶拶看拜。

另劈破玉一闋，不但俚俗，更爲粗俗，錄於下：

烏龜頭你比那囊包的還賽，自家乜小廝還叫不了來，每日家裡裝漢子，你還要出外！我合你打下賭，定要去找那殺才，我若是那不下你小達來，張炳之，我就把這李字來改。(按：乜，彌也切，音咩，斜也。)

這兩闋若是以山東土語在戲臺上演唱，其生動有趣，可想而知，然傳奇過於文雅，講求文詞優美，只可供文人雅士興賞而已，必不能大眾化。試各舉兩則比較之：

俚曲第一段是後娘氣：《呀呀油》：娶後婆，娶後婆，抱了兩窩並一窩，著孩兒叫他娘，指望他合孩子過。娶後婆，前邊撇下了個小哥哥，你說是咱的兒，他拿著當拾來的貨。

傳奇第一齣：懷餅。《駐馬聽》：怨偶為仇，不是冤家不聚頭。我思前顧後，計有籌無，受苦擔憂。說什麼前人種樹後人收，還只怕豬肝累及他人手。顧不得同室操矛，任蘆衣竊被旁人詬。

俚曲第六段是悲中喜，《倒板槳前腔》：有錢不怕無衣穿，爭奈腰中無有錢，肚裡無食偏要死，窮人論的不是熱和寒，窮人論的不是熱和寒，行路難，起倒一身隨處安。

傳奇第七齣，途遇。《孝南歌前腔》，寒蛩訴，怪鳥鳴，雙親痛兒魂夢驚。無奈鴻遠征，又憐雁孤影。撇卻了晨昏定省，應遍了水驛山程；受盡了餓寒貧病。沒奈何吳市吹簫，乞食窮途蹬。這是我該折磨，甘受領，注來因，生成命。

以上四闋文字，以案頭觀賞，當然傳奇勝於俚曲，然於戲臺上演唱時，傳奇則不如俚曲迎合大眾口味！這是不可否認之事實。

以上所例舉傳奇各篇，文字雋美，詞藻華麗，配合宮調，誠無懈可擊，終因文字深奧，僅供文人雅士案頭賞玩而已，果若演唱，亦可供內廷宮幃，達官顯貴，公子王孫所能欣賞之，非為大眾村野所能領悟之。俚曲則不然，即適合鄉愚婦孺，販夫走卒，又適合王公卿相，墨客騷士耳。傳奇只因講文字詞律，不合大眾所需，故日愈式微，以致沒落。崑曲，平劇亦將步其後塵矣。
附提一筆，不識錢惟喬等八位先生女士，以志異中故事爲體裁，撰學戲曲，改編劇本，有否取得蒲氏之首肯，幸於清代當時尚未出版法問世，苟若未取得蒲氏之同意，則侵害他人智慧財產權，已構成違法行爲，著作權法已有明文規定，應負民刑事之責任。志異各則皆談神論鬼，蒲氏擅長陰司之事，可向陰司投訴。以求保障其合法權益，亦未可知也。

今判

封建時代之判案，僅判斷是非而已，亦無法律觀念，從未顧及被告之人權尊嚴。黎民庶子平生最大願望，最好不見官，進了衙門，誠所謂「不死也要脫層皮」。一入官府，除了嚴刑拷打外，還得花上大把銀子，能夠站著走出來已屬萬幸矣。衙門八字向南開，有理無錢莫進來，尤以清初之際，官府更加黑暗，人民敢怒而不敢言。志異書中，假鬼神陰曹地府，所描述貪瀆黑暗，各類酷刑等等，實非蒲氏之杜撰，而確依明末清初實況之寫照耳，又格於文字獄之殘酷，特假借鬼神之名而撰之。

清律規定，刑事案件，即使證據鑿鑿，亦必須有被告之招供畫押，始能成案，以致屈打成招，釀成冤獄，屢見不鮮。如臙脂一則；鄂秀才涉及殺人案件，倍受酷毒，幸遇學政施愚山之明鑒，方能還其清白，此則故事，前文已敘，施公雖為蒲氏恩師，或多或少含有歌頌其德之意，亦或以真人真事而撰之。再殺人者毛大，案情已明，仍予刑訊，原文所言：『施以毒刑，盡吐其實。』由此可見，招供畫押之重要性。辛十四娘一則亦復如是；十四娘勸馮生原文：『勸令誣服，以免刑憲。』潞令、拆樓人等則，草菅人命，不以為怪也。特將志異中有關刑事案件。以現行法律之觀念，成立之要件，觸犯之條文而撰之，以博君莞爾一笑矣。試舉數則如下：

一、陸判（卷二）：陵陽朱爾旦，生性豪邁，且善飲酒，一日文社聚結，酒後戲言而結識十王殿中之陸判官，二人秉性相投，乳水交融，乃成莫逆，自此，陸判官每二三日夜間必至朱家聚飲一次，時或抵足而眠，朱資質魯鈍，文思不佳，每獻窗課請陸評之，陸閱後皆曰不可。一夕，朱醉後先寢，陸猶獨酌，朱忽於醉夢中，頓覺胸部疼痛，驀然驚醒，見陸危坐床前，爲其破腔理腸整胃。朱愕然問之曰：『夙無仇怨，何以見殺。』陸笑曰：『勿懼，爲君易慧心耳。』事畢，指几上血肉一團，告之曰：『此君心也，作文不快，知君之毛竅塞耳。適在冥間，於千萬顆心中，揀得最佳一枚，留此以補缺數耳。』自此朱文思大進，當年鄉試中魁。某夕，朱陸暢懷痛飲，既醺，朱曰：『湔腸代胃，受賜已多。』又曰：『心腸可易，面目想亦可更之否？山荊，予結髮人，下體頗亦不惡（此句青本刪除之，三會本卷二），但頭面不甚佳麗，尚欲煩君刀斧如何？』陸笑曰：『諾，容徐圖之。』過數日，陸攜一物前來，曰：『君曩所囑，向艱物色，適得一美人首，敬報君命。』乃爲朱妻換一美女之頭顱之。

查陸判官身爲公務員，理應公正無私，盡奉職守，竟意圖爲朱爾且不法之所有，將存於陰司其所保管於職務範圍內之人心一枚，而擅自取出，換給朱某，並將朱某頓塞之心攜回交庫抵數，業已構成刑法第三百三十六條一項之對於公務上持有之物侵占罪之罪責。又朱爾且要求陸判官爲其妻換頭部分，陸判官乘無賴賊楊大年強姦未遂而殺死之吳女，將其首級取得換予朱妻，業已構成刑法第二百四十七條第一項損壞屍體罪之罪嫌，陸判官係公務員應以刑法一百三十四條：公務員假借公務上機會，以犯本章（瀆職罪）以外之罪者規定論處，朱某未具公務員之身分，則不適之。復查陸判官先受朱某之請託，而允諾之，代換其妻首級，先有意思之連絡，復有行爲之分擔，應視爲共同正犯，朱妻則不知情，不予論處。陸判官兩次犯罪行爲，非基於一個犯意，應分別處斷之。

二、王大（卷十三）：李信者，以賭博爲常業之職業賭徒也。一日，晝寐假眠，忽夢往年賭友，已故之王大及馮九二人前來，邀往聚賭，李已忘二人已死，復邀同邑周某同往。李信等倉促而出，未帶賭資，李經王大介紹至黃姓放高利貸家中借款後，同往觀音庵參與賭博。忽傳城隍爺前來抓賭，李信拾錢後踰牆而逃，王大馮九周某一干人等均被取締到案，共有賭徒二十餘人，天未明城隍爺升堂，將一干賭徒帶上查明後，令巨斧將各賭徒手指砍斷，復以硃墨塗於左右眼眶，遊街示眾，遊畢後，均飭回。押解鬼卒向賭徒索賄，代清去雙目之硃墨，周某拒付賄款而返回。醒後以水洗雙目硃墨，無法洗脫，頗悔之，兩眼眶一赤一黑極不雅觀。手指筋骨疼痛，數日後，手指盡落。未幾王大鬼魂前來索債，周某拒予償還，黃某向城隍具狀告訴，周某賴債不還，城隍爺除責令加息償還，並笞三十大板，醒後臀股生瘡，濃血潰爛，數月方癒。

查周某、王大、馮九、李信等一干被告於觀音庵中賭博財物，均係犯刑法第二百六十六條第一項前段公共得出入之場所，賭博財物罪，處一千元以下罰金，爲專科罰金之刑而已。

城隍爺對參與賭博之被告，竟以利斧，砍斷手指，並以硃墨塗於被告雙目，無法洗脫，並遊街示眾之處罰，依法無據，枉加裁判，業已構成刑法第一百二十四條有審判權之公務員爲枉法裁決之罪，應處一年以上七年以下有期徒刑。被告周某等手指盡落，已喪失一肢之機能，已合於刑法第十條四項四款之規定，構成刑法第二百七十八條之罪責，使人受重傷害者，處五年以上十二年以下有期徒刑，所犯兩罪有方法與結果相互牽連之關係，依刑法第五十五條規定，從一重處斷。

被告周某對黃某所貸之款未予償還，係爲債務行爲，應屬民事責任，城隍爺明知不應受理而受理者，業已構成刑法第一百二十八條之罪責，並責令周某償還，又笞三十大板，使被告周某臀股受得傷害，亦屬刑法第一百二十四條之規定枉法裁判。（按：城隍爺先後兩次枉法裁判，均屬侵害國家裁判權，同一國家法益，故不能成立連續犯。）

鬼卒向被告周某等，索取賄賂，以代洗去雙目誅墨，業已構戡亂時期貪污治罪條例第四條第一項第六款及第七條之罪嫌未遂犯罰之，

三、募緣（卷十三．三會本卷十一為青蛙神二。青蛙神流傳於江南，為淫神之一種，往往託之於乩童為代言，或代禱祝，以轉達禍福等。）

富賈周某，生性吝嗇，鄉里籌建關帝廟，貧富皆有捐獻，獨周某分文不捐，建祠缺款尚鉅，每月邑中廟會，迎拜青蛙神，巫忽言，奉周將軍之命，令小神（青蛙神）代為募捐。巫曰：『已捐者，不復強，未捐者，量力自註。』巫復視周曰：『註百金。』周未答應，巫又曰：『淫債尚酬兩百，況好事耶！』時周與有夫之婦通姦，被其夫執獲，周付遮羞費二百金，和解息事。周益畏懼，於此廣眾之際，深恐陰私揭穿，於鄉邑中難以立足，迫於無奈之下而簽之。返家後，不勝悔恨，乃拒付之。一日，方晝寢，一巨蛙塞門，氣喘如牛，舉家驚駭。周曰：『必討募金也。』，焚香祝之，願先付三十金，蛙不動，付五十金，蛙縮一尺，又加二十，縮如斗，願全付，縮如拳而去。周即付五十金而已，過數日，巫又言：『周某欠金五十，何不併付？』周懼再付十金，意圖完結，餘款不付之。又數日，蛙又至，登其床，腹大如牛，床搖撼欲傾，大小青蛙無數漸集其家，愈集愈多，無處不有，廚房廁所密佈，食物污穢不堪食用，闔家懼之，周某立將餘款四十金付訖，並求巫祝之，蛙始散去，巫過此茫然不知所為也

。

查青蛙神受周倉之託，強募籌建關帝廟之款項，而向周某迫作不樂之捐，先予揭發周某與有配偶之人通姦行為為手段，復又以巨型青蛙至周家恐嚇生命之安危，使周某心生畏懼，而將不樂之捐，以予交付之，顯有觸犯刑法第三百四十六條一項之規定，意圖為第三人（關帝廟—法人）不法之所有，以恐嚇為手段，迫使周某將百金付之。青蛙神為民間小神，不具有公務員之身分，故不構成刑法第一百二十九條一項之規定，公務員對於租稅或其他入款，明知不應徵收而徵收之等瀆職罪要件。復查青蛙神係受周將軍（周倉）所託為之，應為意思連絡，行為分擔，為共同正犯，非正犯從犯之關係。周倉為現役軍人所犯恐嚇罪非陸海空軍刑法所定之罪，又非戒嚴或接戰地區，故不受軍事審判法第一條之約束。應依刑事訴訟法第一條二項處理之。

巫受青蛙之附身，而為犯罪行為之意思表達，事後茫然無知。其行為時，意志錯亂，心神喪失，依刑法第十九條之規定；不罰（違法阻卻原因）。

四、伍秋月（卷八）：王鼎隨女鬼伍秋月至冥間城府，偶見一名鬼卒鎖一人前行，頗似其兄，急往視之，果其兄也。驚問何故？兄自言不知何事，強行逮捕，王某轉問鬼卒何故？其兄安分守法，秉禮君子，何故被拘。鬼卒不答，傲慢無禮，復猛扯鎖鍊前行，其兄顛蹶，王某大怒，乃將二鬼卒殺之。伍女見狀大驚，勸王某與其兄速逃，王某乃攜兄逃歸。七日後，王某復至舊閣，不見伍秋月前來，秉燭久待，朦朧欲睡，忽有一婦人進入告之曰：『秋月娘子，致意郎君，前以公役被收，凶犯逃亡，捉得娘子去，現在監押，禁卒待之甚虐，日日盼望郎君，當謀作經紀之。』王某聞之，極為憤怒，即隨之去。見秋月被關於小室內，掩面而泣，有兩禁卒在側，摸頭捉足，恣意戲弄，且曰：『既爲罪犯，尚守貞邪？』王怒不遏，持刀將二禁卒殺死，攜伍女逃亡。

查王鼎對依法拘提其兄之兩位鬼卒，因其傲慢無禮，且虐待其兄，而公然殺之。又對拘禁看管伍秋月之兩位禁卒，因調戲伍女，復怒而殺之。王某連續殺死四人，均在當場殺死爲之，未經沉思熟慮，然亦不得依刑法第二百七十三條之條定論斷。蓋當場激以「義憤」殺人者，以「義憤」爲首要之要件。王某雖當場殺人，其純爲私怨，而非公義，故與義憤之要件不合，自不合於本條之要件。王某所殺四人，均爲依法執法之公務員，但亦不合於刑法第一百三十五條三項妨害公務罪之規定。本條規定：係對公務員有強暴脅迫，而致公務員於死者，對致死之行爲乃非爲犯罪行爲人所能預見者而論。王某當場殺死四名依法執行職務公務員。仍依刑法第二百七十一條一項之規定，故意殺人罪論處。（我國刑法未對依法執行職務之公務員之保護，設有專條之規定。）王某兩次殺死四人，爲幫助其兄及伍女之脫逃罪，已構成刑法第一百六十二條一項縱放依法拘捕之人，又依同條五項規定爲五親等內之血親，減輕處之，然脫逃爲目的行爲，殺人乃方法行爲，故合於刑法第五十五條後段牽連犯之規定，又連續殺害四名鬼卒，基於一個犯意連續殺人，依刑法第五十六條連續犯論處。牽連犯從一重處斷，連續犯加重其刑二分之一。依同法第六十五條及第六十六條之規定；死刑及無期徒刑均不得加重。

王兄爲依法拘捕之人，受其弟之協助而脫逃，已構成刑法第一百六十一條之脫逃罪。

查執行看管伍女之二名禁卒，對看管之人犯，予以凌虐調戲，顯有觸犯刑法第一百二十六條第一項之凌虐人犯罪，鬼卒爲看管人犯之公務員，對被拘禁之伍女，而摸頭捉足，恣意調笑，損及人犯之人格尊嚴，已構成「凌辱」行爲無疑，查『凌辱』行爲，並不以強暴脅迫積極行爲爲限，在消極方面，凡一切違背人道之行爲，使人犯受到不法之苛酷待遇者，均屬之。二名禁卒僅爲調笑，尚未有猥褻行爲。亦不得依刑法二百二十八條之規定：對於有監護權之公務關係，服從自己監督之人，利用權勢而猥褻者論處之。其二名禁卒已死，依刑事訴訟法第二百五十二條一項六款之規定；不起訴處分。

伍女於王某殺死拘捕其兄之鬼卒時，伍女教王某攜其兄速予脫逃。告之曰：『殺官吏，罪不宥，遲則禍及，請覓舟北發，歸家。……』王某本無攜帶其兄脫逃之意，受伍女之教唆而爲之。伍女則構成刑法第二十九條一項之要件。伍女之所以被逮捕拘禁，並非刑法第一百二十五條一項一款之濫用職權爲逮捕羈押之違法行爲，係依刑法第二十九條二項之規定，已犯教唆正犯王兄脫逃罪(刑法第一百六十一條一項)罪責處理。致於王某殺死鬼卒部分，未予參與，故不構成殺人共犯之要件。兩次脫逃罪以連續犯論之。

案外人婦人轉告王某，伍女被拘禁一節，並帶王某前往探視等情，僅係傳話而已。並未參與王某殺死禁卒及伍女脫逃等犯罪行爲，亦無具體罪證，尚不構成犯罪行爲。

五、鍾生(卷九)：鍾生騎騾行於河堤之上，有一頭公驢，尾隨而行，騾不勝其騷擾，行馳加速，鍾生轉身，以鞭擊尾行之驢，使其避開，不意擊中驢耳，公驢受驚後狂奔。時有某親王之世子，年方六七歲，由乳娘抱坐於河堤之上，公驢衝過，猝不及防，將世子碰入河中溺斃之。鍾生見情勢危急而逃逸之，過數日，相傳，致世子溺斃之罪犯已緝獲，並伏誅之。

查鍾生鞭擊隨行之公驢，爲免於其騷擾，而使自騎之騾於河堤上行駛，不致加快，以策安全，此乃刑法第二十四條一項之緊急避難行爲。而公驢被擊後狂奔之狀況，將世子碰入水中溺斃之後果，均非鍾生所能預見，與刑法第十四條一項規定：應注意能注意而不注意之要件，顯有不合，故不能構成刑法第二百七十六條一項之規定：因過失致人於死者之罪嫌。

乳娘受僱照顧世子，對世子安危應負有保護之責任，況抱世子坐於河堤之上，於危險地區，更應提高警覺，以防不測，因自己一時之疏忽，而未注意，致世子被公驢碰入水中溺斃，其應注意保護世子而又能注意，因未及時注意，況且照顧世子係其業務，其執行中疏於注意，致世子落水死亡，顯已構成刑法第二百七十六條二項業務上過失致人於死之罪責。

罪人已得，並已伏誅，查刑法第二百七十六條一項，因過失致人於死者，處兩年以下有期徒刑，拘役或二千元以下罰金。同條二項：從事業務之人，因業務上過失犯前項之罪者，處五年以下有期徒刑，拘役得併科三千元以下罰金，其不論鍾生或乳娘均不構成死罪。承辦本案之公務員，竟因本案死者爲達官顯貴親王之世子，而將被告處以死刑，與法不合。爲媚顯要而處死刑，實已構成枉法裁判。刑法第一百二十四條瀆職罪責。枉者；曲也。枉法者；故意違背法律之規定，而左袒曲斷也。裁判；舉凡民事，刑事或仲裁案件，均於其列也。

查大清律規定：「凡官司故入人罪，全入全出者，以全罪論。若增輕作重，減重作輕，以所增減論，至死者坐以死論。」又：「凡內外問刑衙門，辯明冤枉，須要開具所枉斷事蹟，實封奏聞，委官追問得實。被誣之人，依律改正，罪坐原告或原問官吏。」

六、席方平（卷十）：席方平之父席廉，爲人憨直，與同邑富豪羊某有嫌。羊某先死，後數年，席廉於病危時對其子席方平言；羊某於陰間賄賂鬼卒打我，死時週身亦腫，瘀傷斑斑，慘不忍睹。席生悽然曰：『我父樸訥，受此苦毒，我將赴冥間代爲伸冤。』席生至陰間，見其父狼狽不堪，臥於廊下，遍體鱗傷。席生大怒，具狀向城隍告訴，羊某畏懼，先以賄賂上下，城隍以所告無據，不予受理，席生復至冥王處告訴，積壓半月，先交城隍申覆後，再交回審理。席生至城隍過堂時，備受酷刑，慘冤不能自舒，更無結果。席生復至冥王處申告，城隍等先予託人說情打點，以誣席生。待冥王升堂時，面帶怒色，不容申辯，先笞席生二十大板，受笞後，席生當堂大呼曰：『受笞應當，誰叫我無錢耶？』冥王施盡酷刑，仍不受理所控之案。並允不再控，勒令還陽。

城隍爲有追訴權或處罰犯罪職務之公務員，對席生所控鬼卒暴行一案，而無故不予受理，追訴或處罰。考其不受理原委，因其已受羊某之囑託，並收受其賄賂，而故不執行其追訴及處罰權之違背其職務行爲。故不得依刑法第一百二十五條三款所規定之枉法裁判；（後段）明知其有罪之人而無故不使其受追訴或處罰者論斷。亦不得依同法第一百二十二條二項規定之瀆職罪，因收受賄賂而爲違背職務之行爲者（特別法優於普通法）。應依戡亂時期貪污治罪條例第四條第一項第六款規定處斷，並依同法第八條之規定加刑三分之一。

冥王因受人情之託，先對席生所告訴案件，不予受理，又於第二次受理時，不問皂白，先笞二十大板，復施於酷刑。其對席生致所以施於酷刑，非謂取得供詞，而施予強暴脅迫，故不得依刑法第一百二十五條二款之規定：意圖取供而施強暴脅迫者而論斷。其對席生施予暴行之目的，乃爲恫嚇席生，使其畏懼，不敢再予控告城隍等不法罪行，因冥王未收受賄賂，則不成立貪污罪，應構成刑法第一百二十五條三款後段之規定枉法裁判罪。

羊某賄賂鬼卒於席廉未死之前，先予鞭打之暴行，後又於席廉死後拘禁時，再賄賂鬼卒對席廉毒打，案發後又賄賂城隍不予受理席生告訴之案，要求城隍及鬼卒違背職務行爲，應構成刑法第一百二十二條三項之行賄罪，其連續行賄三次之多，基於一個犯意應依同法五十六條連續犯論斷，加重其刑二分之一。

城隍及鬼卒所收受賄款，依戡亂時期貪污治罪條例第十條規定追繳沒收之。同條二項規定：賄款其全部或一部無法追繳時，應追繳其價額，或以其財產抵償之。其財產金額不足抵償應追徵之價額，毋庸酌留其家屬必需生活費。

席廉、席生父子二人所受之傷害，不得依冤獄賠償法請求賠償，應依國家賠償法第二條第二、三項規定：公務員對職務上之故意或重大過失之行爲請求賠償。（冥府可向城隍鬼卒求償之。）

七、金生色（卷八）：金生與同村木女結婚數年，忽病，自分必死，於垂危之際，囑木女於其死後，不必守節而改嫁之。金生歿後，金母約以待金生殯後再醮之。但因墓向不利，遲遲未能殯葬，木女迫不待之，乃與同村喪偶之董某通姦。初尚隱密，久之，公然無忌，將董某召至家中過宿，醜聞四播。一夕，木女與董某於房中時，忽聞金生棺木爆響，木女等二人彷彿見金生持劍自帳後出來，二人畏懼，乃白身逃出，木女逃出門外，即不知去向，董某則避入鄰家，身無寸縷，不甚苦寒。適鄰子外出未在，其婦將門虛掩而未掩，董某乘隙而侵之。鄰子婦誤認其夫返回，未加追問，董某見有機可乘，乘鄰子婦熟睡之際，而姦淫之。恰鄰子返回，聞聲大疑，持戈進入，董某急匿於床下，鄰子以戈戳之，待自床下拖出後，董某身傷四處，流血不止而死。鄰子又欲殺其婦，婦泣告之爲誤，鄰子乃釋之。鄰母謂鄰子曰：『捉姦而單戳之，子且奈何？』鄰子不得已，又將其婦殺之。木女逃出後，遁回娘家，木翁見有人越牆侵入，呼之不應，搜之，見牆下有黑影搖動，乃以弓箭射之，待舉火視時，發現爲其女，矢已貫腦，拔矢後，血流不止而死。

查木女與董某二人，均爲喪偶，無配偶之人，與人通姦，雙方均不構刑法第二百三十九條妨害家庭罪責。董某逃至鄰家，見鄰子婦熟睡尚未清醒之際，乘機姦淫之，董某已觸犯刑法第二百二十五條一項之規定，對於婦女心神喪失或其他相類似之情形，不能抗拒而姦淫之，妨害風化之罪嫌。鄰子婦因熟睡尚未神智清醒，無法辨認董某或其夫，無犯罪之故意，應不成立刑法第二百三十九條妨害家庭之罪嫌。

鄰子因董某姦淫其妻，僅觸犯妨害家庭之罪嫌，僅處三年以下有期徒刑，罪不該死。鄰子怒而殺之，其與當場保護其法益，而以戈戳及董某，因董某匿於床下，戳及部位如何？已非鄰子所能顧及，然鄰子欲置董某於死地之犯意已明，亦非刑法第二百七十七條二項之罪責。（因拖出床外尚未死亡），流血不止而死。）應構成同法第二百七十三條之規定，當場激於義憤而殺人之罪責。又欲殺其婦，以洩其憤，經其婦泣告原委而釋之，其殺人罪責已屬於已意之中止爲中止未遂犯（同法第二十七條）。復又受其母之教唆，再將其婦殺死，鄰子業已中止殺其妻，再殺之，純係受其母教唆之意而爲之，應係另行起意殺人之新犯意，則構成同法第二百七十一條一項之殺人罪論處之。

鄰子已中止殺其婦行爲，復因其母教唆再起殺意，復殺其婦，鄰母已構成刑法第二十九條一項之教唆犯，依同條第二項規定，應以刑法二百七十一條一項既遂犯罰之。

木翁見人侵入其家宅，呼之不應，見牆黑影搖動，不明察究竟，而遽以弓矢射之，雖不知其爲木女，但有人越牆侵入，爲其所見，確定黑影爲人，已無疑義，竟而射之，其殺人之故意臻爲明確，至於殺死與否，則所不問，已構成不確定故意，故不得以認識錯誤而論之。仍應負刑法第二百七十一條一項故意殺人罪之責任。

八、九山王(卷十三)：李某家境富饒，其宅後空屋及荒院，爲狐叟所租，李某知爲狐後，而以硝石硫磺散佈院內，將狐叟一家數十口燒死，適狐叟外出返回，見狀後，悽然責李曰：『夙無嫌怨，荒園歲報百金非少，何忍遂相絕滅之！此奇慘之仇，無不報者。』忿然而去。時清代初年，各地盜匪群起，據山立寨爲王，官不能剿，李某家境富饒，百餘口人屢遭寇亂，徬徨莫擇。適村中來一卜卦命相者，自號爲南山翁，能知過去未來，爲村中人推命卜運無不準。李某召至其家，卜問吉凶，經推算命晷，翁肅然起敬曰：『此真主也。』李不敢信，翁言之再三，李終被所惑，而信其說。乃出資使翁購買甲兵，翁並招募山中群寇入夥，公然稱王，佔山掠城。翁運籌帷幄，指揮群寇，所向披靡，大潰官兵，一時聲勢大震。李某自封爲「九山王」。認黃袍加身，指日可待，加封「翁」爲護國大將軍，氣燄日盛，屢敗官兵。一日，朝廷調集大軍，前來圍剿，旌旗遮日，兵甲滿谷，李某不知所措，急尋翁商討對策，翁已不知去向，李乃大懼，束手無策，山破被執，妻孥就戮，李某此時方悟南山翁爲狐叟也，以報滅門之仇。

李某受狐叟之蠱惑，自立爲王，招兵買馬，聚集群寇，荼毒生靈，公然與朝廷爲敵，擊潰官兵，欲篡天下，顯已觸犯懲治叛亂條例第二條第一項之罪嫌。懲治叛亂條例於中華民國八十年五月廿四日明令公布廢止後，仍觸犯刑法第一百零一條內亂罪之規定，以暴動犯刑法第一百條一項之規定：意圖破壞國體，竊據國土或以非法之方法變更國憲，顛覆政府，而著手實施者。李某爲首謀者，應處死刑或無刑徒刑。

狐叟雖爲滅門之仇，而蠱惑李某從事叛亂行爲，並爲李某召募兵伕及購辦運輸軍械彈藥等不法行爲，業已觸犯懲治叛亂條例第二條及第四條一項三款之規定，其與李某二人共同密謀。有意思連絡，行爲分擔之行爲，已爲既遂犯，應負同正犯之責任。懲治叛亂條例廢止後，仍應依刑法第一百零一條一項論處，不容寬貸。

李某用火燒狐叟全家數十口，狐者非人也，法律無處罰之明文，以刑法第一條不罰。

九、辛十四娘(卷五)：馮生，士人，年少輕薄縱酒，不拘小節，與楚銀臺之子楚公子爲同窗，楚公子窗課未若馮生，馮生常於酒後戲謔楚公子，公子懷恨在心，每思報之。某日馮生途遇公子，被強邀至楚家飲酒，酩酊大醉，頹臥席上未歸，宿於楚家。緣因公子之妻阮氏，性情悍妒，嚴禁奴婢與公子接近；前一日，一婢方至公子齋中，被阮氏撞見，阮氏大怒，棍擊婢首，腦裂立斃。公子銜恨馮生戲謔已久，屢思報復，苦無機會。是故特將馮生強邀至家，灌醉後，抬至齋中，與婢屍同臥，誣以馮生逼奸不成而殺婢，逕行扭送官府法辦。府尹誤認案情明確，又攝於楚銀臺之權勢，將馮生收押審問。馮生百口莫辯，無理可伸，倍受榜酷，皮肉盡脫，十四娘囑其誣認，以免皮肉之苦。遂被處絞，收監待決。秋決之時，十四娘遣婢至京申訴，朝廷派觀察使審明原委，案情平反，馮生無罪開釋，公子夫婦繩之以法。

查婢至公子書齋，尚未構成通姦行為(因姦淫採取結合說)，故不能成立刑法二百二十一條之妨害風化罪嫌。阮氏性情悍妒，發現婢至公子書齋，即以棍擊其頭部，以致腦部破裂死亡。以棍擊頭，其死亡發生為阮氏所能預見，其蓄意置婢於死地，已無疑義，業已成立刑法第二百七十一條一項故意殺人罪。

公子偷香不成，見其妻阮氏，業已殺人，不勸阮氏至官府投案，反因馮生常以戲謔，報復心理作祟，乃欲假禍於馮生，以達報復之目的。將馮生誘至家中，灌於酒醉後，故怖殺人現場，誣以逼姦殺人之罪，扭送官府，為其妻阮氏頂罪。業已構成刑法第一百六十九條一項之誣告罪各項要件，㈠、經扭送官府，有積極申告之行為。㈡、明知馮生未殺死其婢，故佈殺人現場，虛構犯罪事實。㈢、向府尹(有審判權之公務員)申告，求使馮生受刑法之判決等三項要件，無一不吻合之。

府尹為有審判權之公務員，受理本案後，對被告不依刑事訟訴法第二條之規定；作有利與不利之情況，一律注意調查。如相驗對死者之死亡時間，屍體位置(因與屍體同臥)等等，而懾於其父楚銀臺之權勢，竟一味酷刑逼供，實已觸犯刑法第一百二十四條之規定：枉法裁判。同法第一百二十五條二款之規定，意圖取供而使強暴脅迫者之規定等瀆職罪論處。

馮生被羈押期間，未違反冤獄賠償法第二條一項各款之規定，得請求冤獄賠償。

府尹因用酷刑逼供，屈打承招，釀成冤獄，應依同法第十六條二項規定，朝廷得對府尹請求賠償之。

十、封三娘(卷八)：范十一娘官宦之女也。年僅及笄，風雅尤絕，雙親極鍾愛之，尙未受聘。上元節，水月寺作盂蘭法會，范女遊廟會時，結識二八姝麗封三娘，把袂歡談，頗爲意洽，互贈飾物，結爲閨友。分手後，范女久未見封女前來探視，音訊杳絕，范女不勝思念之苦，悵然而病。范女父母遣人四出探聽，均不識封女其人。一日，范女於後院閒坐，封女踰牆來會，互道思慕之情，封女遂留於范女閨中，形影不分。明年中元節，二人再度同往水月寺參加盂蘭廟會，乍見一秀才，年約十七八歲，布袍不整，而容儀俊偉，氣度軒昂。封女對范女曰：『此翰林苑才也，姊可配矣。』經探得秀才姓孟，封女當晚至孟生處，將范女前贈飾物，轉交於孟生，作爲孟范二人百年文定信物。范女雖然樂意，惟恐好事不諧！空留遺恨。果然范女父母嫌孟生家徒四壁，未告范女，即許配宦門之子，范女在于歸大禮前一日，爲對孟生守約，自經而死。孟生聞訊，悲痛欲絕。是晚前往范女墓前悼祭時，封女倏然出現，曰：『我有異藥，可令復生。』共發塚救之。封女勸范女至孟生同居之，封女雖常至其處，孟生來時輒以避之。范女對封女言：欲效娥皇女英之舉，爲封女峻拒，一夕，范女假稱孟生外出，留宿封女，勸之於酒，待醉後，使孟生姦淫之。

查孟生未滿十八歲，范女封女均未滿十六歲，依民法第七十八條及第九百七十四條之規定：未得法定代理人訂定婚約，應屬無效。復於民法九百八十條，九百八十一條，九百八十二條之規定：結婚男方需年滿十八歲，女方需年滿十六歲，並經法定代理同意始得結婚。且結婚爲要式行爲，需有公開儀式，並須二人以上之證人，始成合法婚姻，孟生與范女未經雙方法定代理人之同意，又未有舉行公開儀式，而自行同居。孟生業已觸犯刑法第二百二十七條第一項之罪責，因范女與孟生同居出自其本人之同意，孟生故不能成立強姦罪，僅可認定爲姦淫十四歲以上未滿十六歲女子妨害風化之罪責。又依封女與孟生商量將范女帶回同居，應構成刑法第二百四十條之規定，和誘未滿二十歲女子脫離家庭之罪責，兩罪有方法與結果關係之牽連犯依同法五十五條規定從一重處斷。孟生應負刑法第二百二十七條一項之罪責。封女共謀將范女帶至孟生家中同居，應負刑法第二百四十條之罪責。

范女欲求與封女二人共事一夫，爲封女峻拒，范女爲求達到目的，使木已成舟，迫封女自然就範，乃與孟生商量，假以孟生外出之際，以酒將封女灌醉，由孟生姦淫之，范女孟生二人共同觸犯刑法第二百二十一條一項之強姦罪，又封女未滿十六歲，依牽連犯之規定，應以刑法第二百二十七條一項論斷之。

十一、酒友(卷二)：車生，家境雖貧，酷嗜杯中之物，夜非三杯，則不能寢。故床頭酒罈，從來不空。一夕，酒醒，身旁有物共眠，掌燈視之，茸茸之物，較貓而巨，狐也。遂以棉被蓋之，靜觀其變。午夜，狐伸腰而起，轉身化爲儒巾少年，車生笑曰：『酣睡甜歟？』狐下床拜謝不殺之恩。車生曰：『余對麴糵癖好之，人謂吾癡，如不見疑，伯牙之遇鍾子期也。』約以明晚共飲之。次夕，車生先備酒食以待，狐如約果至，促膝歡暢，頗有相見恨晚之感。如是數日，狐曰：『屢叨良醞，何以爲報。君貧士也，杖頭錢大不易，當爲謀取酒資。』明日，狐來告之曰：『此去東南七里，道側有遺金，可早取之。』不數日，狐又告之曰：『院後有窖藏，可挖之。』

查狐偷食車之酒食，爲意圖爲自己不法所有，乘車生不備，竊取他人動產，業已構成刑法第三百二十條一項竊盜罪之規定。核動產依民法第六十七條，第六十八條規定；動產有特定物及不特定物之分。酒爲不特定物之消費品，惟依刑事訴訟法第二百五十三條之規定，爰依刑法第五十七條一項八款及第六十一條一項三款之規定，情節輕微，又爲被害人車生所寬恕，得不起訴處分，或依刑事訴訟法第二百九十九條二項判決免除其刑。

狐告車生，東南路有遺金，可早取之，應構成刑法第三百三十七條侵占罪之規定，狐教車生侵占拾得物之遺金，而購買酒食，共同飲食，應屬共同正犯，非教唆犯及正犯之規定。已廢止之違警罰法第七十七條一項二款占有拾得遺失物之處罰規定，僅爲不送警察官署或自治機關揭示招領者（社會秩序維護法未規定之）。而爲不法之占有，本案已構成非法占有之規定，應依刑法侵占罪論處。

其挖掘埋藏物，應依民法八百零八條規定，發現埋藏物而占有者，取得其所有權。但在他人動產或不動產中發現者，其動產或不動產所有人與發現人，各得其半。本案狐爲發現人，車生爲不動產（後院）之所有人，應各得其半，狐贈車生爲贈與行爲。

十二、三生（卷十）：某公爲府尹，闈場入簾，有名士興于唐者，被黜落第，憤懣不平，至陰司執卷訟之，其被黜憤而死者，數以萬計。推興某爲首，聚合成群，復連名控訴之，某公被陰司攝去，相與對質，閻羅訊問，何以批閱試卷，而黜佳士，卻進凡庸。某公辯曰：上有總主考，其不過奉命而已。閻羅復提訊總主考到案對質，總主考辯曰：雖爲總主考官，考生數以萬計，閱卷官未將佳卷呈閱，何能知耶？其錯不在總主考也。閻羅對某公言，失職責任，臻爲明確，毋庸推諉，例合笞刑。方將行刑之際，興某等眾咸認施刑太輕，譁然大號，而墀下鬼眾，聚聲齊和，閻王數度制止不聽，爭要抉某公雙睛，以作不識文字之報，閻羅認罪不致抉睛之刑，立予拒絕，眾號益勵，復又強行要求剖心之刑，閻羅為息眾怒，乃將某公剖心之。某公轉世為庶人，與某轉世為兵巡道，時土寇大作，興某奉旨綏靖，適某公身陷賊中，賊寇蕩平後，俘擄甚眾，查訊後，餘皆釋放，獨對某公，不容置辯，立即斬首。

查某公職司監考閱卷之責，承辦朝廷科舉大典，自應為朝廷效力，擢拔賢才，因其昏瞶，錄用庸愚，只應負行政責任，罪不該死，何可剖心之刑，閻羅裁判，沿用往例，論科笞刑，已嫌過當。興某等聚眾鼓噪公堂，數度制止不聽，公然脅迫閻羅施以抉睛之刑未遂，復又聚眾喧嘩，脅迫閻羅裁判剖心之罪，並即執行之。業已構成刑法第一百三十五條二項規定，興某為首謀者，於公務員命令解散，而不聽從，公然施予強暴脅迫，意圖使公務員執行一定職務或妨害依法執行一定之職務要件，餘眾在場助勢者爰依同法一百三十六條論處。閻羅已沿例判決笞刑，復受興某等群眾脅迫而改判剖心之刑，已構成刑法第一百二十四條之罪責。

興某官任兵巡道，應屬軍職，然非觸犯陸海空軍刑法不受軍法審，仍依刑事訴訟法第一條第二項之規定追訴及處罰。興某擅自將被俘之平民（某公），不問皂白，肆意屠殺，與陸海空軍刑法第六十條規定，起獲被俘擄人乘機要脅者之要件不符，仍應依刑法第二百七十一條一項故意殺人罪論處之。

言情小說，對於貪瀆殺人等情節，則必需有之，否則不易扣人心弦。志異自不能例外，除增加情節氣氛外，蒲氏對現實不滿，借題發揮，亦屬有之。如《三生》一則，為其本人屢試不第，閱卷官有眼無珠，泯滅天良，應受抉睛剖心之刑，以發洩胸中悶氣。以上諸則中犯罪行為，於封建社會中與今日民主人權社會之法律規定，則截然不同，故志異各則中，有關刑案審訊裁判事件，或為明清兩朝之律令所規定，亦或為蒲氏虛構杜撰之。若以今日法律觀點而言，自不能接受。時代社會型態之轉變，犯罪方法，隨之改變，而法律亦因社會之需要，隨之訂定。於昔日社會認爲不犯罪，而今日社會則視爲犯罪。如〈青梅〉一則，青梅與阿喜二人，先後嫁於張生爲妻，兩次均有拜堂儀式，均符合民法九百八十二條之規定，同法第九百八十五條明文規定；有配偶者，不得重婚。業已構成刑法第二百三十七條重婚罪之要件，而在封建社會中，視爲承祧宗緒，理所當然。另於今日法律中無明文規定，則不構成犯罪，而於昔日封建社會則視爲犯罪，並科於重刑。如〈鍾生〉一則，鍾生持鞭趕走隨行之公驢，公驢受驚而奔走，將世子碰入河中溺斃，此非鍾生所能注意者，尚不能構成過失致人於死之罪責，而昔日之階級觀念，皇親國戚，不但治罪，且從重治罪，而斬首示眾，而今日社會之法律觀念，已非草菅人命，實爲枉法裁判也。

昔日曾有之犯罪型態，依然流傳至今日者，如局詐（卷十三）三則，即爲現行刑法所規定之詐欺罪，人性之貪婪，自古依然，犯罪行爲人利用被害人貪婪之弱點而既遂其犯罪目的。

第一則：某御史，雖在朝爲官，苦無靠山，每想結識顯赫，以圖自重。其家僕一日結識王某，言與朝中某顯要有刎頸之交，諸多王公達貴，皆可引薦之。家僕返回，稟告御史，御史聞之則喜不自勝，認將青雲直上，乃竭力攀附。一日王某來告之曰：本日某顯要有閒，可以引見，入觀時，御史特備重金而晉謁，顯要高坐，威儀逼人，堂上金壁輝煌，氣慨萬千，御史視之目眩口張，參拜後，顯要亦有賞賜，約以拔擢。三日後，御史再往投刺申謝時，卻人去樓空，御史始知受騙，不勝沮喪。

第二則：某副將軍，爲圖陞職，負貲入京，苦無其門。正於徬徨之際，一日，有不速之客前來拜訪，著輕裘，乘怒馬，儀態非凡，言其內兄爲天子近侍，目前某處有掌篆之缺，倘不惜重金，可以謀之。副將軍不敢深信，客遂即以立劵，事成後而謝之。待數日後，客再來，將副將軍帶至內廷，與其內兄商討，約以萬金，特保奏聖上，派爲將軍之職，駐守險要。商妥後返回旅店後，副將軍依約付與萬金，高枕待令履新，又數日，未見音信，始疑，再探詢之，該將軍一職，已派他人任之，方知被騙矣！

第三則：李生善音，偶得古琴一床，價值連城，視如拱璧，從不輕易示人，邑令程某，新蒞任所，即來拜謁，李生性情狷介，鮮少與人往來，而以程令特殊殷勤，遂成莫逆，年餘偶至程令官廨，見廳几上，錦囊裹琴，李生喜識知音，相互切磋琴藝，膠漆相投。程令深歎未有佳琴，更奏佳音，頗以爲憾。李生乃自獻古琴，以求廣陵絕響，程令攜內室，盥水焚香操琴，絃聲細作，清越異常，不知何曲，續之，令人心神飛蕩，塵間無有聞之，曲罷，程令復待之酒饌，巨爵勸飲，不覺大醉。程令勸於次日再來取琴，以免醉後閃失。明日前往，廨舍空寂，古琴已杳，李生悔之晚矣。

以上三則，均已構成刑法第三百三十九條一項之詐欺罪責。查詐欺罪在唐律中已有規定，編入盜賊篇中，清律依然，現行刑法亦列入盜罪章內。

念秧（卷十五）：王子巽於濟南道上，遇有張某順道作伴，共同投宿旅店。又遇許某等及金姓少年等人，晚間於旅店中聚賭，邀王子巽參與，爲王所拒，許某乃言爲王代賭，賭時少贏多輸，先贏後輸，次晨共令王生償還，王生力拒付之，眾人不悅，金姓少年代爲緩頰，願替王生償還之，眾人仍不同意，金姓少年僞稱，王生先將輸去賭資交由其保管，待眾人散後，再予歸還，王生付款後，眾人散去，金姓少年亦悄悄離去，王生無端受騙，損失鉅金。此案猶如今日之「金光黨」騙案。又吳生投宿旅店，眾人邀其聚賭，吳生峻拒，聚賭不成，待吳生就寢時，有少婦悄然進入，欲與共宿，正在此時。眾人破門而入，聲言吳生誘拐其妻，欲執之於官，此案猶如今日之「仙人跳」騙案。假妨害家庭罪嫌而實爲詐財也。

褚生(卷十一)：褚生鬼也，因陳生文戰皆北，而替身入闈應考舉人試。業已構成刑法第一百三十七條之規定，國家以考試法舉行之考試，以詐術或其他不正當方法，使其發生不正確結果之妨害公務罪責。

呂無病(卷十二)：王氏將自己所初生嬰兒殺死，應屬刑事一百七十四條之殺人罪責。

志異一書，本爲牛鬼蛇神，荒誕不經，不問蒲氏借題發揮，虛構杜撰，言情小說，長篇短篇爲使故事迂迴曲折，總需有殺人越貨，含冤受屈，公子落難，私訂終身等等違法情節，因此而產生諸多法律問題，除情節單純，無撰述價值外，特選情節曲折，法律問題牽連複雜而以今日現行法律撰述之。其選述原因無他也，僅求博取粲然一笑耳。

筆者對法律知識淺薄，瞭解有限，撰述此篇後，特向臺北地方法院李春地法官請益，特附誌之。

附記

蒲氏所撰志異一書，雖非全屬創作，前文已例舉多篇，有源自魏晉六朝，有源自唐人傳奇等等。俞樾於春在堂隨筆，魯迅之中國小說史略等均有記載。另有葉德均先生（民國三十六年至三十七年於湖南大學任中文系副教授，三十七年後轉教雲南大學。）其於戲劇小說叢考一書中篇選述《聊齋志異的本事》一篇中亦列舉多篇與前人小說有關。（其所列書籍，部分未有閱讀，未予評述。另與俚曲部分有關，以前文俚曲篇已敘明，不再鈔錄之。）

考城隍（卷一）：明代瞿佑剪燈新語卷四，修文舍人傳。李昌祺剪燈餘話卷四春山御史傳等相同。

種梨（卷一）：晉干寶搜神記徐光事，見春在堂隨筆卷九，但誤刊種桃。（前文已敘。按：搜神記已散佚，現爲後人依太平廣記等書重撰之。）

畫皮（卷一）：集異記崔瀾事（太平廣記四三三）。

陸判（卷二）：今世說周立五事，（花朝生筆記）。徐芳廣諾臯志換心記（虞初新志）。（前文已敘。）

鳳陽士人（卷二）。唐薛漁思河東記獨孤遐叔（太平廣記二八一），李玫纂思記張生（廣記卷二八一）。白行簡三夢記。醒世恆言卷二十五獨孤生歸途鬧夢等。

蓮春（卷二）：本文依王子章桑生傳（見文末）。又見堅瓠三集卷二。

阿寶（卷二）：唐陳玄祐離魂記。張薦靈怪錄（太平廣記卷三五八）。

王者（卷三）：又見池北偶談卷二十三劍俠，（前文已敘）。趙吉士寄園寄所寄驅睡寄勇俠類所引用隸園雜說一則。
林四娘（卷三）：池北偶談，林雲銘等林四娘記（前文已敘）。
金和尚（卷四）：原書凡例說是當時事實。王士禛分甘餘話，花朝生筆記。（前文已敘）
姊妹易嫁（卷四）：原書凡例謂是實事。俞樾茶香室三鈔卷七謂同錢易南部新書吉頊事。
續黃粱（卷五）：沈既濟枕中記，沈亞之秦夢記及櫻桃青衣數篇，錯綜改編而成。（前文已敘）。
老饕（卷五）：拍案驚奇卷三劉東山誇技順城門（前文已敘。按凌濛初之初刻）。李漁一家言秦淮健兒傳。
夜叉國（卷五）：按此則為「熊妻記」民譚。
小獵犬（卷五）：池北偶談卷二十六（前文已敘）。
大力將軍（卷五）：王士禛香祖筆記卷三及鈕琇觚賸卷七吳六奇哥將軍傳（前文已敘）。（宣室志楊居士太平廣記卷七五。）
彭海秋（卷八）。
柳生（卷八）：李復言續幽怪錄卷四定婚店。（前文已敘。）
天宮（卷九）：明周楫西湖二集卷二十八天台匠誤招樂趣。
賈奉雉（卷十）：按此條本是「仙鄉淹留」型故事，前人記此事的有：異苑及述異記的王質事。神仙記天台二女（廣記卷大）。傳奇許棲霞（廣記卷四十）。原化記採藥民（廣記卷二五）。博異志陰隱客（廣記卷二）。神仙傳呂文靖（廣記卷九）。
蕙芳（卷十）：「螺女」型民譚。搜神後記卷五。述異記卷上謝端事。
顏氏（卷十）：春在堂隨筆卷十，謂同方濬頤夢園叢說所記楊爾銘事。（前文已敘）。

張不量(卷十二)：吳寶崖曠園雜志卷下張不量條。

王六郎(卷十三)：按此條是流傳頗廣的「水鬼漁夫型」。相同的有張潮滇南憶舊錄成公祠條。明沈周石田雜記成化黃天萬漁者。

蛇人(卷十三)：茶香室叢鈔卷十七謂周春遼詩話附染莊社記。

偷桃(卷十三)：明王同軌耳談。見小說考證拾遺引閒居雜綴。

臙脂(卷十四)：宋劉慶義幽明錄買粉兒(廣記卷二七四)。元雜劇王月英月夜留鞋記，宋元南戲亦有同名一種(明改本名臙脂記)。明月榭主人釵釧記有部份相同。李慈銘荀學齋日記已集引明黃瑜雙槐歲鈔陳御史斷獄事亦同。是志異所記爲相傳已久之傳說。(前文已敘。)

雙燈(卷十四)：略同羅燁醉翁談錄壬集卷一紅綃密約張生負李氏娘(又見陳元靚歲時廣記卷十一引蕙畝拾英集)及明話本張生彩鸞燈傳，最近似剪燈新話卷二牡丹燈記。

廟鬼(卷十四)：剪燈餘話卷四江廟泥神記及陸粲說聽卷上。

劉姓(卷十四)：同淄川縣志厚義傳，疑是事實。

邵士梅(卷十五)：這也是當時盛傳的事。相同記載有：池北偶談卷二十四邵進士三世姻。陸次山邵士梅傳。鈕琇觚賸卷二邵邑候前身。朱彝尊的傳。曾七如小豆棚雜記。許仲元三異筆談引吳長庚所撰邵士梅傳。朱翔清埋憂集卷三等。(前文已敘)

放蝶(卷十五)：茶香室三鈔卷二十九謂同龔煒巢林筆談。又見觚賸卷二鶴癖條。(前文已敘)。

(其餘如姜擊賊(卷十四)、陽武侯(卷十四)、五羖大夫(卷十四)、齕石(卷十四)、張貢士(卷十五)、蔣太史(卷十六)等均與池北偶談相同之。前文已敘)。

此外聊齋志異拾遺(四十二則本)男生子一則與池北偶談卷二十四一則相同。

志異一書，雖有少數部分非蒲氏創作，或與當時傳聞有關，其他筆記叢談亦有撰述，均與志異無害(前文已敘)。閱讀志異一書，不論故事情節，文字結構，典故史實均有裨益，不必刻意討論剽竊、蹈襲等等。僅可說是引用前人文章而啓發靈感。勾引文思而已。葉德均此生所討論志異各則來源與影響，部份或有牽強。如阿寶(卷二)與唐陳玄祐離魂記相距甚遠，阿寶一則中孫子楚幻化爲鸚鵡而去會阿寶，與離魂記中倩娘魂魄與王寅同居五年一節，頗不相似。又臙脂一則(卷十四)與幽明錄買粉兒一篇，似乎未有牽連，反而與阿繡一則(卷九)：劉子固向阿繡購粉一節，如出一轍。再柳生(卷八)僅引用定婚店月下老人故事而已，在章回小說中，月老被引用者，不知有幾，如言有抄襲之嫌，似不恰當，特舉一例附後：

續異記(廣記卷四百七十三)：

徐邈，晉孝武帝時爲中書侍郎，左右人恆覺邈在帳內，以與人共語。有舊門生，一夕伺之，無所見。天時微有光，始開窗，瞥睹一物從屏風裏飛出，直入鐵鑊中。仍逐視之，無餘物，唯見鑊中聚菖蒲根，下有一隻大蚱蜢；雖疑此爲魅，而古來未聞，但摘除其雙翼，至夜，遂入邈夢云：『爲君門生所困，往來道絕，相去雖近，有若山河。』邈得夢，甚悽慘。門生知其意，乃微發其端。邈初時疑不即道。語之曰：「我始來直者，便見一青衣女子從前度，猶作兩髻，姿色甚美。聊試挑謔，即來就已。且愛之，仍溺情。亦不知從何而至此。」兼告夢門生因具以狀白，亦不復追殺蚱蜢。

志異：綠衣女(卷八)。摘錄：于生夜讀醴泉寺，窗外一綠衣女子贊許之。入室，交談甚懽，無夕不至，一夕並爲于生輕歌一曲，別時忽生畏懼，對于生曰：「心動，緣絕矣！

」並著于生送出，待其去後，始可返之。于生見其踰牆而去，方欲返回，聞女呼救聲嘶，于生急往視之，見一綠蜂於蛛網上被蜘蛛搏之，急救攜回，少時綠蜂甦醒後，蘸墨寫一謝字而飛去，遂絕。

綜上兩則，似有雷同之處，蚱蜢與蜂同為昆蟲，但不一定均為綠色，蚱蜢與蜂大體均為褐色。兩則均用綠衣而已。其次，同為夜間前來男子臥室中，最後分離結局均為悲戚。如此僅可言蒲氏受其啓發而撰之。雖可言〈非為創作〉，但亦非〈剽竊蹈襲〉。特述之。

結語

志異一書，不論自任何觀點而論，是一部不可多得之短篇小說，也是一部綜合性小說，內容並非如其書名，完全撰述怪異體，更不如聊齋自誌所云：『松落落秋螢之火，魑魅爭光；逐逐野馬之塵，魍魎見笑。』其包括各類小說之特性；言情、傳奇、志異、志怪、叢談、雜錄、佚事等等。言情並非傳奇，志異亦非志怪，叢談更非佚事，又非雜錄。從外觀視之，並無軒輊，似是而非，而實質則有區分。因此，志異一書有其特殊之處，非與任何一部書相似或相同，誠就志異各則例舉分析之。

言情與傳奇：

言情如《王桂菴》（卷十二）：王桂菴與孟芸娘之愛情，因共乘舟南渡而相識，王生擲金釧以打動芸娘芳心，渡舟泊岸，人散舟空，王生眷戀不已。後又偶至江南時，沿岸信步而行，偶至一村落，見得芸娘，自謀不成，乃託世交徐太僕爲冰人，共結連理。婚後，夫婦渡江北返。舟中王生戲言，北岸家中已有妻室，芸娘一氣投江自盡，而被另過江之船救之。王生不勝悔恨，三年未娶，一日外出避雨至一農舍，再見芸娘，並已生子而復相聚，此爲舊小說之套式情節，合而離，離而合。今古奇觀之王孺人離合團魚夢一篇與此則頗爲相似之。至於，王生與芸娘初次孟家相會時，曾作一夢，夢中村落景色與孟家村落相同一節，不爲奇，夢中之事，舊小說中常見之情節，今日之人，亦常有之事耳。胡四娘，姊妹易嫁，青梅等則均屬之。

傳奇如《庚娘》（卷六）：庚娘一則之前段與上則情節頗相似，投水遇救被收容等。

惟王十八殺死金大用全家而圖霸佔庚娘，復又將其妻唐氏推入水被救，庚娘將計就計而殺王十八及王母等後投水而死，葬後被惡少盜墓而復活，再與金生團聚。死後已葬數日再復活一節，與情理不合，應屬傳奇之類，本則與唐人李公佐之謝小娥傳雷同（前文已敘）。阿寶一則，孫子楚化爲鸚鵡。菱角一則，胡大成之母騎金毛獅子相聚等則亦屬之。

志怪與志異：

志怪如《鷹虎神》（卷十四）：東嶽廟左側有神高丈餘，俗稱爲鷹虎神，猙獰恐怖。廟中道士每日凌晨雞鳴輒起，焚香誦課，有竊盜乘隙侵入其房中，搜括財物，僅有銅錢三百枚，乃竊取之而去，出廟門不久，見一巨人自山上追來，左肩有蒼鷹一隻，面極恐怖，與廟左之神彷彿，竊盜即跪於路傍，乞免罰之，神責問之，錢何在？令竊返回，歸還道士。此乃純粹記載怪異事項，無故事情節羼雜其中。咬鬼，安期島等則均屬之。

志異如《畫壁》（卷一）：江南孟龍潭與朱孝廉同遊於京城，至一禪寺中，見兩側壁畫，繪製極爲精妙，凝神注一幅天女散花圖中，有一垂髫少女，拈花微笑，櫻口欲動。眼波將流，朱孝廉注視良久，爲之神往，不覺已飄身入壁中，見一老僧趺坐說法，聽眾虔誠，朱亦雜入其中。未久朱覺身後有人牽衣，回顧乃是垂髫少女，即隨之去，至一院中，閉門而去，夜乃復至，如是二日，少女將垂髫改梳鳳鬟，高翹於頭，尤爲美矣。樂方未艾，金甲神巡視，朱正倉惶無主之際。寺僧叩壁呼之而出，回視少女，垂髫不在，鳳鬟已高翹矣。舉凡怪異情節而參與言情體裁撰之則屬爲志異之類矣。林四娘，晚霞等則屬之。

叢談爲各項不同性質之事件，均有記載之價值，或加以評論而紀錄之。志異卷十五其卷內，可以言之爲叢書，如狼三則、潞令、藥僧、查牙山洞、放蝶、畫馬等等，性質皆不相同也。玉堂叢語、池北偶談等皆爲叢談。（池北偶談頗似玉堂叢話筆調及章法。）佚事爲前人有忠孝等善行事蹟，而正史或傳記漏記再補述之，應視如稗史之類。如：蔣太史，邵士梅等則。

雜錄爲事件情況並非重，可有可無或其他卷籍已記之。與叢談所不同者，其事體價值意義均不如叢談。如象、鴻、大鼠、地震、水災等則。水災，則爲康熙二十一年陰曆六月十八日之真實事情，濟南府志，淄川縣志均有紀錄。池北偶談卷二十六亦有之，題目爲〈忠勤祠神現〉。蒲氏所記水災，除記載事實外，並加撰述農人夫婦爲急於救其母，而棄二子。水退後，返家時見二子仍嬉戲於床頭，未有溺斃之。蒲氏加撰情節，除增添故事內容，並有勸世人爲善之意，力行孝道耳。頗似郭巨埋兒故事。

志異二字，若以其詞義解釋，應是記載異於常態之記錄。但此兩字，並非蒲氏所首創。於明朝萬曆年代，焦竑所著〈玉堂叢話〉卷八第一節，即名之爲『志異』。其內容共記載十四則，與唐代段成式之酉陽雜俎內之諾皐、支諾皐等篇格調相似。池北偶談內談異共七卷，（自卷二十至卷二十六，其部分內容與聊齋志異雷同，皆因當時所流傳之事實，並非誰剽竊誰之文字，此一問題，乃庸人自擾之。）三書之風格似一脈相傳，而聊齋志異則否。如玉堂叢語內各則皆爲短篇亦或極短篇，多則不足一千字，少則僅百餘字，純爲記事體之文字，如第一則：劉青田讀書於青田寺山中，一日，山壁忽開，劉入之，後壁正方中有一石，白如瑩玉，上刻有兩尊神像，捧金字牌，上書：『卯金刀，持石敲。』劉某以巨石撞碎之。得藏書四卷，字奇不識，遍訪異人於群山，遇一道士教授之。道士告之曰：『此書十二卷，以應十二月。分上中下，以應三才。此四卷，特其粗曰，應人事耳。』乃閉門傳授之。凡七晝夜，遂窮其旨。後又請益。道士笑曰：『凡天人授受，因材而篤。昔子房、孔明並得其六，予得其八，今子得其四，亦足以澄清濁世矣。』再錄極短篇二則於下。

陶凱微時，夜歸，陷於大溪，不能渡。忽有人撐小舟拍岸，即攝衣登舟，人皆無見者，異之。一日，里人家大疫，凱探視病者，見妖神入甕器中避之，奉紙筆與封識，命棄水中，疫即愈。

餘姚戚瀾，少時嘗得危疾，息已絕，踰時復甦。自言被人執至一官府，有貴人坐堂上，引見，問鄉里姓名年幾何，具以對，貴人曰：『非也，追誤矣。』顧吏令釋之。得出，還，至途中遇雨，憩佛寺，步入一室中，滿地皆紗帽楦也，似手板，舉之不動。旁有人謂曰：『此非君物也，君所有者在此。』指一架，令取之，隨手而得視其內，有字曰七品。後瀾果以進士終翰林編修。

聊齋志異各則與玉堂叢話之志異，名雖相同而質不同。聊齋志異之各則體裁如上段所言，包羅萬象，應有盡有。而玉堂叢話之志異，僅爲記事體之筆記而已，且有過錄其他筆記之。如前第二則戚瀾故事係過錄於煙霞小說，故兩項志異迥然不同之。

（按：焦竑，字弱侯，自稱澹園老人，江寧人（今南京市），明萬曆十七年狀元，生年不詳，卒於萬曆四十八年，享年八十歲。明史有傳，撰有國史經籍志、易筌、老子翼、莊子翼、焦氏筆乘、澹園老人集、玉堂叢話爲其平生最後一部著作，此書流傳不廣，僅於萬曆四十六年曼山館刻本，後重印曾略加修改，現大陸版本經用新舊校勘後再刊印之，四庫全書已收之。）

志異之文章，不獨深奧，博古通今，氣勢澎湃，文思滂渤；用字冷僻，如雪山之蓮；典故之多，如秋後之毫，非今人所能學其項背。今人曾有將志異譯成白話文，刊載於報章雜誌，然未譯數篇，即無疾而終。考前原因，僅可譯其義而無法譯其文也。意思可譯爲白話文不難，而文詞則難予表達其風格，難如志異原文之文詞並茂，使人讀後尚有餘香之感耳。如花神（卷十六）一則（三會本卷六題名爲《絳妃》。），前段敘文甚短，無譯之價值可言，其重心在後段檄詞之駢文，此篇駢文，若譯其義，必有深厚之國學基礎，若譯其文則難矣，『難於上青天』矣。將檄文中，試擇一段，錄於后：（前文已提）

沛上英雄，雲散而思猛士；茂陵天子，秋高而念佳人。從此顧盼自雄，因而拔猖無忌。怒號萬竅，響碎玉於深宮；溯湃中宵，弄寒聲於秋樹。倏向山林叢裏，假虎之威；時於灩澦堆中，助江之浪。（此段爲通行本刊載，內有錯字，特將三會本勘正後錄於下。）

沛上英雄，雲飛而思猛士；茂陵天子，秋高而念佳人。從此怙寵日恣，因而肆狂無忌。怒號萬竅，響碎玉於王宮，溯湃中宵，弄寒聲於秋樹。倏向山林叢裏，假虎之威，時於灩澦堆中，生江之浪。（三會本刊。）

此段中之典故，據呂湛恩、何垠二位先生所註釋如下：

沛上英雄一節：爲漢高祖起義沛上，榮歸時所作之大風歌，大風起兮雲飛揚，威加海內兮歸故鄉，安得猛士兮守四分。（通鑑及前漢書所載。）

茂陵天子一節：爲漢武帝於建元二年，置茂陵邑，後又葬於茂陵。其秋風詞：秋風起兮白雲飛，草木黃兮雁南歸，蘭有秀兮菊有芳，懷佳人兮不能忘。（前漢書所載）

怒號萬竅：莊子，齊物篇：大塊噫氣，其名爲風，是爲無作，作則萬竅怒號。

響碎玉於王宮：開元遺風，唐岐王宮中，於竹林內懸碎玉片，每夜聞相觸之聲，即知有風，號占風鐸也。

淜湃中宵：歐陽修之秋聲賦：初淅瀝於蕭颯，忽奔騰而淜湃。淜即澎也。又：四無人聲，聲在樹間，秋聲也。

假虎之威：虎嘯而谷風生。即風從虎，雲從龍之謂也。又狐假虎威（戰國策，楚策，江乙謂楚王語也。）

灩澦堆：寰宇記，灩澦堆，周圍二十丈，在蜀江中心，瞿塘峽上，水勢騰湧而堆然。

若以上段文詞及典故，譯成白話，殊非易事，苟若以字面而譯之，則荒謬絕倫矣。除花神一則外，尙有羅刹海市：龍女寄馬生書、席方平、臙脂兩則中之判詞。八大王：異氏史之酒人賦。馬介甫：異史氏之妙音經等均爲駢文，實無法譯之。即非駢文，散文詞句如陸判一則：陸判官對朱爾旦之言：

惟天所命，人何能私。且自達人觀之，生死一耳。何必生之爲樂，死之爲悲。

上寥寥數句，言之易譯之難，難以令人隨文字而神往也。其次，紅玉：馮翁對子相如與紅玉私通所作之譴責。蓮香：蓮香對桑之訓白。辛十四娘：十四娘對馮生之責善。張鴻漸：張鴻漸之妻對張生之規勸，續黃粱：老僧對曾孝廉所之偈語，皆文深而意長，非飽讀詩書，恐不能爲之。即如蕭七（卷十）一則，最後兩句，「晨占鵲喜，夜卜燈花。」若譯此二句，能文簡而意符，誠非易事耳。

中國文學史（大陸學者編著，此書於臺灣解嚴前，仿印出版，未印著作者姓名，姑稱其爲無名氏。）無名氏之中國文學史第四集，有關聊齋志異之著述，提及愛情自由，婚姻自由之爛漫情調，自此以後，舉凡研究聊齋志異者，遂風起雲湧，和而倡之。並舉蓮香及紅玉等則爲例。無名氏之論調非差，而附和者則謬矣！孰不知，此等實非愛情婚姻之自由，僅可論爲淫奔苟合而已矣。大陸學者「平子」所論。狐者胡也。胡人未受禮教之薰陶，缺乏倫理道德貞操觀念，以致可任意苟合，不以爲恥。此言亦失之於偏。誠列舉數則以證之。先以狐爲例。

辛十四娘：薛郡君爲馮生作伐，代聘十四娘爲妻，十四娘必先稟明父母才可。錄原文：

嫗命掃展裀褥，即為合巹，女腆然曰：『還以告之父母。』嫗曰：『我為汝作冰，有何舛繆？』女曰：『郡君之命，父母當不敢違，然如此草草，婢子即死，不敢奉命。』嫗笑曰：『小女子志不可奪，眞吾甥婦也。』乃拔女頭上金花一朵，付生收之，命歸家涓吉，以良辰為定。

嬌娜（卷一）：孔生流落於浙江天台不得歸里。先寄食寺中，爲寺僧抄錄經文。後爲皇甫氏攬聘設帳。夏日孔生胸部生瘡，皇甫生令其妹嬌娜代治之。孔生迷戀嬌娜不已，皇甫生因嬌娜年幼，另覓松娘爲之作冰。錄原文：

公子已窺之，曰：『弟為兄物色，得一佳偶。』問：『何人？』曰：『亦弟眷屬。』生凝思良久，但云：『勿須。』『……有姨妹阿松，年十七矣，頗不粗陋，如不見信，松姊日涉園亭，伺前廂，可望見之。』生如其教，果見嬌娜偕麗人來，畫黛彎蛾，蓮鉤蹴鳳，與嬌娜相仲伯也。生大悅，請公子作伐。翼日，公子自內出，賀曰：『諧矣。』乃除別院，為生成禮。』松娘係姨父代為作冰，而非自由戀愛，戀愛自由也。

長亭：（前文已敘）長亭之嫁予石生，非其自願，亦非其父所願，而是因鬼祟其家，需石生拯救，而將長亭嫁之，乃以長亭爲質而換取石生拯救其一家之平安。長亭婚後，克盡婦道，侍奉翁姑，相夫教子，人未必若此，何以狐狸也。錄原文：

傾與荆人言，君如驅鬼去，使舉家安枕，小女長亭年十七矣，願奉事君子。石喜，頓首於地，乃謂叟雅意若此，病軀何敢復愛矣。立刻出門，並騎而去。入視祟者既畢，石恐背約，請與媼盟。媼既出曰：『先生何以見疑也？』即以長亭所插金簪，授石為信。

以神爲例：

錦瑟（卷十二）：王生逃家，投入東海薛侯之女錦瑟府中爲傭，掌管西堂簿籍。一夕，府中遇盜，錦瑟偕婢先逃，王生追獲後，背負錦瑟二三里之遙，進入山谷後，復遇虎將錦瑟銜去，生又強救之。錦瑟爲感生兩次救命之恩，欲效鍾建負楚平王之女季芈故事，特請長姊瑤臺爲之主婚，以結秦晉。錄原文：

妾身已附君體，意欲效楚昇我之於鍾建，但無媒，羞自薦耳。生惶恐曰：『某受恩重，殺身不足酬，所為非分，懼遭雷殛，不敢從命，苟憐無室，賜婢已過。』一日，女長姊瑤臺至，四十許佳人也。至夕，招生入，瑤臺命坐，曰：『我千里來，為妹主婚，今夕可比君子。』

神女(卷九)：神女因其父開罪地官有難，請米生助之，女兄前來求之未許，後女親來求之。事成後，女兄前來酬謝黃金百兩，生拒受之。女父乃將女配於米生，以謝其恩也。錄原文：

乃謂生曰：『君貞介士，愚兄弟不能早知君，有愧裙釵多矣。家君威大德無以相報，欲以妹子附為婚姻，恐以幽明見嫌也。』生喜懼非常，不知所對。

以花爲例：

黃英(卷四)：馬生性好菊，聞有佳品，必欲得之。一日，知金陵有佳種一二種，前往購之。途中遇一陶姓少年，交談甚懽，陶生則善於種菊，乃成莫逆之交，陶生偕其姊黃英，寓其南圃。黃英已屬于歸之年，馬生曾於小飲中問及陶生。錄原文：

因問：『貴姊胡以不字？』答云：『時未至。』問：『何時？』曰：『四十三月。』又詰：『何說？』但笑不言。……而馬妻卒，意屬黃英，微使人風示之，黃英微笑，意似允許，惟專候陶歸而已。年餘，陶竟不至，……忽有客自東粵來，寄陶函信，發之，則屬姊歸馬，考其發信之日即妻死之日，回憶園中之飲，適四十三月也，大奇之，以書示英。

再以獸爲例：

阿纖(卷四)：奚山經商，路過蒙沂之間，因避雨而進入村中，待一戶簷下，忽門敞開，一叟招入，呼妻女炊烹溫酒而待客。奚某見其女阿纖頗爲嫻淑，乃向叟爲其幼弟三郎聘之。錄原文：

『僕有幼弟三郎，十七歲矣，讀書肄業，頗不頑冥，欲救援繫，不嫌寒賤否？』叟喜曰：『老夫在此，亦是僑寓，倘得相託，便假一廬，移家而住，庶免懸念。』

以上所例舉各則，女雖有意，情已繫之，終經父母之意，媒妁之言而婚之。另女鬼公孫九娘一則，亦復如是。平子所言『狐者胡也』，亦屬一已之偏也。蓮香一則，蓮香爲狐，李氏則爲鬼矣。小謝一則，秋容及小謝均爲鬼矣，白秋練魚精也，香玉花妖也，素秋蠹魚也。以上非爲戀愛自由，實乃情戀放縱而已，更非婚姻自由可言也。因其非經結婚之程序，明媒正娶，三拜天地，豈可妄論婚姻矣。深入言之，伏狐(卷二)，董生(卷一)等則，當作何論。何可言之，婚姻自由，愛情自由矣。實爲無恥淫蕩而已矣，董生一則中之雌狐纏死多人，又當何論，荷花三娘子一則之雌狐惑人欲死，尚再纏之耳。小說本爲情節而需要而撰，不必爲其多加定義之。金生色一則，金生新喪，木女新寡，難耐孤寂，即與同邑無聊董某勾搭成姦，公然不諱，醜揚四里，不論是封建社會抑或開明社會，均爲人所不恥之。此則不問男女任何一方，皆爲人也，非狐非鬼矣。蓋男子二十而冠，女子十六而笄，生理發育已成，男有情，女有愛之婚媾行爲，古今中外無不依然，志異各則因情節之需要，各有不同，若強說：自由之愛情，自由之婚姻等論調，而天宮一則：官宦婦女強擄俊男至府中宣淫之，則難予解釋矣！若以「自由」二字爲蒲氏大作文章，似曲解蒲氏之原意也。

志異係用古文撰之，業已達到，文必秦漢，詩必盛唐之要求。或謂其筆法出自左史，或言出自諸子，皆爲一舉之偏也。蒲氏博古通今，不獨散文精粹，駢文何嘗不華麗矣！八股文又何不工整之耶！至於唐詩宋詞元曲，更無不爐火純青之境界。詩以田子成一則之七絕，寫得悽涼愴惻，令人讀之慘然淚下。鳳仙一則之三首五絕，則妙趣橫生，祝福、褒獎、報復均有之。詞如宦娘一則之惜餘春慢，讀之令人盪氣迴腸，績女一則之南鄉子則豔麗絕倫。（以上前文已述，不再贅敘。）如此更不可輕言，蒲氏精於何派，宗於何家。而係無一不精，無一不通也。其用詞對話依故事情節需要而已隨心所欲矣。試舉例之：

王大：鬼卒向周某索賄，曰：『汝真鐵豆，炒之不能爆也。』（按：此鐵豆乃煮之不爛，炒之不爆之豆也。江南一帶稱爲僵豆，非真鐵豆也。此也山東土語也。）

嫦娥：宗生將嫦娥尋回後，再去尋顛當未獲，返回時，嫦娥問曰：『君見顛當耶？』宗愕然不能對。當時宗生窘態可想像而知矣！令人發噱。

長亭：長亭待父歸後，歸寧省親，與石生約定三日而還。石生慷慨陳詞；石曰：『兒生無母，我日日鰥居，習已成慣，今不似趙公子返德報之，所以爲卿盡矣。如其不還，在卿爲負義，道里雖近，當已不復問，何不信之有。』上段詞句，出自夫婦間之愛恨情緒也。

章阿端：戚生鰥居，夜宿賓館，忽來一女鬼，彎耳蓬頭，臃腫無度，來床前，戚生笑曰：『尊範不堪承教。』

續黃粱：曾某罷黜充軍，中途遇寇，寇犯之，曾怒叱曰：『我雖犯罪，乃朝廷命官，賊子何敢爾？』曾某之餘威尚在，不因已成罪囚而喪官威之。

青梅：青梅前往張生處，私訂終身，張生居禮守正而卻之。錄原文：

生曰：『得人如卿又何求，但有不可如何者三，故不敢輕諾耳。』曰：『若何？』曰：『卿不能自主，則不可如何；即能自主，我父母不樂，則不可如何；即樂之而卿之身直必重，我貧不能措，則尤不可如何；卿速退，瓜李之嫌可畏也。』……女歎曰：『不苟合，禮也，必告父母，孝也；不輕然諾，信也。有此三德，天必祐之其無患貧也已。』以上筆風頗似孟子也。

珊瑚：二成妻臧姑之悍妒習性，尤甚於母。錄原文：

二成妻臧姑，驕悍戾沓，尤倍於母，母或怒以色，則臧姑怒以聲。短短數言以表現婆媳兩代之悍妒矣。如影如繪，淋漓盡至矣。

其他尚有蓮香一則中，蓮香對桑勸慰之語。曾友于一則，則弟姪訓勉之語。細柳一則：細柳身爲後母而自歎之語，均因故事情節而撰之，此亦是蒲氏國學深厚過人之處，綜上摘錄各段對話文字之證明，絕非出自某書某子某派某家之門。實乃其博覽群書，聰慧資質，巧構文思，流暢文筆而成，亦非一般堆砌雕琢可比，而將任何重要關鍵處，妥善而有力之描述，其簡潔而不拖泥帶水，井序而不雜亂無章，故擲地有聲也。

蒲氏十九歲得意考場後，一榜即高中秀才，嗣後陷身文戰，戰戰皆北。若以蒲松齡全集之文章詩詞，深厚文學造詣，均不致落於孫山之後，何致如此，秀才終身，考其原因，不外下列五點：（前文已略述之。）

一、文章艱澀，用字冷僻。非博學廣聞之簾官（閱卷官），實難看懂其文章。於是，朱筆一畫，數載光陰又付之東流，再待下屆，三年一比，五年一試，浮生又有幾何？如何仙一則所言，閱卷人皆酒囊飯袋，有眼無珠之輩，一枝朱筆，使考生耽誤數年之久！使蒲氏秀才終老林下耳。

二、自視過高後又恃才傲物，即願攀附權勢復又痛罵宦場，蒲氏除敬服其恩師施愚山學政外，尚結交兵部尚書王士禎，刑部侍郎高衍，通州知府畢際有，太史唐夢賚，知縣孫蕙等達官顯貴。若肯折腰，而不強項，向諸恩師友好前，請代為關說，如司文郎一則之餘杭生由其師所提攜而高登金榜之。蒲氏復又嫉惡如仇，痛恨貪瀆。如夢狼一則：飾之官虎而吏狼。如是朝廷命官亦就敬鬼神而遠之矣。

三、文字犀利，不合時宜，常有指桑罵槐，損及他人。如工成一則言及清人貴族之奢侈等。復過於托大，乃遭盛名所累，如聊齋自誌「才非干寶，雅愛搜神，情類黃州，喜人談鬼。」按：干寶；晉書，干寶傳，寶博學多才，嘗為著作郎。黃州；為蘇軾謫居黃州之時，悠然暢寄之情，軾曾云：『自我來黃州，已過三寒食，年年欲惜春，春去不容惜。……』（蘇子瞻寒食詩）其自比干寶與蘇軾等人，其同儕焉有不嫉妒之。得道者多助，失道者寡助，蒲氏已失助之餘，遂淡泊餘年矣。

四、賄賂一事，蒲氏是不屑爲之，抑或無力爲之。此點殊難下斷語，惟有其自知矣。明代貪瀆風氣頗盛，清代尤更厲之。如明末清初學案中，流行「紅案銀」之陋規。清初三大學案，皆因紅案銀之舉而出紕繆。斬首、充軍、丟官不知幾許人也？足可證之，蒲氏未備「紅案銀」孝敬簾官，已爲不爭之事實，故而望榜興歎矣。大陸學者評蒲氏隨孫蕙至高郵及寶應等縣任幕賓，因不慣其奢侈生活，而辭去幕賓，返回濟南舌耕糊口之。此點頗受懷疑，蒲氏不慣其奢華，抑或羨慕其奢華，返回濟南，於畢際有府中設帳，因畢氏藏書，汗牛充棟，可以進益，再敲金榜之門，同樣享受奢華。因文場屢敗，痛飭科舉黑暗，大肆詆譭。如醒世姻緣中之各節，各屆簾官若見之，食其肉，寢其皮，何堪奢望列於孫山之前矣。

五、蒲氏文字有雙重性格，即仇視清廷復又仰慕科舉，（前文已提）未若儒林外史作者吳敬梓之豁達。文字諸多方面攻訐清廷，以致朝廷當道者見而畏之。如戴名世南山集案，戴名世以大逆罪被斬首示眾，被株連者，方孝標已故仍被戮屍，方苞亦牽連下獄，死者仍有戮屍之禍，生者誰不畏之。如林四娘一則附詩，其中二句：敢將「故國」問青天。『故國』兩字影射南唐後主李煜之虞美人一詞：故國不堪回首月明中。破陣子一詞，四十年來家國，三千里地山河等句。高歌梨園歌代哭，歌代哭亦有亡國之痛。未若王士禎之池北偶談卷二十一林四娘一則，《歌代哭》改爲《昇平曲》。「故國」二字刪去，截口不談。此乃爲王氏聰明之處，官可至兵部尚書，蒲氏終身窮秀才而已。若十九歲以前有如此尖銳文字，恐將白衣終身，施學政未必敢提攜之。

醒世姻緣摭遺：

醒世姻緣一書，究竟係何人所著作，西周生是何許人也？是否即是蒲氏？較定者然藜子又係何許人也，現仍是一不解之迷。此書原名《惡姻緣》，後改為《醒世姻緣》，現經胡適博士考證認定為蒲氏所著作無疑，與《江城》一則極為吻合，依此為佐證。書中詞句以章丘淄川之土語寫成，故斷言為蒲氏所著作也(前文已提)，然認定為蒲氏所著，胡適博士非為第一人，遠至清乾隆時代進士楊復吉之夢蘭瑣筆已有關此書記載：

……鮑以文云：留仙尚有《醒世姻緣》小說，蓋實有所指，書成，為其家所許，至褫其衿。……

大陸學者路大荒先生，於「聊齋全集中的醒世姻緣與鼓詞集的作者問題。」一文中，論及楊復吉所言，西周生即是蒲氏，難以苟同。否定理由，蒲氏墓碑之陰，凡蒲氏所著作，均例舉刻之。即連《窮漢詞》一篇不足千餘言，都於其中，而醒世姻緣一書，上百萬言大著，何有漏刻之有耶？醒世姻緣雖與江城一則情節結構頗為相同，或為巧合而已矣。醒世姻緣一書，作者，校訂，序、題、書等，無一不是化名，此為蒲氏之著作中從未有之現象云云。特就路氏所言，試作是與否兩方面之推測如下：

一、果如楊復吉所云：醒世姻緣為蒲氏所撰，書成之後為其家人反對，甚之將其衣領撕毀，其反對之烈，不須言之，是故墓碑不刻之。

二、因其家人反對，於刻版之時，特將作者、校訂，序題、書等均用化名，以掩蒲氏悍嫂之惡名耳。

三、淄川章丘一帶後學之人，閱讀志異一書後，以《江城》一則為範本而撰醒世姻緣一書，非不能也，如志異稿成後，王士禎逐篇索閱並評之。稿本上尚有無名氏之評語等等。

四、除西周生外尚有校訂然藜子，作弁語之碧環主人，作弁例之東嶺學道人等等，又係何人？均無可考也。

五、胡適博士所作之考證，亦屬推論依僅以《江城》一則為考證依據，尚乏直接有力證據。鮑博廷刻書之說，亦係傳說而已。胡適博士之廣西桂縣學生來函及鄧之誠先生骨董瑣記所提余容裳代為校正之說，皆乏有力證據也。

以上為蒲氏所著作之推論而否定之。

志異之幾項瑣記：

梅女(卷七)：「打馬」：封雲亭與梅女二人，深夜枯坐乏味，梅女倡議作打馬之戲，錄原文：

女曰：『妾平生戲技，惟諳打馬，但兩人寥落，夜深又苦無局，今長夜莫遣，聊與君為交線之戲。』封從之，促膝戟指，翻變良久。封迷亂，不知所從，女輒口道而頤指之，愈出愈幻，不窮於術。封笑曰：『此閨房之絕技也。』女曰：『此妾自悟，但有雙線，即可成文，人自不察耳。』

打馬：呂註，宋李清照打馬賦，打馬爰興，摴蒲遂廢。實小道之上流，乃深閨之雅戲。何註：李易安序：采選，打馬，為深閨之戲。

按：呂氏及何氏所註之打馬為賭博之一種，與梅女中之打馬似不類似，梅女用雙線戟指翻變耳，而非博戲之類也。江南一帶女囝所流行一種線戲，名之為「打綳綳」，不識是否與打馬相似。

李清照之打馬賦及打馬圖序：

歲令云徂，盧或可呼。千金一擲，百萬十都。樽俎且陳，已行揖讓之禮，主賓即醉，不有博奕者乎。打馬爰興，摴蒲遂廢。實博奕之上流，乃閨房之雅戲……。（打馬賦）。

……獨采選，打馬，特為閨房之雅戲。……打馬簡要，苦無文采。按打馬世有兩種！一種一將十馬者，謂之關西馬；一種無將二十馬者，謂之依經馬。流行既久，各有圖經凡例可考。……（打馬序圖。）

明胡應麟少室山房筆叢卷二十五云：『打馬圖今尚傳，吳中好事者習之，遍年頗有能者。』翟灝通俗編卷三十一云：『今馬吊當屬易安所謂打馬。』按打馬久已失傳，惟在明季清初尚有之。

摴蒲：為古代博戲，東晉時頗盛行之。唐李肇之國史補卷下云：『洛陽令崔師本，又好為古之摴蒲。其法：三分其子三百六十，限以二關。人執六馬，其骰五枚，分上為黑，下為白。……』

采選：宋徐度之卻掃編卷下：『彩選格於唐李郃。本朝踵之者，有趙明遠、尹師魯。……唐房千里之骰子選格序，即是彩選，又名選官圖，即後日之陞官圖也。』

促織：促織即今日通稱之蟋蟀，黃河流域以南均產之。（臺灣尚未見之）於立秋之後，霜降以前，農村社會兒童捕捉飼之。故又為秋蟲之一種。此蟲黑蝎色，雄蟲會鳴善鬥，鬥勝後即鼓翅而鳴，以表凱旋之意。鬥敗之蟲則飼之，以培育其殘暴性。本則所提及其品種計有蝴蝶、螳螂、油利達、青絲額等。賈似道之促織經中之品種名稱有；白牙青，拖肚黃、狗蠅黃、錦簑衣、肉鋤頭、金束帶、齊管翅、梅花翅、琵琶翅、青金翅、油紙燈、三段錦、紅鈴目額等等，此乃人爲之命名耳。

促織之名，在漢之時即名之，六朝南齊謝朓之古詩《秋夜》：『秋夜促織鳴，南鄰擣衣急。』南宋鮑照之《擬古》：『秋蛩扶戶吟，寒婦晨夜織。』（按：古今注；蟋蟀一名吟蛩。詩疏：幽州人謂之趣織，里語曰：趨織鳴，懶婦驚。促織之名由來，亦在此也。）

蟋蟀之名，自古有之。漢代枚乘，雜詩第二首「蟲風懷苦心，蟋蟀傷局促。」（按：詩疏蟋蟀似蝗而小，正黑有光澤如漆，有角翅，一名蛩，一名青蛩。一名秋蛩，一名吟蛩等等。）

南宋謝靈運之擣衣詩，『肅肅莎雞羽，烈烈寒螿啼』。故又名莎雞。唐李白之長相思：「長相思，在長安，絡緯秋啼金井闌。」又名絡緯。

此一小蟲，千餘年來，墨客騷士卻念念不忘，天寶遺事：宮中以金籠養促織，置之枕畔，以聞其聲。此蟲之尊貴誠非凡夫俗子可此也。

其他尚有鴿異一則之各類品種，香玉一則中之肥料以及金陵女子，真生附則之漢藥偏方等等。（偏方不足採信之，故不贅逝。）

鴿異（卷七），鴿異甚繁，晉有坤星，魯有鶴秀，黔有腋蜨，梁有翻跳，越有諸尖，又有靴頭，點子、大白、黑石、夫婦雀，花狗眼等等。

香玉（卷三）：「香玉俯仰亦自恨，乃曰：『君以白歛屑，少雜硫黃，日酹妾一杯水，明年此日報君恩。」呂註：群芳譜：種牡丹之法，以其子用細土拌白芷末種之則旺。又分牡丹法，揀茂盛者一叢，去其土，視有根者劈之，或一二枝，或三四枝作一株，用輕粉加硫黃少許，將根劈破處擦勻再種之。

志異是一部自古以來不可多見之短篇小說，其文學價值極高，文筆流暢簡潔，足媲美韓潮蘇海。典故之多，尤如寒夜繁星，故可以作有益之讀本，不獨觀賞故事情節，且可研究其文理文筆，書中詞句，每每一針見血，如白于玉（卷五）一則；吳青菴先熱中功名利祿，自白于玉處（仙宮）返回後，思想陡變；原文：「由是前念灰冷，每欲尋赤松遊，而尚以嗣續爲憂。」短短三句，簡簡單單不足二十字，承轉銜接。無不妥貼。先是打消科舉之念，復想修道成仙，復又懷念無嗣續之各項錯綜複雜思念，均在此三句之中也。王培荀之《鄉園憶舊錄》一則，曾對蒲氏之文字加以記載甚詳。特錄之：

蒲柳泉先生松齡，母夢老僧入室而生，穎悟絕倫，淹貫群書，作文空諸所有，一縷清思為題，曲曲傳神寫照，時文中白描高手也。施愚山評其文，謂剝膚見骨，場中文，多取癡肥，故終身不遇。工四六，詩集僅四冊，蓋餘力為之。

知子莫如父，知徒亦莫如師也。蒲氏之病，經其恩師施學政一語道破，文筆犀利而欠含蓄，爲科舉考試之大忌，文場屢敗，絕緣宦場，終身不第，潦倒一生。然卻因其潦倒之際，窮極無聊之餘，而撰成舉世不朽之鉅著《聊齋志異》。留於後世，流傳千古，蒲氏之名永垂於文化史中。遠比其得意宦場爲佳也。此亦爲蒲氏生前所未能料之矣。施愚山，王士禎均沾此書之光，後人在研究志異之時，始連想到諸位先生，否則於今日數百年後，有誰會思念到施學政，王漁洋諸君歟！

思及漁洋山人，筆者特和七絕一首。

志異漫談胡寫之，書成以後添銀絲。只因差錯惹君笑，自解汗顏酒後時。

青鳳一則，香艷無比，筆者特填北曲一套附下：

南呂宮

《一枝花》：高樓府第宏，畫閣迴廊壯，且綿連百步，半廢草盤牆。水榭飄香，耿宅生魑魎，隔窗見燭光。夜靜時，但看門開，掛鐵馬無風自響。

《梁州第七》：更聲漏，高燃燭炬，急登樓，滿室輝煌。如畫華堂未設帳，老翁儒服，少艾新妝，小生闖入。婦女慌張。進閨闥，汝太荒唐，慕高鄰，我本清狂。再回燈，易饌觥籌；述宗緒，塗山外傳。意歡然暢論文章。席間魯莽，蓮鉤暗躡，神飛蕩，因酒後孟浪，嚇走佳人，恨已遲，苦歎亡羊。

《罵玉郎》：再思補牢猶惆悵，芳蹤寂，對空房。三更半，夜來鬼魎。爾面漆，余抹墨，真狂妄。

《感皇恩》：蝴蝶飛翔，花草芬芳。節清明，時穀雨，好春光，踏青道上，惡犬凶強，小狐狸，真狼狽，效鴛鴦。

《採茶歌》：莫三郎，獵狐羌，孝兒求助費商量。此事先和青鳳言，振衣輟讀且回房。

《黃鐘尾》：應知家範請原諒，聊報前嫌把頭昂。執卷吟，不磋商；卿未死，叔豈喪。救老狐，求莫郎；交鳳妹，命返陽。甦醒時，自感傷，寅夜返回，福壽滿堂齊共享。